2014
대한민국
재테크
트렌드

저금리 저성장
고령화 시대,
돈은 어디로 흐르는가

2014
대한민국
재테크
트렌드

조선일보 경제부 엮음

mo
men
tum

2014년,
왜 다시 재테크인가

정년퇴임을 앞둔 남편과 함께 노후설계를 받으러 온 50대 여성, 30억대 자산을 굴릴 노하우가 궁금해 이른 아침부터 줄을 서서 들어왔다는 70대 노신사, '세계적인 투자가의 귀한 얘기를 들을 기회를 놓칠 수는 없지 않느냐'며 짐 로저스 회장의 강연을 들으러 온 말년 병장…….

뜬구름 잡는 얘기가 아닌 현실을 날것 그대로 알려주려 한 의도를 어떻게 알았는지 수많은 관람객이 궁금증이 가득한 눈빛을 보이며 속속 모여들었다. 2013년 12월 20일부터 이틀간 서울 대치동 세

텍(SETEC)에서 열린 '제1회 대한민국 재테크 박람회'는 그렇게 1만 2,000명의 발길을 끌어당겼다.

대체 '돈'이 무엇이기에! 관람객의 엄청난 관심은 개장 시간을 30분이나 앞당기게 만들고, 영하의 추운 날씨마저 노글노글 녹여버렸다. 홍수를 만나면 정작 마실 물이 없어 난리라더니, 정보의 홍수 시대에 사람들은 그야말로 정보에 목말라 눈빛을 번뜩였다.

각 금융회사는 부스를 마련해 1대 1 상담코너를 운영했는데, 사람들은 PB(프라이빗뱅커)들과 재무 상담을 하면서 몹시도 진지했다. 전문가 강연 세션에는 매번 1,000여 명씩 입장해 세미나실을 가득 메웠다.

첫날, 짐 로저스 회장의 기조강연이 시작되자 청중이 몰리면서 동시통역 이어폰이 모두 동이 나는 바람에 행사진행 요원들의 것까지 수거해 나눠주기도 했다. 그러고도 이어폰을 구하지 못한 청중은 강연내용을 타이핑하는 기자의 노트북 주변으로 몰려들었고, 순식간에 '노트북 중계 강연'이 펼쳐지기도 했다. 스마트폰을 스피커에 대고 한 시간 내내 강연내용을 녹취하는 40대 여성도 있었다. 강연을 마친 연사들은 질문을 하기 위해 쫓아온 청중에게 둘러싸인 채 일일이 답변을 하느라 한참 동안 행사장을 떠나지 못했다.

어쩌면 예고된 흥행일지도 모른다. 우리가 딛고 있는 현실을 대변하는 화두가 양극화, 부익부빈익빈, 전세대란, 하우스푸어, 실업대란, 경제위기 등 어느 것 하나 만만한 게 없으니. 답답한 마음을 깊숙이 묻어두고 있던 사람들이 모두 나온 듯했다.

중산층이 무너져가고 갈수록 양극화가 극심해지고 있는 이때, 왜 하필 '재테크'인가? 왜 우리는 재테크에 관심을 기울여야 하는가?

이번 박람회의 목적은 무엇보다 재테크에 대한 오해를 푸는 데 있다. 재테크는 결코 돈이 있는 사람만 하는 게 아니다. 저금리, 저성장 시대가 고착화되는 분위기 속에서 이제는 우리 모두가 재테크를 해야 한다. 그렇지 않으면 좀처럼 돈을 모으기 힘든 환경이기 때문이다. 있으면 있는 대로, 없으면 없는 대로 살 길을 찾아야 한다.

재테크는 이 불안정한 시대를 살아가는 상식이다. 재테크 정보가 많을수록 자기 삶을 스스로 책임지며 당당하게 살아갈 기회도 늘어난다. 인정하든 하지 않든 지금이 지식정보화 사회인 것은 분명한 사실이다. 그만큼 알지 못하면 당하고 만다. 일단 당하면? 끝장이다.

양극화가 극심해 다시 올라오는 건 성공신화를 써야 할 만큼 엄청난 인내와 피땀을 필요로 한다. 그러니 내 삶을 스스로 책임지는 방법, 내가 쥐고 있는 것을 최대한 활용할 수 있는 방법에 눈을 떠야 한다.

자, 길을 안내하겠다.

우선 전 국민의 관심을 사로잡고 있는 부동산 시장의 현주소와 2014년의 전망을 짚어본다. 또 주식 시장, 세계경제, 돈 관리, 투자 요령, 노후설계 등 폭넓은 분야를 아우른다. 용어만 들으면 그 나물에 그 밥일거라는 선입견이 생길지도 모르지만 절대 그렇지 않다. 예를 들면 투자 요령에서는 10억 원 같은 고액뿐 아니라 몇 천만 원밖에 없는 상황에서도 길이 있음을 '내 돈을 굴리듯' 실감나게 들려준다. 즉, 국내 최고의 전문가가 '내게 딱 3,000만 원밖에 없다면' 그 돈으로 어떻게 투자하고 돈을 불려나갈 것인지 구체적으로 보여준다.

이제 좀 더 들어가보자.

세계적인 투자 귀재 짐 로저스 회장은 기조강연에서 최근 자신이 어디에 투자하고 있는지, 왜 거기에 투자하는지 솔직하게 얘기해준다. 재미있게도 그는 미래의 농부가 람보르기니를 타고 다니고 금융인들은 그 밑에서 경운기를 몰 거라고 예견한다. 왜 그럴까? 조지 소로스와 함께 월가의 전설적인 투자자로 불리는 로저스는 그처럼 흥미롭고도 실질적인 정보를 직설적으로 털어놓는다.

부동산 투자와 관련된 전문가들의 토론도 우리의 구미에 딱 맞는다.
'올해 집 살까, 그냥 전세 살까?'
세 명의 내로라하는 고수가 이 주제를 놓고 격렬하게 토론을 벌인다. 고준석 신한은행 청담역 지점장, 김희선 알투코리아 전무, 박원갑 국민은행 부동산전문위원이 그들이다. 과연 그 결론은 무엇일까? 정말 혼자 보기 아까운 실전 정보 속에서 내 입에 딱 맞는 정보를 골라먹기 바란다.
'5,000만 원으로 부동산 경매 정복하기'란 주제로 강연한 이영진 이웰에셋 대표의 이야기도 읽다 보면 눈물 나게 고마운 대목이 꽤 많다. 우리에게 꼭 필요한 정보라서다. '고령화 시대의 노후자산 관리 비법'을 알려주는 강창희 미래와금융연구포럼 대표의 얘기에서는 아찔한 어지럼증과 함께 살 길이 내 손 안에 있다는 것이 절절하게 실감난다. 아마 '노후설계에 발목을 잡는 세 가지 착각'이라는 대목에서는 모두들 마음을 열고 공감하리라.

투자자들의 최고 관심사 중 하나인 증시 특강은 주식투자의 고수 구재상 케이클라비스투자자문 대표가 맡았다. '2014년, 돈의 길'을 보여주는 그는 투자 타이밍을 비롯해 어떤 주식에 투자해야 하는지 등을 빡빡 긁듯이 시원하게 알려준다. 김민국 VIP 투자자문 대표는 '백억 모은 사람들의 비밀'이란 주제로 부자들의 투자 비법을 공개한다. 또 신동일 국민은행 대치PB센터 부센터장 역시 부자 이야기로 평범한 사람이 부자가 되는 비법을 보여준다.

'당신의 1억 어디로 가야 하나'라는 주제로 열린 또 다른 토론에서는 각 분야 전문가가 자산 규모에 따른 최적의 투자 포트폴리오를 짜준다. 손에 쥔 돈이 3,000만 원, 1억 원, 5억 원, 10억 원일 경우를 가정해 부동산·예금·주식·채권 등 어디에 어떻게 맡기는 것이 돈을 불리는 데 더 유리한지 쉬운 길을 안내하고 있다.

그렇다고 이 책에 전문가만 등장하는 것은 아니다. 박람회장을 찾아온 청중과의 질의응답 내용도 담겨 있다. 그들은 누구나 궁금해할 만한 질문을 던졌고, 전문가들은 빙빙 돌리지 않고 즉석에서 깔

끔하게 답을 주었다.

지나고 나면 쉬워 보이지만, 앞을 헤쳐 갈 때는 길이 보이지 않는 것이 '투자'의 세계다. 인간이 할 수 있는 최선은 성공확률을 높이는 일이다. 이를 위해서는 가급적 투자 정보를 많이 알아야 한다. 정보가 범람하는 세상이라 발에 걸리는 게 정보지만 꼭 필요한 정보, 정말로 도움을 주는 정보는 각 분야의 고수가 털어놓지 않으면 얻기 힘들다. 그런 의미에서 이 책에 각별한 믿음이 간다.

대한민국 재테크 박람회가 추구하는 최종 목적은 '행복한 중산층 만들기'다. 부디 전 국민이 이 책을 계기로 이 최종 목적을 달성했으면 한다.

끝으로 대한민국 재테크 박람회를 성공적으로 개최하고 책을 출간하기까지 아낌없이 격려해주신 방상훈 조선일보 사장님과 변용식 발행인, 김광현 AD본부장, 강효상 편집국장, 방준호 이사에게 진심으로 감사드린다. 모든 과정을 총괄하신 박종세 경제부장과 손발이 되어 열심히 뛰어준 후배 박유연 그리고 바쁜 와중에 짬을 내 강연 내용을 다듬어준 이석우, 선정민, 김시현 등 후배들에게도 고개 숙여

감사드린다. 책을 내는 데까지 시간이 넉넉지 않았음에도 불구하고 심혈을 기울여주신 푸른숲 출판사에도 고마운 마음을 전한다.

김영진 조선일보 경제부 차장

차례

머리말 2014년, 왜 다시 재테크인가 **4**

부동산

1장 토크배틀 2014년 집 살까, 전세 살까
고준석 신한은행 청담역 지점장, **김희선** 알투코리아 전무,
박원갑 국민은행 부동산전문위원

침몰하는 부동산 시장, 희망은 있는가 **19** │ 집값, 바닥인가 아닌가 **31** │ 장기 불황 형태로 갈 것인가 **36** │ 중대형 주택의 미래, 찬밥으로 전락할 것인가 **41** │ 전세 0퍼센트, 월세 100퍼센트 시대 올까 **45** │ 미국발 양적완화 축소가 부동산에 미치는 영향 **49**
2014년 부동산 시장에 대해 반드시 알아야 할 질문과 답변 **53**

2장 5,000만 원으로 부동산 경매에 투자하는 법
이영진 이웰에셋 대표

경매 시장은 부동산 시장과 다르다 **57** │ 경매 물건이 감소한 두 가지 이유 **59** │ 2014년, 경매 물건 증가할 듯 **61** │ 주택 시장의 세 군데 틈새시장 **63** │ 경매 낙찰가율, 계속 오르고 있다 **66** │ 투자 대비 임대수익률 높여주는 경매의 힘 **69** │ 연립다세대에 투자할 때 꼼꼼히 따져봐야 할 점 **71** │ 엇갈리는 대형 평형과 재건축 경매 시장 **72** │ 경매 진행 절차 **74** │ 입찰할 때와 입찰 전에 해야 할 일 **77** │ 5,000만 원으로 3억 원짜리 부동산 사는 법 **80**
2014년 경매 시장에 대해 알아야 할 질문과 답변 **84**

**주식과
펀드**

3장 2014년, 돈은 어디로 흐를까
구재상 케이클라비스투자자문 대표

투자, 파도가 아닌 바람을 읽는 일 **89** | 돈은 덜 풀고 제조업은 더 살리는 미국 **92** | 부동산 과열과 설비 과잉이라는 두 마리 토끼를 잡아야 하는 중국 **96** | 아베노믹스의 후폭풍 **100** | 상품가격 등락에 민감해야 하는 이유 **101** | 2014년 주식이 좋을까, 채권이 나을까 **104** | 환율은 어떻게 될 것인가 **106** | 경제성장률, 내수활성화가 포인트다 **108** | 2014년, 어떤 종목을 고를 것인가 **111** | 저평가와 이익 방향성을 기준으로 종목을 넓혀라 **114**

4장 백억 부자만 알고 있는 특별한 비밀
김민국 VIP 투자자문 대표

정밀 관찰력, 보이지 않는 것을 보게 한다 **119** | 한 발 들이밀기 전략 **124** | 부자들의 종목 선택 기준은 무엇일까 **127** | 증권면 대신 기업면을 체크하라 **129** | 부자들의 주식투자 타이밍 **130** | 저금리 시대, 절세가 재테크다 **134** | 속삭이는 사람을 피하라 **137** | 부자는 주식이 아니라 아이디어를 산다 **138** | 부자는 요행을 바라지 않는다 **140** | 참모진을 육성하라 **142** 2014년 주식투자하기 전에 반드시 알아야 할 질문과 답변 **145**

재테크 트렌드

5장 토크배틀 금쪽같은 내 1억, 어디로 가야 하나

박합수 국민은행 부동산팀장, **박승안** 우리은행 투체어스강남센터장,
백혜진 삼성증권 투자컨설팅팀장

2014년, 부동산 시장을 주도하는 트렌드는 무엇인가 **153** | 재테크, 가늘고
길게 보라 **159** | 투자, 한눈팔아야 성공한다 **168** | 집, 산다면 언제 사야 안
떨어질까 **176** | 보수적 투자 VS 공격적 투자 **183** | 재테크 상품 중 투자 우
선순위 **188** | 은퇴 앞둔 대기업 임원, 5억으로 어디에 투자할까 **191** | 10억
있다면 어떻게 자산 배분할까 **195** | 40대 직장인, 1억으로 어디에 어떻게
투자할까 **198** | 3,000만 원으로 대박 나는 방법 없을까 **201**
2014년 재테크하기 전에 반드시 알아야 할 질문과 답변 **207**

6장 PB 고수가 만난 부자들의 돈 버는 습관

신동일 국민은행 대치PB센터 부센터장

누구나 부자가 될 수 있다 **217** | 부자의 세 가지 특징 **219** | 부자가 되는
습관 **221** | 1년 정기예금 금리 +α 전략 **223** | '수입−지출＞1원' 공식을 지
켜라 **226** | 나를 대신해서 돈을 버는 아바타를 만들어라 **228** | 현직에 있
을 때 잘해야 밖에서도 잘한다 **231** | 승자의 그룹에 서는 법 **233**

**노후
설계**

7장 100세 시대, 돈 걱정 없이 부자로 늙는 법

강창희 미래와금융연구포럼 대표

노후설계의 발목을 잡는 세 가지 착각 **237** | 세대를 초월한 '싱글쇼크' **240** | 퇴직 후 20년은 현역으로 일하는 36년과 같다 **244** | 돈이 모자라는 사람, 시간이 남아도는 사람 **247** | 고용 정년, 일의 정년, 인생 정년을 넘어 '평생 현역'으로 **250** | 저성장 시대, 결핍을 연습하라 **252** | 자식, 귀중한 보물인 가 지독한 기생충인가 **256** | 은퇴 빈곤을 부르는 자녀 리스크 **260** | '중산 층 공무원' 권하는 사회 **263** | 노인이 노인을 부양해야 하는 시대, 최저생 활비를 준비하라 **267** | 초고령 사회, 대형 아파트가 재앙인 이유 **271** | 나 이 들수록 금융자산 비중을 높여라 **274**

**글로벌
전망**

8장 2014년 세계 경제와 투자 금맥

짐 로저스 로저스홀딩스 회장

21세기, 통일 한국과 중국의 시대 **281** | 중국 투자, 어디에 어떻게 할까 **283** | 남들이 꺼리는 곳에 기회가 있다 **286** | 농업은 낙관적, 금융은 비관 적 **289** | 금값의 미래 **292**
2014년 투자 금맥을 찾기 위한 질문과 답변 295

부동산 **01**

02
03
04
05

고준석

신한은행 청담역 지점장이자 동국대학교 겸임교수. 국내 최초의 '프라이빗뱅커(PB) 겸 부동산 전문가 1호'. 1994년 부동산과 인연을 맺은 이후, 5년간 2,000여 건의 경매물건을 취급하며 전국 방방곡곡을 누비고 다닌 끝에 그는 평범한 은행원에서 은행권 최초의 부동산 전문 컨설턴트가 되었다. 수많은 국내 대기업 회장을 비롯해 내로라하는 대한민국 명사들의 부동산 컨설팅을 도맡아오고 있다. 지은 책으로 《경매 부자들》, 《강남 부자들》, 《대한민국 집테크》, 《재테크, 부동산을 잡아야 돈번다》, 《큰돈 없이 경매로 돈버는 법》, 《나는 이런 부동산으로 돈번다》, 《융자계 고대리입니다》가 있다.

김희선

부동산투자자문 전문기업 ㈜알투코리아 전무. 성균관대학교 문헌정보학과를 졸업한 뒤 부동산뱅크 마케팅본부장, 매일경제 FC M21 총괄운영본부장, 부동산114㈜ 전무이사 등을 지냈다. 지은 책으로 《진화하는 부동산 시장, 새로운 투자법을 찾아라》(공저), 《정직한 내집마련》(공저), 《부동산 취업 길라잡이》 등이 있다.

박원갑

부동산학 박사. 고려대학교 정치외교학과를 졸업하고 건국대학교 부동산대학원에서 석사학위를, 강원대학교에서 부동산박사학위를 받았다. 스피드뱅크 부동산연구소장 겸 수석부사장과 부동산1번지 부동산연구소 소장을 거쳐 현재 국민은행 WM사업부 부동산전문위원으로 일하고 있다. 한국부동산산업학회 부회장, 또 국토해양부의 보금자리주택포럼 회원, 중앙일보 SUNDAY 명품 재테크 자문단위원, 아시아경제 자문위원 등으로도 활동 중이다. 한국경제TV가 제정한 '올해의 부동산 전문가 대상' 최초의 수상자이기도 하다. 지은 책으로 《부동산 미래쇼크》, 《10년 후에도 흔들리지 않는 부동산 성공법칙》 등이 있다.

1장

토크배틀

2014년 집 살까, 전세 살까

토론자 고준석, 신한은행 청담역 지점장

　　　　김희선, 알투코리아 전무

　　　　박원갑, 국민은행 부동산전문위원

진행자 유하룡, TV조선 경제부장

침몰하는 부동산 시장, 희망은 있는가

진행자　이제부터 '2014년에 집을 사야 하는지, 그냥 전세로 살아야 하는지'에 관해 여러 전문가의 의견을 들어보겠습니다. 모쪼록 앞으로 투자 결정을 하는 데 도움을 주는 자리가 됐으면 하는 바람입니다. 그럼 각 전문가가 2014년을 전망하는 내용을 발표하는 것으로 시작하겠습니다. 먼저 고준석 지점장님입니다.

고준석　2013년 한 해 동안 정부에서 4.11부동산 정책을 비롯해 네

차례에 걸쳐 대책을 발표했지만, 주택매매 시장은 좀처럼 살아나지 않고 있습니다. 그 이유를 살펴볼까요? 첫째, 부동산 정책 관련 법안이 국회에서 제때 통과되지 못하고 지연됐습니다. 둘째, 전세자금 대출이 과도하게 공급돼 실수요자마저 내 집 마련 시기를 미루고 있습니다. 마지막으로 DTI(총부채상환비율, 즉 총소득에서 부채의 연간 원리금 상환액이 차지하는 비율) 규제로 부동산 시장에 자금이 유입되지 않고 있습니다.

그렇지만 전세 시장의 가격 오름세는 하늘을 찌르고 있습니다. 서울의 전세가를 2012년 12월 말과 대비해보면 2013년 말 현재 약 6퍼센트 상승했습니다. 전세가가 매매가의 80퍼센트를 초과하는 아파트 단지도 속속 늘고 있지요. 더구나 전세 물량이 줄어 서민들의 경제적 부담이 가중되고 있습니다.

2014년 역시 부동산 시장이 활성화될 가능성은 낮아 보입니다. 그렇다고 부정적으로만 볼 필요는 없습니다. 한국은행과 IMF 예측치에 따르면 2014년 한국의 경제성장률이 3.7~3.8퍼센트에 달합니다. 또 부동산 시장 활성화에 대한 정부의 의지가 강력하다는 점도 2014년의 시장 전망을 어둡게만 볼 필요가 없는 이유 중 하나입니다.

자금이 주택 시장으로 원활하게 공급되도록 DTI 규제를 폐지하는

한국은행과 IMF 예측, 2014년 한국 경제성장률 3.7~3.8퍼센트

●

부동산 시장 활성화에 대한 정부 의지가 강력하다는 점도 2014년 시장 전망을 어둡게만 볼 필요 없는 이유

등 추가 부양 대책이 나오고 분양
가 상한제 탄력 운영안이 국회에서
통과된다면, 2014년 부동산 전망은
절망적이라기보다 '활화산'으로 바뀔 확률이 높습니다.

추가 부양 대책 나오면 2014년
부동산 '활화산' 될 듯

따라서 실수요자는 부동산 관련 법안이 어떻게 처리되는가를 살펴가며 내 집 마련에 나서는 것이 좋습니다. 청약통장과 초저금리 생애 최초 주택자금을 이용한 대출 마련 전략을 짤 필요도 있습니다. 여기에 주택 시장의 급매물을 눈여겨보는 것이 좋습니다.

2014년 아파트 1순위 관심 지역
은 강남 재건축 시장

●

법안 살펴가며 청약통장과 초저
금리 대출 이용하거나 급매물 통
해 내 집 마련에 나서야

부동산 정책에 따른 시장 변화 상황을 감안하되 실수요자는 가격이 더 떨어지기를 기다리는 것도 한 방법입니다. 일부 지역에서는 당분간 아파트 미분양 사태가 계속될 가능성이 큽니다. 특히 서울 강남 지역을 제외한 다른 지역에서는 중대형 아파트보다 중소형 아파트가 더 인기를 끌 것으로 보입니다. 또 2014년 아파트 1순위 관심 지역은 강남 재건축 시장일 것입니다.

진행자 감사합니다. 다음으로 김희선 전무님께서 발표하겠습니다.

김희선 2013년의 부동산 시장은 전체적으로 매매 거래량은 급격히 줄어든 반면 전·월세 거래량은 꾸준히 늘었습니다. 우리나라에서 주택 거래량이 가장 많았던 2006년에 비해 2012년의 거래량은 약 70퍼센트밖에 안 됩니다. 30퍼센트나 줄어들다 보니 '집을 내놓아도 팔리지 않는다', '집을 보러 오는 사람이 없다'는 말이 나오는 것입니다.

2013년 한 해만 놓고 보면 매매 건수는 3분기까지 회복세를 보이면서 2012년보다 조금 늘었습니다. 그러나 전반적으로 중소형 중심으로만 늘어나 중대형 아파트 소유자는 경기회복을 체감하지 못했을 겁니다. 임대 시장은 전반적으로 전·월세 거래량이 늘고 있습니다. 우리나라 주택 거래 시장에서 전·월세가 차지하는 비중이 늘어

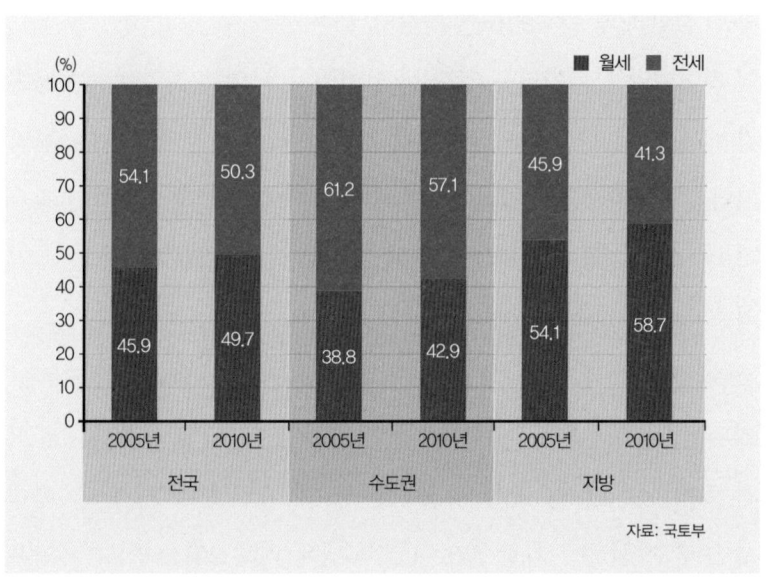

전·월세 주택 거래 비중 변화

자료: 국토부

나는 추세라고 볼 수 있습니다.

가격 측면을 보면 실수요자 중심으로 시장이 재편돼 전반적으로 수도권은 약세 국면이 지속되고 있습니다. 반면 지방은 2008년 전후로 5년간 불경기를 겪고 난 이후라 2012년부터 주택 경기가 좋은 편입니다. 물론 지방 시장도 2014년에는 상승세가 한풀 꺾일 가능성이 큽니다.

'집을 내놓아도 팔리지 않는다'

2006년 비해 2012년 부동산 매매 거래량 30퍼센트 줄어

2013년 주택 거래량 조금 늘었으나 전·월세 상승폭만은 못해

서울의 경우 송파구를 제외한 나머지 전 지역에서 가격 하락세가 이어졌습니다. 특히 용산의 국제 업무 지구 무산 같은 악재가 전반적인 하락세에 큰 영향을 미쳤습니다.

2014년의 부동산 시장은 2013년과 비슷한 기조를 유지할 것 같습니다. 다시 말해 시세차익에 대한 기대감이 줄어 투자 수요는 감소하고 실수요자 중심의 수요 시장만 유지될 것으로 보입니다. 특히 저가 매물 시장 혹은 전세금이 많이 올라 매매로 전환하는 데 부담이 적은 지역일수록 거래가 활성화되리라고 봅니다. 가령 2013년에 구로, 동작, 금천 지역의 주택가격이 다소 오른 것은 이런 이유 때문입니다.

2014년 부동산 시장은 작년과 비슷한 기조 유지

강남보다 금천, 구로, 도봉, 강북서 실수요자 중심으로 거래 늘 것

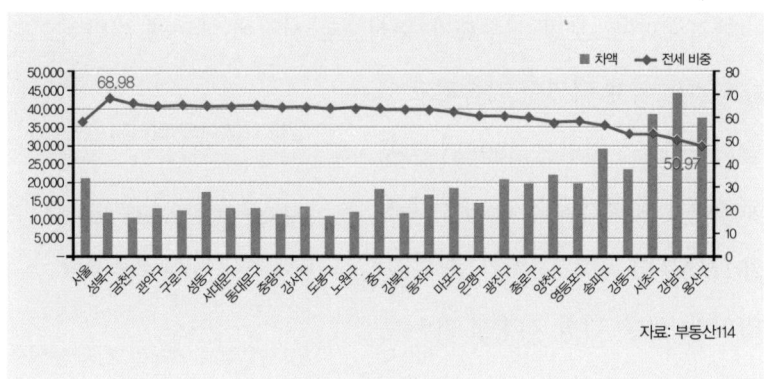

서울 전세가 비중

자료: 부동산114

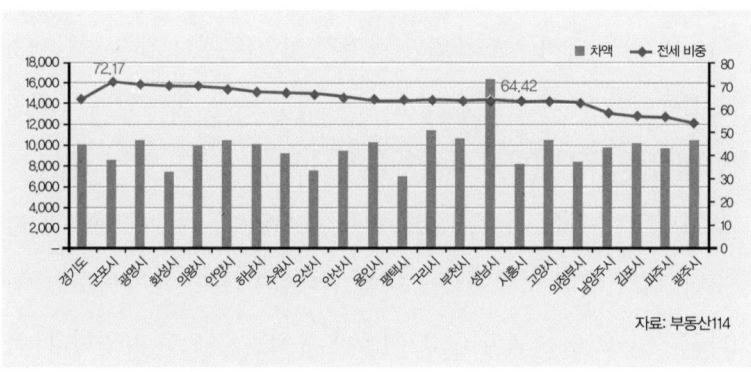

경기 전세가 비중

자료: 부동산114

2014년에도 서울의 강남지역은 전세에서 매매로 전환하는 데 드는 부담이 커서 실거래량이 늘기는 어려울 전망입니다. 오히려 전세에 1억 원 안팎의 돈을 보태면 집을 살 수 있는 지역, 예를 들면 금천구, 구로구, 도봉구, 강북구 등에서 거래가 늘 것으로 예상됩니다.

또 생애 최초 구입자에 대한 '금융 지원 효과'가 2014년에도 지속될 것입니다. 이처럼 실수요자 중심으로 매매 거래가 이뤄지는 현상은 2014년에도 이어질 것으로 보입니다.

또 다른 이슈로는 2014년 지방선거에 대한 기대감이 있습니다. 그러나 지난 10년간의 선거와 주택 시장의 관계를 살펴보면 사실상 무관했음을 알 수 있습니다. 특히 2010년 이후에는 주택 시장에서 선거의 영향이 상당히 제한적으로 나타났습니다. 지자체 선거 공약에 힘입어 전반적으로 가격이 출렁거릴 소지는 있지만, 선거에 대한 기대감은 하지 않는 것이 나을 듯합니다.

임대주택의 경우 2014년에는 2013년보다 숨통이 트일 것 같습니

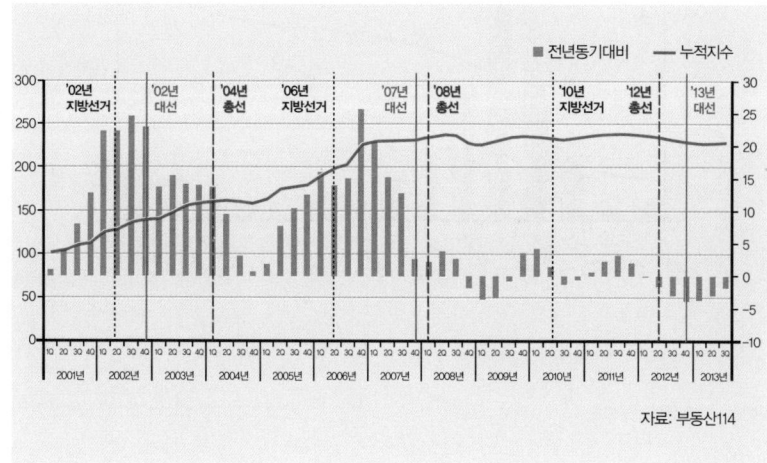

지방선거가 주택 시장에 미치는 영향

자료: 부동산114

아파트 규모별 입주 예정 물량

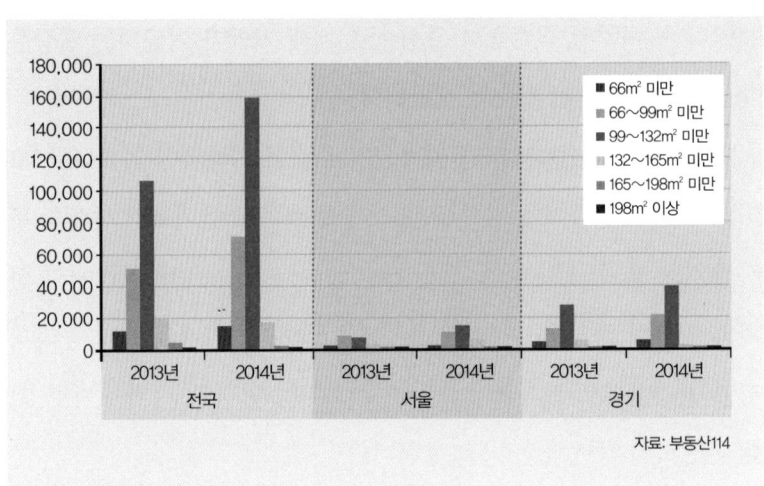

자료: 부동산114

오피스텔 공급 현황

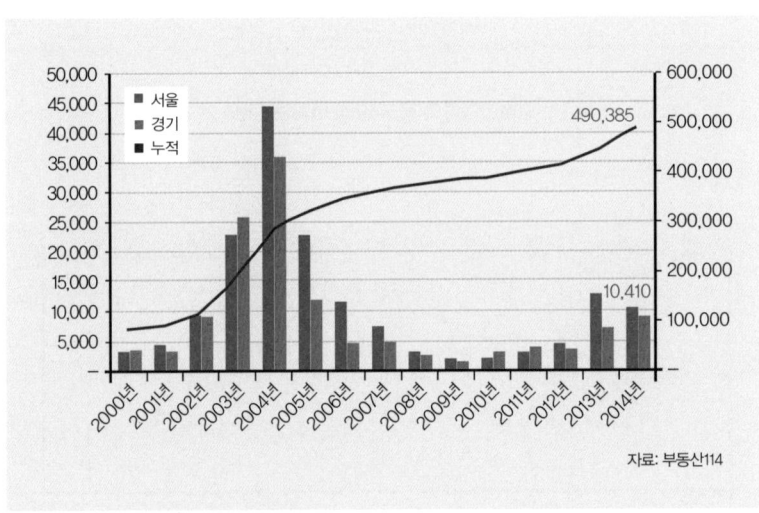

자료: 부동산114

다. 일단 중소형 임대주택 입주 물량이 2013년보다 늘어납니다. 반면 소형 주택과 도시형 생활주택 입주량은 감소할 것으로 보입니다.

6월 지방선거 영향력 거의 없을 것

●

최대 변수는 강남 재건축 추진, 전세 시장에 악재로 작용할 듯

2014년의 가장 큰 변수는 강남권에서 추진하는 재건축입니다. 재건축에 따라 본격적으로 이주가 시작되면 전세 시장에 악재로 작용할 가능성이 큽니다. 따라서 전반적으로 전세가 상승세는 다소 둔화되겠지만 전세 물건 품귀 현상은 2014년에도 유지될 확률이 높습니다.

아파트뿐 아니라 단독·빌라 등 비(非)아파트 물량이 최근 3~4년간 공급량이 증가했는데 2014년에는 줄어든다는 점도 변수입니다. 그래서 도시형 생활주택을 기반으로 임대사업을 하는 사람이 '혹시' 하는 기대감을 가질 수도 있지만, 전반적으로 공급 과잉 현상이 다소 해소되는 정도로 해석하는 것이 맞습니다.

2014년 주택 시장의 희소식은 20~30평대의 중소형 아파트 입주 물량이 늘어난다는 점입니다. 그러면 전·월세 시장에 숨통이 트일 가능성이 큽니다. 그러나 임대사업용으로 보유하는 중소형 주택은 여전히 공급 물량이 많아 공실 위험이 있습니다.

진행자 끝으로 박원갑 위원님께서 말씀해주시겠습니다.

박원갑 언론을 통해 이미 들었겠지만 2014년엔 주택 시장이 2013년보다 좀 나아질 거라는 게 전반적인 전망입니다. 이 말이 틀리지는 않지만 저는 그래도 주의사항을 알려드리고 싶습니다. 먼저 2014년

26

국내외 기관별 2014년 한국 경제성장률 전망

기관	실질경제성장률(%)
ING 그룹	2.6
UBS	3.0
삼성경제연구소	3.1
하나금융경영연구소	3.4
ADB	3.5
IMF, 골드만삭스, KB투자증권	3.7
한국은행, SC	3.8
기획재정부	3.9
노무라, BoA 메릴린치	4.0

출처: 자료 종합

에는 왜 2013년보다 주택 경기가 나을 거라고 예상하는 걸까요?

무엇보다 실물 경기가 2013년보다 나을 것으로 예상되기 때문입니다. 최근 부동산 시장이 투자자 중심에서 실수요자 중심으로 바뀐 것은 알고 있을 겁니다. 이 말은 "내 호주머니에 돈이 있어야 집을 산다"는 것을 의미합니다. 그러려면 실물 경기가 좋아야 합니다. 공장이 돌아가야 내 호주머니에 돈이 생기지요. 그렇지만 실물 경기가 조금 좋아진다고 해서 내가 곧바로 집을 살 수 있는 것은 아닙니다. 돈을 모아야 집을 사는데, 1년 동안

실물 경기 회복된다고 곧바로 집 사는 사람 늘어나진 않을 것

돈을 모아 집을 살 수 있을까요? 그건 아니죠.

그런데 왜 2014년에는 부동산 시장이 나아질 거라고 보는 걸까요? 가장 큰 이유는 전세난 때문입니다. 일반적으로 전세가가 올라도 매매가를 밀어 올리지 못하는 게 현실입니다. 요즘에는 전세로 살 때부터 이미 대출을 받기 때문입니다. 집을 사려고 해도 대출을 받기가 힘들다 보니 전세가가 올라도 매매가를 끌어 올리지는 못합니다.

다른 한편으로 최근 재미있는 현상이 나타나고 있습니다. 2013년 말 현재 서울의 집값 대비 전세가 비율이 61퍼센트입니다. 집값이 1억 원이라면 전세가가 6,100만 원이라는 겁니다. 새 아파트에 가보면 전세가 비율이 80퍼센트가 넘어요. 그런데 수도권에서 아파트 경매 낙찰가격 비율이 82퍼센트입니다. 전세가 비율이 80퍼센트가 넘어가는 상황에서 세입자가 은행에서 돈을 꿔다가 집주인에게 전세금을 더 올려주는 것은 어찌 보면 부실기업에 대출을 해주는 것이나 마찬가지입니다. 위험하죠.

그러면 어떻게 해야 할까요? 반(半)전세로 바꾸거나 아니면 집을 사야 합니다. 그렇지 않으면 세입자가 맡겨놓은 전세금이 공중 분해될 수도 있으니까요. 따지고 보면 세입자가 어쩔 수 없이 집을 사야 하는 서글픈 현실입니다. 이처럼 '전세푸어'들이 어쩔 수 없이 집을 사야 하는 구조가 현재 주택 시장

집값 대비 전세가 비율 80퍼센트 넘는 시대

●

'전세푸어'들이 어쩔 수 없이 집을 사야 하는 현실을 호전이라 표현할 수는 없어

의 상황입니다. 이것을 두고 호전된다고 표현할 수는 없죠. 단, 집값 상승 요인은 됩니다. 이런 지경인데 본격적인 상승세라고 할 수는 없습니다.

현재 우리나라는 가계 부채가 너무 많습니다. 여기에다 젊은 층은 집을 살 돈이 없어요. 또 서울에 살던 공무원이나 공기업 임직원은 세종시 혹은 지방의 혁신도시로 내려가는데 누가 집을 사겠습니까. 따라서 2014년에 부동산 시장이 조금 좋아진다 해도 그리 기대할 만한 수준은 아니라고 봅니다.

2014년 6월에 지방선거가 있는데 이는 주택 시장에 큰 영향을 주지는 않을 겁니다. 주택 시장의 관점에서는 그저 일회성 이벤트일 뿐이죠.

부동산 불패 신화 끝났다

●

고도성장기의 향수나 영광 잊고 저성장 받아들여야

●

부동산 투자 시 관건은 '현금흐름' 파악하는 것

이제 부동산 시장은 패러다임 자체가 바뀌었습니다. 지금까지는 아파트를 투자 상품으로 볼 때 대지 지분이 얼마나 되는지 등을 생각했잖아요. 이제는 '현금흐름'을 중심으로 부동산 시장을 바라봐야 합니다. 부동산에 투자할 때 가장 중요한 판단 요인은 '현금흐름이 어떻게 바뀌는가'라는 얘기입니다.

지금은 부동산을 '금융자산'으로 바라봐야 할 시점입니다. 더불어 본격적으로 저성장 체제로 접어든 부동산 시장의 변화를 받아들여

야 합니다. 고도성장기의 향수나 영광은 잊는 것이 현명합니다. 좀
거칠게 말하면 '부동산으로 돈 버는 시대'는 끝났습니다.

집값, 바닥인가 아닌가

진행자 　지금부터 본격적인 토론을 시작하겠습니다. 많은 사람이
'과연 지금 집을 사야 하는가 말아야 하는가'를 궁금해 하고 있습니
다. 물론 그에 앞서 지금 집값이 바닥인지 아닌지를 짚어봐야죠. 어
떤가요? 고준석 지점장님, 먼저 말씀해주시죠.

고준석 　일단 상품가격은 시장의 보이지 않는 손이 결정합니다. 주
택도 하나의 상품이라 수요와 공급에 따라 가격이 결정됩니다. 그렇
다면 우리나라 주택 수요가 공급
대비 어떤 상태인지 봐야 합니다.
OECD 국가를 기준으로 보면 인구
1,000명당 주택 수가 400~550채
입니다. 한국은 300~350채인데,
도시별로 차이가 있긴 하지만 평균

> OECD 국가 인구 1,000명당 주택
> 수 400~550채
>
> ●
>
> 한국은 300~350채로 공급 부족
> 상태

350채로 보면 됩니다. OECD 국가에 비해 50~150채가 부족한 겁
니다. 현실적으로 공급이 부족한 상태죠.
　그런데 가격은 왜 떨어질까요? 그것은 정부의 각종 부동산 규제

보이지 않는 손이 결정하는 가격 떨어지는 이유는 정부 규제 때문

●

2014년, 규제가 폐지된다면 현재 집값은 바닥

정책 때문입니다. 전 세계에서 우리나라처럼 부동산을 많이 규제하는 나라는 없습니다. 만약 정부가 부동산 가격을 시장경제 원리에 맡긴다면 저는 지금이 바닥이라고 봅니다. 또 2014년에 DTI 규제 폐지, 분양가 상한제 탄력운영제가 아닌 분양가 상한제 폐지 등이 순차적으로 시행된다면 지금의 집값을 바닥으로 보는 게 맞습니다. 반면 2014년에 이들 정책이 추진되지 않으면 부동산 시장이 지금보다 더 얼어붙을 수도 있습니다.

<u>진행자</u> 고 지점장님 말씀은 지금 집값이 바닥이라는 거죠? 단, 2014년에도 2013년과 같은 규제 정책이 지속되면 가격이 오르기는 힘들다는 거고요. 김희선 전무님께서는 어떻게 생각하십니까?

<u>김희선</u> 그동안의 집값 흐름을 보면 2013년 들어 바닥권 다지기 모양새를 보이고 있습니다. 데이터 상으로는 그렇지만 아직 확실히 반등하는 모습은 보기 어렵습니다. 집값이 반등하려면 방금 고 지점장님께서 말한 것처럼 수요와 공급에 따라 이뤄져야 하는데, 제가 분석한 자료를 보면 수도권 시장은 그렇게 부족하지 않습니다. 오히려 중대형 아파트는 여전히 공급 과잉 상태입니다. 또 중소형 주택은 안정적인 공급이 유지되고 있습니다.

수도권 시장 중대형 아파트는 여전히 공급 과잉, 중소형은 공급 안정

그런데 수요 시장을 보면 수요자

들의 주머니 사정이 그리 넉넉지 않습니다. 과거 주택가격이 급등하던 시절에 이를 주도한 계층은 1차 베이비붐 세대입니다. 그다음 세대들은 내 집 마련 시기가 1990년대 후반 외환위기를 겪으면서 늦게 시작됐습니다. 이들은 뒤늦게 집을 사기 시작해 2000년대 중반에 집을 마련했는데 대부분 대출을 잔뜩 받았습니다. 지금도 대출이 남아 있는 상태라 집을 옮길 여력이 없습니다.

다른 한편으로 전세 가구가 매매 수요자로 전환해야 하는데 최근 4~5년간 가파르게 오른 전세금을 빚을 내 충당한 상황이라 내 집을 마련할 돈이 없습니다. 엄밀히 말해 실수요자 중심의 시장에서는 과거에 비해 저축이 충분하지 않아 공격적으로 집을 사기엔 무리가 따릅니다. 이에 따라 전세 대출 규모가 작고 경제적으로 여력이 있는 사람에 한해 제한적으로 전세 수요자가 매매 수요자로 바뀔 것이라고 봅니다.

설령 수요자가 공격적인 성향이더라도 시세차익을 목표로 주택 시장에 들어오기엔 아직 전망이 밝지 못합니다. 투자를 목적으로 하는 수요자는 수익에 대한 기대감이

현재 주택 시장은 정부 정책으로 추가 하락을 견제하는 형세

●

규제 완화 실패하거나 경기 불안 요소 생기면 더 떨어질 것

없으면 시장에 진입하지 않지요. 결국 주택 시장은 전반적으로 정부가 여러 정책을 시행해 추가 하락을 견제하는 상태라고 할 수 있습니다. 물론 그런 정책이 실패하거나 추가적 경기 불안요소가 생기면

주택가격은 다시 하락할 수 있습니다.

진행자 박 위원님께서는 어떻게 생각하십니까?

박원갑 이런 얘기가 있습니다. 어느 여행객이 중국에서 차를 몰고 가다가 행인에게 목적지를 알려주고 "어디에서 좌회전해야 합니까?"라고 물었답니다. 그러자 "이틀 뒤에 좌회전하세요" 하더랍니다. 왜 이런 얘기를 하느냐면 우리가 바닥이라고 하는 것이 빗살무늬토기의 바닥처럼 뾰족한 바닥이 아니기 때문입니다. 집값이 오른다는 것도 이틀 뒤에 좌회전하라는 말처럼 2, 3년 뒤에 오를 거라는 말과 비슷합니다. 이런 현상을 '욕조형 바닥'이라고 합니다. 바닥이긴 해도 열흘 혹은 석 달 뒤가 아니라 5년 후에 바닥이 끝날 수도 있다는 말입니다.

열흘이나 석 달 뒤가 아닌 5년 후에 끝날 수도 있는 '욕조형 바닥'

2014년 집값 크게 떨어지진 않으나 반등도 없을 것

물론 제가 볼 때도 2014년에 집값 하락 현상이 나타나지는 않을 것 같습니다. 단기간에 집값이 너무 빠졌거든요. 그래서 크게 떨어질 것 같지는 않지만, 방금 김 전무님께서 말했듯 이게 좀 좋아진다고 해서 그것이 반등이냐 하는 거죠. 가령 내가 32평짜리 집을 갖고 있는데 집값이 3억 원이라면 5,000만 원 정도는 올라야 반등이잖아요. 즉, 그처럼 좋아지는 반등은 아닐 거라는 말입니다.

세상사가 그리 만만치는 않죠. 잘못 이해할 수도 있다는 점에서 저는 '바닥론'이 굉장히 위험하다고 생각해요. 이걸 두고 '소망적 사고'라고 하지요. 그러니까 전망과 '집값이 올랐으면 좋겠다'는 소망이 섞여 있는 겁니다. 흔히 어떤 대통령의 지지도가 바닥일 경우 곧 올라갈 거라는 기대감을 갖지는 않지요. 그냥 '원래 지지율이 낮구나'라고 생각하죠. 그런데 집값이 바닥이라고 하면 '아, 이제 오를 일만 남았다', '곧 오를 거야'라고 생각합니다. 이런 사고방식은 곤란하죠.

집값이 떨어진다거나 폭락한다는 사람들에게 물어보세요. 그들은 아예 집값이 바닥이라는 말을 하지 않습니다. 집값이 오른다는 사람들만 바닥 얘기를 꺼냅니다. 이처럼 바닥론은 기대감이 포함된, 약간은 착시 현상이라고 봅니다.

'집값이 올랐으면 좋겠다'는 소망과 기대가 포함된 착시 현상

저는 주택 시장 전망을 비관적으로 볼 필요는 없지만, 기대감에 푹 빠진 바닥론도 위험하다고 생각합니다. 물론 집값이 더 이상 떨어지지 않을 수도 있죠. 하지만 그게 말 그대로 'V'자 형태를 만들어가는 것이 아니라 당분간은 수요가 부족하고 공급은 과잉일 겁니다.

지금 집을 사는 사람은 거의 없어요. 특히 젊은 층이 집을 사지 않아요. 어떤 경우에 집을 사느냐 하면 전세난 때문에 어쩔 수 없이 집을 사는 구조예요. 다시 말해 안정적인 주거 상황을 위협받아야 집을

바닥론을 조심하라
●
주택 문제 앞에서는 항상 보수적 마인드 유지해야
●
무리하게 대출받아 집 사는 것 절대 금물

사는 구조입니다. 주변을 둘러보세요. 집을 짐이라고 생각하는 시대에 어쩔 수 없는 상황이 아니면 누가 집을 사겠습니까?

절대 대출을 많이 받아서 집을 사면 안 됩니다. 집값이 크게 오르지 않을 것이므로 조금은 보수적으로 접근하는 게 여러 모로 유리합니다. 그런 측면에서 저는 바닥론을 조심하라고 말하고 싶습니다. 바닥론은 집을 사라는 무언의 압박입니다. 너무 그쪽으로 빠지지 말고 주택 문제 앞에서는 항상 보수적인 마인드를 유지해야 합니다.

장기 불황 형태로 갈 것인가

진행자　토론자들의 의견에 약간씩 차이가 있는 것 같습니다. 이번에는 2014년뿐 아니라 중장기적으로 과연 우리나라 주택 시장이 어떤 식으로 전개될 것인지 논의해보죠. 박 위원님께서 먼저 말씀해주십시오.

박원갑　시장에선 대부분 극단론이 성행합니다. 그래야 돈벌이가 되기 때문이죠. 무조건 집값이 오른다는 사람들은 그게 돈이 되니까 그런 겁니다. 무조건 집값이 떨어진다는 사람도 강연을 해서 돈을 법니다. 그러니까 너무 극단적인 논리를 주장하는 사람의 말은 믿지 마세요.

가장 염려스러운 부분은 과연 한국도 일본처럼 주택 시장이 장기

불황 형태로 갈 것인가 하는 점입니다. 저성장, 고령화 같은 얘기가 나오면 곧바로 일본을 떠올리는 사람이 많잖아요. 그럴 것 없습니다. 제가 일본에 대해 연구를 좀 해봤습니다.

일본의 부동산 버블 붕괴는 역사적으로 아주 희귀한 사건이에요. 그동안 유럽의 네덜란드, 핀란드, 덴마크, 영국에서도 주택가격이 폭등했다가 폭락하는 사건이 있었지요. 그런데 대부분 고통스러운 과정을 거치면서 다시 시장이 회복됐습니다. 일본처럼 20년간 거의 일어나지도 못한 나라는 굉장히 희귀하고 기괴한 사례입니다.

일본 부동산 버블 붕괴는 역사적으로 희귀한 사건

●

한국에 무조건 적용하기보다 수요와 공급을 균형 있게 고려해야

●

공급하지 않으면 집값은 오른다

지금 한국의 부동산 시장을 보면서 일본을 떠올리는 것은 수요만 봐서 그런 겁니다. 흔히 베이비붐 세대가 모두 은퇴해 집을 살 사람이 없고, 젊은이는 한 달에 88만 원을 벌어서 어떻게 집을 사겠느냐고 말하죠. 그것만 보면 집값은 폭락하는 일만 남습니다. 하지만 부동산 시장을 볼 때는 공급도 고려해야 합니다.

부산을 한번 생각해보죠.

2006년도 12월부터 2012년 말까지 부산의 아파트 가격이 57퍼센트나 올랐어요. 해운대 아파트는 66퍼센트가 올랐습니다. 해운대에 가면 롯데 아파트 32평이 2006년 말에 1억 2,000만 원이었는데 2013

년 말 현재 2억 6,000만 원입니다. 그 사이 부산 인구가 3퍼센트 정도 줄었어요. 인구가 줄었는데 왜 집값이 올랐을까요? 공급이 부족해서 그렇습니다. 공급하지 않으면 집값은 올라가요.

심리학 용어 중 '의대생 증후군'이라는 말이 있습니다. 의대생은 질병을 공부하죠. 그 의대생이 오늘 위의 증상을 배웠는데 그날 따라 위가 아픕니다. 그럼 '어, 이거 위암 증상인데. 내가 위암에 걸렸나?'라고 생각합니다. 또 내일은 뇌 질병을 배웠는데 그날 따라 머리가 아픕니다. 그러면 '머리가 아프면 뇌종양인데, 뇌종양 걸렸나?' 하고 생각하는 겁니다. 이게 바로 의대생 증후군입니다.

일본과 조금만 비슷해도 '혹시 일본을 따라가나'라고 생각하는 것도 마찬가지입니다. 분명히 말하지만 일본 부동산의 장기 불황은 역사적으로 희귀한 사건입니다. 저는 부동산 시장을 너무 비관적으로 보지 않고 장기적으로는 조금 좋아질 거라고 생각합니다. 너무 환상에 빠지지 말고 좀 더 냉철하고 객관적으로 봐야 합니다. 극단론에는 절대 귀 기울이지 마세요.

부동산 시장 장기적으로는 좋아질 것

●

환상이나 극단론에 빠지지 말고 냉철하게 봐야

진행자 네, 일본의 사례를 들어 한국의 부동산 시장이 중장기적으로 어떻게 될지 재미있게 말씀해주셨습니다. 그럼 김 전무님의 전망은 어떠신지요.

김희선　'2014년에 집을 살 것인가 말 것인가'를 고민하는 사람에게는 2014년의 주택 전망이 굉장히 중요합니다. 2014년에 의사결정을 해야 하니까요. 투자하는 사람과 파는 사람에게는 2014년 시장이 굉장히 중요하지만, 실수요자는 2014년 전망에 집착하면 안 됩니다. 다시 말해 5년이나 10년쯤 보유했다가 팔 것을 생각하고 장기적으로 내다봐야 합니다. 방금 박 위원님이 말한 것처럼 장기적인 시장도 과거만큼 크게 오르지는 않겠지만, 너무 걱정할 정도로 폭락하지도 않을 거라는 의견에 저도 동감합니다.

> 실수요자는 2014년 전망에 집착하면 안 돼
>
> ●
>
> 장기적으로 급반등도 폭락도 없을 것
>
> ●
>
> 2014년 주택 시장은 중소형과 실수요자 중심 시장

현재 우리나라 주택 시장은 중소형과 실수요자 중심 시장입니다. 이는 재정적으로 여력이 풍부하지는 않지만 전세 대출을 받아 이자를 내든 주택 대출을 받아 이자를 내든 부담이 비슷하고, 그 정도는 감당할 수준이 되는 계층을 중심으로 거래가 이뤄질 가능성이 크다는 의미입니다.

1, 2억씩 대출을 받아 자기소득의 30퍼센트 이상을 대출금을 갚는 데 써야 하는 사람은 집을 사기 어렵습니다. 그보다는 전세 대출 이자에 돈을 좀 보태 전세에 따른 불안감을 털고자 하는 사람, 임대주택보다 안정적인 주거 환경을 바라는 실수요자 중심의 거래가 2014년을 주도할 것입니다.

제가 많이 받는 질문 중 하나가 "중대형 아파트가 과거 고점 대비 40퍼센트 정도 떨어졌는데 사면 좋지 않을까요?"라는 겁니다. 아직은 신중하게 생각하라고 답을 드리고 싶습니다. 이들은 대개 거주 목적보다 시세차익에 대한 기대감을 갖고 있습니다. 시세차익을 기대하고 집을 샀다면 이후 누군가가 내 집을 사줘야 하는데 중대형 주택에는 미래 수요자가 별로 없습니다.

한국의 가구를 중장기적으로 생각할 때 한 집에서 4~5명이 함께 사는 시대는 끝났습니다. 지금은 거의 3명, 2030년이면 한 집에서 2명만 사는 경우가 50퍼센트 이상일 겁니다. 즉, 대형 아파트의 수요가 확대 재생산되는 구조가 아니라는 얘기입니다. 소득이 늘고 가계에 경제력이 생기면 큰 집에 한두 명이 살 수는 있지만 이건 예외적인 일입니다. 내가 거주할 목적으로 큰 집에 가겠다고 하면 말리지는 않겠지만, 투자 목적으로 중대형 아파트를 사는 것은 신중할 필요가 있습니다.

거주 목적 아닌 시세차익 목적이라면 중대형 신중하게 고려해야

●

한 집에서 4~5명이 사는 시대는 끝났다

진행자 고준석 지점장님, 마지막으로 말씀해주세요.

고준석 부동산 시장에 중장기적으로 투자하려면 시장을 넓은 시각으로 바라봐야 합니다. 10년 전만 해도 10억 원이 있으면 서울 강남구 압구정동 현대 아파트 35평짜리 두 채를 살 수 있었어요. 지금은 그 돈으로 한 채를 사려고 해도 대출을 2, 3억 원은 받아야 합니다. 실물자산 가격이 그만큼 올랐다는 얘기입니다. 그러면 앞으로 10년 뒤 금융자산 가격은 어떻게 될까요? 돈의 가치가 지금처럼 유지될까요? 인플레이션을 감안하면 돈이나 화폐 가치는 떨어질 겁니다. 그렇다면 지금이라도 아파트에 투자해야 하는 것 아니냐는 식의 결론은 안 됩니다. 아파트로 돈 버는 시대는 끝났습니다.

우리나라의 부동산 시장에서 아파트만 보면 안 됩니다. 우리나라의 전체 부동산 시장 규모는 약 8,000조 원입니다. 토지 시장이 약 5,000조 원이고 수익형 상가와 중소형 빌딩이 1,500조 원 정도입니다. 아파트는 약 1,500조 원입니다. 그러니까 아파트만 바라볼 필요는 없습니다. 그런 의미에서 저는 '부동산 시장이 활성화된다'거나 '2014년에 시장이 좋지 않다'가 아니라, 내가 어떤 부동산에 어떻게 제대로 투자할 것인가가 중요하다고 생각합니다.

'부동산＝아파트'라는 등식에서 벗어나야

●

시장 활성화 여부 상관없이 어떻게 제대로 투자할 것인가가 중요

중대형 주택의 미래, 찬밥으로 전락할 것인가

진행자   글로벌 금융위기가 터진 뒤 중대형 주택이 부동산 시장에서 찬밥 신세를 면치 못하고 있는데요. 김희선 전무님, 중대형 주택과 관련해 의견을 듣고 싶습니다. 소형 주택이 인기를 끄는 현실이 대세가 될 것인지 아니면 중대형 주택이 반전을 일으킬 가능성이 있는지 말씀해주세요.

김희선　　2000년대 중반 중대형 아파트가 인기를 끈 것은 그동안 우리나라 주택 공급 정책이 '주택 보급률' 중심이라 벌어진 일입니다. 당시 전반적으로 국민주택 규모, 즉 전용면적 85제곱미터(25.7평) 이하 주택을 집중 공급했고 그보다 큰 집의 보급률은 굉장히 낮았어요. 그러다가 80년대와 90년대를 거치면서 경제 상황이 좋아지고 가계소득도 늘었습니다. 여기에다 집을 사는 55년~63년생의 가족 구성원이 보통 4명 이상이었습니다. 그러다 보니 이왕이면 큰 집이나 새집을 선호하는 경향이 강했죠. 공교롭게도 큰 집은 공급이 귀해 넓은 평수의 집값이 크게 올랐고 그것이 가격에 반영된 것입니다.

그 뒤 2000년대 중반을 거치면서 2기 신도시나 수도권 외곽지역은 30퍼센트 이상이 중대형으로 공급됐습니다. 현재 미분양 아파트의 90퍼센트 이상은 85제곱미터를 초과하는 주택입니다. 이처럼 중대형 아파트는 단기적으로 많이 공급됐지만 우리의 경제 상황이나 가계소득, 가구 구성원 변화를 고려하면 사실 그렇게 큰 집은 필요치 않습니다.

신도시 미분양 아파트의 90퍼센트 이상은 중대형 주택

●

가계소득, 가구 구성원 변화 고려하면 큰 집 필요 없어 현재 주택 시장의 구매 세력은 딱 두 그룹입니다. 전세금이 너무 올라 매매로 전환하는 수요, 아니면 노후에 임대소득을 목표로 하는 그룹입니다. 내 집 마련을 원하는 수요층은 경제 형편이나 모든 것을 감안할 때 중소형 수요층에 집중돼 있습니다. 임대사업을 목표로 하는 계층 역시 방 두 개 정도의 중소형 주택을 선호합니다.

결과적으로 소형 주택의 강세는 지속될 것으로 보입니다. 물론 향후 경제 상황이나 추가적인 중대형 물량 공급 감소 현상이 지속되면 나중에 또 한 번의 기회가 올 수도

소형 주택 강세 지속될 것
●
**자녀에게 아파트 사주는 것 반대,
차라리 전세금 보태라**

있습니다. 하지만 저는 지금보다 훨씬 보수적으로 봐야지 5년 전의 분위기를 생각하며 접근하면 위험하다고 봅니다.

저는 중대형 아파트가 과거처럼 집이 클수록 가격이 오를 거라는 것은 신기루라고 봅니다. 그런데 소형 주택도 또 다른 신기루가 될 수 있겠다는 생각이 들어요. 소형 아파트는 부동산 침체기에도 가격이 거의 떨어지지 않았습니다. 저는 지금 자녀에게 소형 아파트를 사주는 것에 반대합니다. 가격이 전혀 떨어지지 않았는데 그걸 왜 사줍니까? 차라리 전세금을 보태주는 게 낫죠. 또 집을 사면 증여세 조사까지 받아야 합니다. 절대로 자녀에게 소형 아파트를 사주지 마세요.

그렇다고 제 말을 오해하지는 마세요. 중대형 아파트의 경우 고점

대비 절반 가격으로 떨어진 곳도 많아 그런 집은 사도 괜찮다고 했더니 어떤 사람이 떡하니 80평짜리 아파트를 사더라고요. 아무리 중대형이라 할지라도 80평은 너무 크지 않을까요. 제 말은 40평대 정도는 예전 가격과 주변 가격을 비교해보고 사는 것도 괜찮다는 의미입니다. 또한 부모님을 모시거나 남편에게 서재를 만들어주고 싶은 경우 40평대 주택을 구입하는 것도 나쁘지 않습니다. 소형이든 중대형이든 주택 시장에 접근할 때는 처음부터 끝까지 실수요자 관점으로 판단해야 합니다.

소형이든 중대형이든 실수요자 관점을 유지하라

●

중대형 아파트 소유자는 지금 당장 팔기보다 5년 내 기회 노려야

이미 중대형 아파트를 소유하고 있는 사람들은 어떻게 해야 할까요? 지금 당장 팔지는 마세요. 앞으로 5년 안에 천천히 시간을 두고 파는 게 어떨까 싶습니다. 부동산 시장도 사이클에 따라 움직이므로 아마 팔 수 있는 기회가 올 겁니다. 단, 중대형을 살 때는 가구처럼 집도 더 큰 것이 비싸다는 개념을 버려야 합니다. 반드시 실수요자 관점으로 접근하기 바랍니다.

고준석   제가 신한은행 고객을 대상으로 주택 평형 선호도를 조사해봤어요. 결과가 지역별로 다르게 나오더군요. 서울의 경우에도 강남과 강북이 다릅니다. 강남 거주자들은 40평대를, 강북 거주자들은 30평대를 선호합니다. 수도권 거주자는 25평대를 선호합니다. 그렇다면 실수요자가 가장 선호하는 주택 크기가 그 지역에서의 투자 전략이 돼야 한다고 생각합니다. 중대형 아파트보다 중소형 주택을 선호한다는 것은 설문조사에도 나타나 있지만, 2005년 대비 2010년 1인 가구가 30퍼센트 증가했습니다. 1인 가구가 2005년 310만 가구에서 2010년 400만 가구로 늘었어요. 더구나 요즘엔 부모와 함께 사는 가구가 줄어들고 있잖아요. 그런 걸 감안하면 앞으로도 중소형 주택이 소비자의 관심을 끌 거라고 봅니다.

2005년 대비 2010년 1인 가구 30퍼센트 증가

2014년 중대형보다 소형 강세 이어질 것

전월세를 구하는 사람도 중대형보다 중소형 주택을 원합니다. 투자자 역시 거기에 맞춰 변해가는 추세를 보이고 있어요. 2014년에도 중대형보다 중소형이 강세를 이어갈 것입니다. 단, 지역별 차이는 존재합니다.

전세 0퍼센트, 월세 100퍼센트 시대 올까

진행자 다음 주제는 우리나라에만 있다는 전세제도에 관한 것입니다. 전세가가 많이 올랐고 지금은 월세가 확산되는 추세인데 과연 전세가 없어질까요? 임대 시장이 100퍼센트 월세 시장으로 재편될까요? 이 문제는 투자자 입장에서도 관심이 많을 텐데 여기에 대해 얘기해주시죠.

박원갑　　지금은 전반적으로 전세가 소멸되고 있는 중에 불안요소가 불거지는 상황이라고 보면 됩니다. 전세는 본질적으로 집주인과 세입자 간에 돈을 빌려주고 빌리는 관계거든요. 한마디로 채권·채무 관계입니다. 이는 과거처럼 집값이 많이 오르던 고금리 시절에나 가능한 구조입니다. 지금은 그런 시대가 아니라서 점차 전세가 소멸되고 있죠. 그렇다고 모든 전세 주택이 사라지는 것은 아닙니다. 왜냐하면 집주인 입장에서는 전세보증금이 세입자에게 빌린 무이자 대출이거든요. 자기 돈이 아니라 세입자의 돈이죠. 함부로 갖다 쓰면 안 된다는 얘기입니다. 그걸 월세로 돌리려면 세입자에게 빚을 상환해야 합니다.

예컨대 1억 원짜리 집이 있고 전세가가 8,000만 원인데 그걸 보증금 1,000만 원에 월세 40만 원으로 돌리고 싶다면 어찌될까요? 집주인에게 7,000만 원이 있으면 월세로 바꿀 수 있죠. 7,000만 원 정도는 은행에서 금방 조달할 수도 있고요. 그래서 저가 주택, 소형 주택이 거의 다 월세로 넘어갔어요. 그럼 10억 원짜리 집이 있고 전세가가 8억 원인데 이 집을 보증금 1억 원에 월세 400만 원짜리로 바꾸고 싶다면? 집주인에게 돈이 7억 원이 있어야 하죠? 그 7억 원이 어디서 납니까. 그러니 월세로 못 돌리죠. 이걸 다층화된 구조라고 합

꼭대기는 전세, 가운데는 반전세, 맨 아래는 월세로 넘어가는 다층화된 구조

니다. 그러니까 꼭대기는 전세로 남아 있고 맨 아래 시장은 월세로 넘어가며 가운데 주택은 반전세로 남는 겁니다.

베이비부머 입장에서는 사실 월세 시대가 더 좋습니다. 반대로 젊은 사람의 입장에서는 다달이 월세를 내야 하니 서글픈 일이지요. 월세를 받는 베이비부머 입장에서는 집을 두 채만 갖고 있어도 어느 정도 노후가 보장됩니다. 또 베이비부머는 자녀에게 전세보증금을 내주지 않아도 되니 얼마나 좋습니까. **주택 있는 베이비부머에게는 월세 시대가 반갑지만, 임대주택에 살아야 하는 베이비부머에게는 치명적 상황** 그동안 자녀에게 전세보증금을 내주는 바람에 노후 재산을 다 까먹었잖아요.

어쨌든 임대해줄 주택이 있는 베이비부머 입장에서는 괜찮은 점이 많고, 임대주택에 살아야 하는 베이비부머에게는 치명적인 상황이라고 보면 됩니다.

김희선　　집값이 많이 오를 때는 전세제도가 전세금에 내 돈을 조금 보태 시세차익을 얻는 굉장히 좋은 금융 상품이었습니다. 그런데 이제 전세금을 받아 은행에 넣어봐야 2퍼센트 안팎의 이자만 받는 상황이 되어버렸죠. 전세를 많이 끼고 집을 사놨는데 집값이 더는 오르지 않으니 어떻게 하면 수익을 낼 수 있느냐는 문제에 직면한 겁니다. 집을 가진 사람의 입장에서는 조금이라도 수익을 내기 위해 월세로 전환하는 거고요.

월세는 박 위원님의 말대로 받고 싶은 사람이 받고 싶은 만큼 받는 게 아닙니다. 월세를 낼 수 있는 사람의 소득 여력에 따라 정해진다고 보는 게 맞습니다. 입장을 바꿔 한 달에 월세 100~200만 원을 내려면 월급을 얼마나 받아야 하는지 질문을 해봐야 해요.

세입자 소득 여력에 따라 정해지는 월세 시장
●
고가 전세 주택이 100퍼센트 월세로 돌아가기엔 현실적으로 무리

통상적으로 소형 주택을 임대하는 사람은 1인 가구가 많고, 2인 가구라도 평균소득이 400만 원이 넘지 않습니다. 특히 1인 가구의 소득이 200만 원 정도라면 이들이 한 달에 100만 원 이상을 월세로 내고 살 수는 없지요. 그래서 고가 전세 주택이 100퍼센트 월세로 돌아가기엔 현실적으로 무리가 따릅니다.

그 대안이 반전세입니다. 중산층 이상이 거주하는 아파트나 전세금이 비싼 동네의 경우 전세보증금 비중이 80~90퍼센트가 되고, 월세는 한 달에 100만 원 정도로 형성될 가능성이 큽니다. 저가 주택 시장에서 월세 시장은 이미 오래된 것입니다. 예전부터 있던 사글세 시장이 조금 더 커지는 중이라고 봐야 합니다. 전체적인 거래 시장에서 전세 비중이 축소되고 부분적인 월세가 도입되는 시장의 대세를 막기는 어렵다고 봅니다.

고준석   전세 시장이 소멸될 것이냐 아니냐는 전적으로 시장금리에 달려 있다고 봐요. 지금 같은 초저금리 시대가 이어진다면 분명 전

세 물량이 줄어들 것입니다. 반면 금리가 다소라도 상승한다면 전세 시장이 일정 부분 유지될 겁니다.

현재 시장에서 1억 원당 월세 비중이 6퍼센트 정도입니다. 월 60만 원 수준인데, 수요자를 구하지 못한 곳에서는 40만 원까지 떨어지고 있습니다. 그래서 저는 시장금리와 우리나라의 2014년 경제성장률을 고려해야 한다고 생각합니다. 2014년 경제성장률이 2013년보다 1~1.5퍼센트 상승하리라는 전망이 나오고 있잖아요. 더불어 시장 금리도 일정 부분 올라갈 가능성이 있죠. 그렇다면 전세 시장은 당분간 유지될 거라는 게 제 생각입니다.

> 전세 비중 축소와 월세 확대를 막을 수는 없어
>
> 초저금리 시대 이어지면 전세 줄어드는 것은 당연
>
> 2014년 경제성장률 고려하면 전세 시장 당분간 유지될 것

미국발 양적완화 축소가 부동산에 미치는 영향

진행자   미국의 양적완화(중앙은행이 국채 매입 등을 통해 시중에 통화를 직접 공급해 경기를 부양하는 통화정책) 축소가 우리나라 금융 시장뿐 아니라 부동산에 끼치는 영향도 만만치 않을 거라는 전망이 나오고 있습니다. 미국의 양적완화 축소가 국내 부동산 시장에 어떤

영향을 미칠까요? 결국 금리가 오르면 부동산 시장이 어떤 영향을 받게 될지 한번 들어보겠습니다.

고준석   미국의 양적완화 축소가 시행되면 부동산 시장에는 별로 좋지 않겠죠. 자금이 부동산 시장으로 많이 유입되어야 시장이 활성화되는데 은행에서 자금이 빠져나가면 은행이 대출을 해주다가 멈칫하거든요. 개인에게 계속 대출을 해줘도 좋은지 고민하게 되지요. 그러면 자금 운용 측면에서 금융기관이 보수적으로 나올 가능성이 크고, 이것은 부동산 시장에 좋지 않습니다. 또 금리가 오르면 대출

양적완화 축소로 은행 대출 줄고 부동산 시장에 좋지 않을 것

을 끼고 내 집을 마련한 사람이나 내 집 마련을 계획하는 사람들에게 부담으로 작용할 수밖에 없지요. 그래서 양적완화가 축소되면 미미하나마 부동산 시장에는 좋지 않을 것 같습니다.

박원갑   일반적으로 금리와 부동산은 반비례 관계입니다. 금리가 오르면 금융비용이 늘어나 투자수익률이 떨어지고 부동산 가격은 하락 압력을 받습니다. 하지만 2014년에 금리가 갑자기 오르지 않는다면 큰 영향은 없을 겁니다. 이론적으로 볼 때 금리에 예민하다는

금리와 부동산은 반비례 관계

●

2014년 금리 오른다면 수익형 부동산 쪽은 조심해야

말은 남의 돈을 빌려 쓴 사람이 더 예민하게 움직인다는 말입니다. 그렇다면 일반적인 아파트 시장이 영향을 많이 받을까요, 아니면 상가

시장이 더 많이 영향을 받을까요? 당연히 돈을 빌려 투자하는 경우가 많은 수익형 부동산, 상가 시장이 더 영향을 받습니다. 그래서 저는 2014년에 금리가 오른다면 수익형 부동산 쪽은 조심할 필요가 있다고 생각합니다.

일반 주택 시장은 하우스푸어보다 전세푸어가 더 심각하게 영향을 받을 수 있어요. 하우스푸어는 전세가가 오르자 세놓은 전셋집 전세금을 올려 받았고 그 돈으로 은행대출금을 갚았어요. 결과적으로 집주인의 주택담보대출금을 전세 세입자가 떠안은 구조입니다. 어차피 오른 전세금 역시 세입자가 대출받아 올려준 거고요. 그런 의미에서 2014년에는 전세푸어들이 고통받을 거라는 생각이 듭니다.

2014년은 전세푸어들이 더 고통받는 해 될 것

●

세입자든 집주인이든 자기자본 늘리고 빚 줄이는 전략 택하라

전반적으로 볼 때 금리상승에 따른 부작용도 있지만 경기가 회복되는 측면도 있잖습니까? 경기회복이 어느 정도는 금리상승에 따른 부작용을 상쇄할 겁니다. 전체적으로는 큰 영향이 없겠지만 2014년에 금리가 한 번만 오르는 게 아니라, 계속 오르면 집을 살 사람들 입장에서는 대출을 줄여야겠지요. 하우스푸어도 대출이 많으면 문제가 생기거든요. 내 돈으로 내 집을 사는 사람들 중에는 하우스푸어가 없어요. 부동산 시장에서는 세입자든 집주인이든 가급적 자기자본을 늘리고 빚을 줄이는 전략으로 가야 합니다.

양적완화 축소가 시장을 휘청거리게 할 정도로 강하지는 않을 것

김희선　미국의 양적완화 축소는 우리나라 부동산 시장에 간접적으로 영향을 줄 겁니다. 부동산 시장에서는 금리 변동성 부분이 가장 큰 영향을 미칩니다. 특히 신규 투자를 하거나 내 집 마련을 위해 대출하려는 사람은 신중하게 임해야 합니다. 대출을 많이 받아 집을 보유하고 있다면 대출 압박감이 지금보다 더 높아져 서둘러 집을 매물로 내놔야 할 수도 있습니다.

어쨌든 양적완화 축소가 주택가격이 다소 하락하는 쪽으로 영향을 미칠 가능성은 있지만, 그게 2014년 시장을 휘청거리게 할 정도로 강하지는 않을 거라고 봅니다. 그다지 비관적으로 볼 상황은 아니라는 얘기입니다.

2014년 부동산 시장에 대해 반드시 알아야 할 질문과 답변

베이비붐 세대들은 전원주택에 대한 열망이 강하잖아요. 5년 후 제가 전원주택을 지으려고 하는데 지금 가진 집과 땅을 팔고 이사를 가야 할지, 아니면 집을 전세 주고 가야 할지 고민하고 있어요.

고준석   우선 다른 문제보다 전원주택에 가는 것 자체를 고민해야 할 것 같아요. 지금 수도권에서 전원주택지로 가장 각광받는 곳이 양평입니다. 양평이 주목받는 가장 큰 이유는 공장인허가가 나지 않기 때문이지요. 서울에서 가깝기도 하고요. 1년에 양평으로 전입하는 세대가 약 3,000세대입니다. 그런데 전출 가는 세대도 약 3,000세대입니다. 그만큼 들어갔다 나온다는 얘기입니다. 어디를 막론하고 전원주택을 원하는 사람은 먼저 땅을 사서 집부터 짓지 말고 일단 전세로 살아본 다음 적응되면 3~5년 후 땅을 사서 집을 짓는 게 옳다고 봅니다. 서울에 있는 집은 수익성을 따져서 대응해야지요. 집값이 오르거나 미래 가치가 높은 지역이라면 팔면 안 됩니다. 그렇지 않다면 처분하고 가는 게 좋습니다.

그동안 부동산에 관심이 많았는데 얼마 전에 《선대인, 미친 부동산을 말하다》를 읽고 많이 당황했습니다. 너무 부정적으로 얘기해서요. 앞에 계신 전문가의 조언을 듣고 싶습니다.

박원갑   개인에 대해 뭐라고 말씀드리는 건 적절하지 않은 것 같고요, 부동산 시장에 관한 극단적인 비관론은 맞을 수도 있고 틀릴 수도 있습니다. 시장이 어떻게 변할지는 아무도 모르는 것이니까요. 저는 이렇게 봅니다. 부동산을 굉장히 긍정적으로 생각하는 사람은 꿈과 전망을 섞어 얘기하는 편입니다. 반대로 부동산 시장 전망을 너무 나쁘게 얘기하는 사람은 전망과 '당위'를 섞어서 얘기합니다. 집값이 오르면 안 된다, 집값 때문에 서민이 고통받는다, 그러니 집값은 더 떨어져야 한다고 말하는 겁니다. 말이야 맞는 얘기지만 그런 당위적인 주장이 곧 전망이 되는 것은 곤란합니다. 전망은 객관적이어야 하는데 거기에 당위적인 주장을 과도하게 섞으면 문제가 생깁니다. 여러 관점을 지닌 사람의 말을 종합해서 듣고 객관적, 중립적 위치에 서야 한다고 봅니다.

정부의 부동산 대책에 대해 질문하고 싶습니다. 개인적으로 저는 시장이 활성화되려면 새로 매수하는 사람에게 혜택을 주는 것도 좋지만 주택 소유자에 대한 대책도 있어야 한다고 생각합니다. 그런데 정책이 계속 전월세 대출만 밀어주고 주택 소유자와 관련된 정책은 소홀히 하는 것 같습니다. 전문가 입장에서 정부가 어떤 정책을 펴야 하는지 한번 얘기주세요.

김희선   지금까지 우리나라 주택·부동산 정책은 무주택 서민에게 주택을 보급하기 위한 것이 기본적인 정책 기조였습니다. 그러다 보니 투기를 억제하는 게 최우선 정책이었죠. 물론 이제는 부동산 투기가 더 이상 시장 구조적으로 일어나기 힘들다는 것에 대해 공감대가 형성되고 있는 중입니다. 그래서 주택건설업계나 전문가들이 정책 기조를 바꿀 필요가 있다는 건의를 하고 있습니다. 가령 다주택자들이 시장에 적극 들어와 건전한 시장 플레이어가 되도록 보완책이 필요하다고 봅니다. 다시 말해 무주택자나 서민에 대한 지원 외에 다주택자에 대한 정부의 지원책도 필요하다고 생각합니다.

이영진

NPL·경매 투자전문 자산운용전문기업 ㈜이웰에셋 대표이자 부동산연구소장. 외환위기 직후인 1998년부터 경매실무를 시작했으며, 부동산정보업체인 닥터아파트로 스카우트된 후 경매가 아닌 부동산이라는 큰 시각에서 시장을 분석하고 리서치하는 업무를 담당했다. 세종사이버대학교 부동산경영학부, 가천대학교 경영대학원에 초빙교수, 매경머니닥터 상담위원, 머니투데이방송 자문위원 등으로도 활동하고 있다. 지은 책으로 《돈 버는 경매 돈 잃는 경매》, 《부동산 생활백서 II》, 《이것이 경매 투자다》, 《부동산 생활백서 I》 등이 있다.

2장

5,000만 원으로
부동산 경매에 투자하는 법

이영진 이웰에셋 대표

경매 시장은 부동산 시장과 다르다

5,000만 원으로 과연 부동산 경매를 할 수 있을까? 물론이다. 경매는 그 특성상 5,000만 원으로 할 수 있는 투자 물건이 전국에 어마어마하게 쌓여 있다. 문제는 그러한 물량 중에서 어떤 것이 진짜 투자할 만한 물건인지 골라내는 데 있다.

여기서는 단순히 5,000만 원으로 투자하는 것 외에 여러 투자 기법을 알려주고자 한다. 알다시피 2013년에는 부동산 시장과 경매 시장이 심각한 침체기를 겪었다. 따라서 2014년 이후 투자 방향을 어떻게 잡아야 할지에 대해 궁금한 사항이 많을 것이다.

일단 부동산 시장이 최근에 어떻게 흘러왔는지 간략하게 살펴보자.

부동산 시장은 2008년 글로벌 금융위기 이후 지속적으로 하락세를 거듭해왔다. 서로 맞물려 돌아가는 경매 시장도 별반 다를 게 없다. 물론 경매는 '불황일수록 빛을 발하는 재테크 수단'으로 알려져 있지만, 부동산 시장의 침체가 워낙 깊다 보니 경매도 힘을 쓰지 못했다. 부동산 시장은 2008년 이후 2009년에 반짝 상승한 뒤 계속 좋지 않았다. 아쉽지만 2014년에도 썩 좋을 것 같지는 않다.

아이러니하게도 부동산 시장의 침체가 계속된다고 하면 일반 부동산 투자나 실수요가 금기시된다. 시장이 좋지 않다는 것은 일반 실수요자나 투자자 입장에서는 오히려 아주 좋은 시장이 형성되고 있는 것인데도 말이다.

경매 시장은 입찰자와 경쟁자 수가 적을 때 시장이 좋지 않다고 표현한다. 낙찰가율의 경우 시장이 침체돼 몇 번 유찰되고 나면 법정에서 낙찰되는 가격이 그만큼 떨어진다. 이는 곧 굉장한 가격경쟁력을 확보할 수 있다는 뜻이다. 이런 식으로 경매 시장은 일반 부동산 시장과는 조금 다르게 돌아간다.

경매 물건이 감소한 두 가지 이유

지난 몇 년간 경매 물건 수가 상당히 감소해왔다. 경매 물건이 많이 늘어난다는 것은 그만큼 시장이 좋지 않다는 것을 의미한다. 그런데 최근 3, 4년간 길게 보면 5년간 부동산 시장이 침체됐음에도 경매 물건은 오히려 줄어들었다.

왜 그럴까?

여기에는 크게 두 가지 이유가 있다. 첫째, 금리가 아주 낮은, 즉 저금리 기조가 계속 진행돼왔기 때문이다. 3퍼센트대는 물론 2퍼센트대로 저금리 기조가 유지되다 보니 대출을 받아 집을 샀거나 중복투자를 한 사람들이 어느 정도 버틸 여력이 있었다.

물론 시장이 너무 좋지 않으면 이렇게 유지하는 것조차 힘들 것이다. 앞으로 시장이 회복되지 않을 경우 아무리 저금리 기조가 유지돼도 힘든 상황이 벌어질 가능성이 크다. 다시 말해 경매 물건이 늘어날 소지가 있다.

둘째, 예전에는 대출금을 갚지 못하는 사람이 나오면 1금융권이나 2금융권 회사들이 곧바로 경매를 신청했지만 지금은 사정이 다르다. 요즘에는 그 중간에서 경매 물건의 물량 조절 기능을 담당하는, 즉 필터링 역할을 하는 유동화 회사가 많이 늘어났다. 금융기관이 대형 물건을 대량으로 쏟아내면 유동화 회사가 1차로 매입해 물량을 조절한다.

경매 물건 변화 추이

구분	2009년	2010년	2011년	2012년	2013년 상반기
전국	337,591	299,764	267,481	261,041	135,164
수도권	96,691	99,242	110,358	120,483	64,867
지방	240,900	200,522	157,123	140,558	70,297

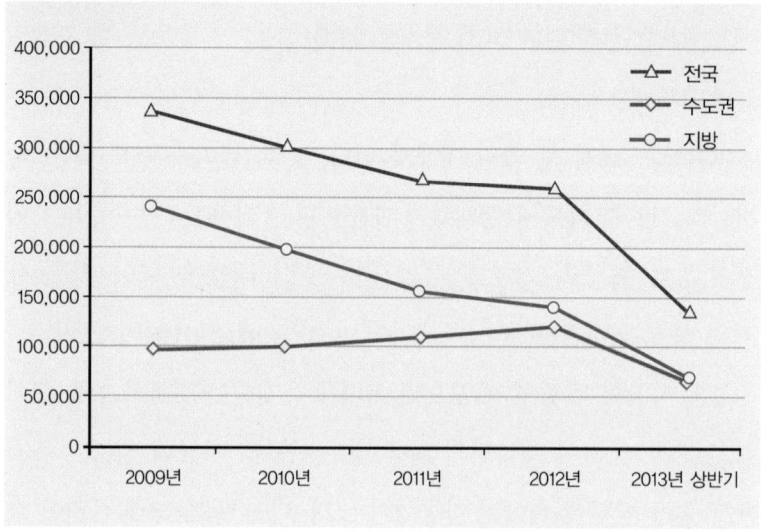

경매 물건이 일순간에 쏟아져 나오지 않는 이유가 바로 여기에 있다. 하지만 유동화 회사도 물량을 가져가는 데 한계에 봉착하면 그 물량들을 쏟아낼 수밖에 없다.

2014년, 경매 물건 증가할 듯

앞으로 경매 물량은 어떻게 될까?

최근 몇 년간 지역별로 수도권과 지방의 상황이 분명하게 갈렸다. 수도권의 경우 지방과 달리 글로벌 금융위기 이후 굉장히 힘든 시기를 보냈다. 즉, 부동산 시장 침체기를 고스란히 겪으면서 경매 물건이 계속 증가해왔다. 지방은 어땠을까? 지방은 수도권과 반대 현상을 보였고 경매 물건 수가 급감했다. 부동산 때문에 어려웠던 사람이 별로 없었다는 얘기다.

어쨌든 지방의 경매 물건이 많이 줄어들어 전체적으로는 경매 물건이 줄어든 것처럼 보이지만, 수도권만 보면 경매 물건이 계속 늘어왔다. 수도권은 2012년까지 물량 면에서 어느 정도 완만한 상승곡선을 보였다.

이런 상황은 2013년 상반기부터 조금씩 변화하고 있다. 이때부터 경매 물건 수 증감 현황이 조정 국면에 들어갔다는 말이다. 수도권은 물건이 다소 줄어들고, 반대로 지방은 경매 물건이 조금씩 늘어나는 상황으로 변하고 있다. 그렇다면 2014년에는 전반적으로 경매 물건이 다소 늘어날 가능성이 크다. 수도권은 지금까지 시장 상황이 좋지 않아 가파른 경매 물량 상승곡선을 보여 왔다. 2014년에 지방까지 가세하면 전국적으로 경매 물건이 많이 늘어날 수 있다.

경매 진행 건수(전체)

구분	2009년	2010년	2011년	2012년
수도권	96,691	99,242	110,358	120,483
지방	240,885	199,866	157,123	140,558

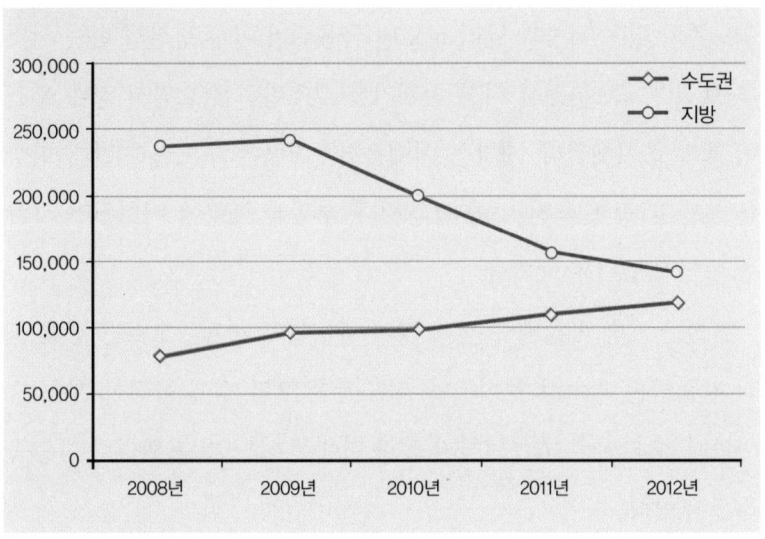

이는 경매 수요자 입장에서는 좋은 면이 될 수 있지만 주택소유자, 그중에서도 대출을 받아 집을 구입한 사람에게는 상당히 불리한 상황이라고 할 수 있다.

수치로 보면 1년간 전국에서 나오는 경매 건수의 연평균 수치는 약 27만 건이다. 그동안 적을 때가 26만 건 정도였는데 2014년에는 최소한 이보다는 더 늘어날 것으로 예측된다. 특히 침체된 부동산 시장 상황이 풀리지 않으면 더 많은 물건이 시장에 나올 수도 있다.

일례로 외환위기 이후 전국적으로 1년간 54만 건이 경매에 붙여지기도 했다. 지금은 그때에 비해 물량이 적지만 앞으로는 이보다 더 늘어날 것으로 보인다.

주택 시장의 세 군데 틈새시장

부동산 시장이 침체되면 경매에 입찰하는 사람이 줄어든다. 이것은 경쟁률로 나타나는데, 경쟁률이란 하나의 경매 물건을 낙찰받기 위해 입찰에 들어간 사람들의 평균 경쟁자 수를 말한다. 쉽게 말하면 대입경쟁률과 비슷한 개념이다.

입찰자 수를 평균적으로 보면 2012년 3.7:1, 2009년 5.4:1이었다. 2009년의 평균 5.4명이란 하나의 아파트든 단독주택이든 다가구주택이든 토지든 공장이든 평균 그만큼의 사람이 입찰에 들어갔다는 의미다.

물론 물건의 종별에 따라 혹은 물건의 좋고 나쁨에 따라 10:1이나 20:1의 경쟁률을 보일 수도 있다. 아니면 나 홀로 들어가 단독낙찰을 받기도 한다. 이 모든 상황을 평균한 결과가 5.4:1의 경쟁률로 나타난 것이다.

최근 경매 시장의 입찰자 수

구분	2009년	2010년	2011년	2012년	2013년 상반기
전국	3.6	3.5	3.4	3.2	3.6
수도권	4.8	4.0	3.8	3.7	4.3
서울	5.4	4.4	3.9	3.7	4.3

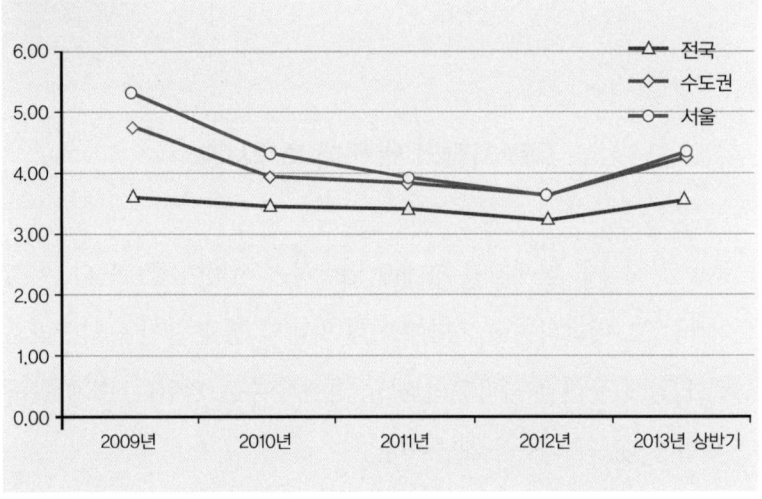

이 숫자는 2009년에서 2012년으로 오면서 5.4가 3.7로 줄어들었다. 그동안 시장이 계속 침체되면서 경매 시장이 영향을 받아 입찰자 수가 많이 감소했기 때문이다.

그런데 2013년 상반기의 집계를 보면 경쟁자 수가 늘어났음을 알 수 있다.

2013년 12월 내가 직접 천안 법원 경매장에서 입찰에 참여했는데,

최저가 5,400만 원까지 떨어진 25평형 아파트 입찰에 26명이 들어왔다. 다른 단독주택에는 16명의 경쟁 입찰자가 들어와 있었다. 또 일산 경매장에서 어느 소형 아파트는 거의 감정가 수준에서 낙찰됐다. 경쟁 입찰자 수가 15명에서 30명 사이에 이를 정도로 입찰자 수가 늘어나면서 그만큼 낙찰가율이 높아진 것이다.

주택 시장은 여전히 침체 중인데 왜 이런 현상이 벌어진 걸까? 전세 시장이 불안정해지면서 전세가가 올라가는 상황이기 때문이다. 2013년 말 기준 전국적으로 전세가가 매매가에 비해 평균 60퍼센트 수준이다. 지역별로 보면 80퍼센트, 90퍼센트, 100퍼센트까지 오른 지역이 매우 많다. 이처럼 전세가가 계속 급등하다 보니 전세가 수준에서 집을 살 수 있는 경매 물건에 사람들이 모이고 있다. 특히 서울 쪽은 전세가가 높아 인근의 일산, 분당 지역의 중소형 아파트 경매 낙찰가율이 폭등하고 있다.

여기에는 두 가지 목적이 있다. 하나는 일반 아파트를 사기엔 아직 부담인 상황에서 가격경쟁력을 확보할 수 있다는 점이다. 다른 하나는 앞으로 주택 시장이 어떻게 될지 모르는 상황에서 가급적 싸게 살 수 있다는 것이다. 이러한 목적 아래 사람들은 경매 시장에 들어오고 있다.

주택 시장에는 세 군데의 틈새시장이 있다. 그것은 급매 중에서도 아주 급한 급급매 시장, 경매 시장, 미분양 시장을 말한다. 이들은 공통적으로 시세에 비해 10퍼센트, 20퍼센트 또는

30퍼센트까지 가격경쟁력이 확보돼 있다. 앞으로 시장이 불투명할수록 가급적 저렴하게 주택을 구입하려는 욕구는 커질 것으로 보인다. 이런 이유로 부동산 시장이 이들 세 가지 시장 위주로 흘러가고 있고, 앞으로도 그렇게 흘러갈 거라고 예측해볼 수 있다. 더불어 2014년에는 경매 시장에서 입찰자 수가 소폭이라도 늘어날 것으로 예상된다.

경매 낙찰가율, 계속 오르고 있다

이제 낙찰가율을 살펴보자.

2013년 말 현재 낙찰가율은 예전에 비해 상당히 하락한 상태다. 예전에 시장이 한창 좋을 때는 연립다세대까지 감정가 이상으로 평균 낙찰가가 형성됐다. 그런데 수치상으로 보면 서울이나 수도권 같은 경우 2009년 이후 2012년까지 줄곧 가격 하락세를 거듭해왔다.

전국적으로 2013년 말 현재 감정가 대비 낙찰가율은 67.5퍼센트에 불과하다. 수도권 67퍼센트, 서울 72퍼센트 수준이다. 이것은 아파트나 공장, 토지, 상가, 오피스텔을 모두 아우른 평균 낙찰가율이다. 종목별로 따로 보거나 세부 지역별로 보면 낙찰가율은 천차만별이다. 어쨌든 낙찰가율 평균은 60퍼센트대 혹은 70퍼센트 초반대다.

최근의 낙찰가율 동향

구분	2009년	2010년	2011년	2012년	2013년 상반기
전국	69.20%	67.13%	69.91%	67.55%	67.56%
수도권	73.25%	70.07%	71.92%	67.16%	67.06%
서울	78.70%	74.37%	77.15%	72.01%	71.89%

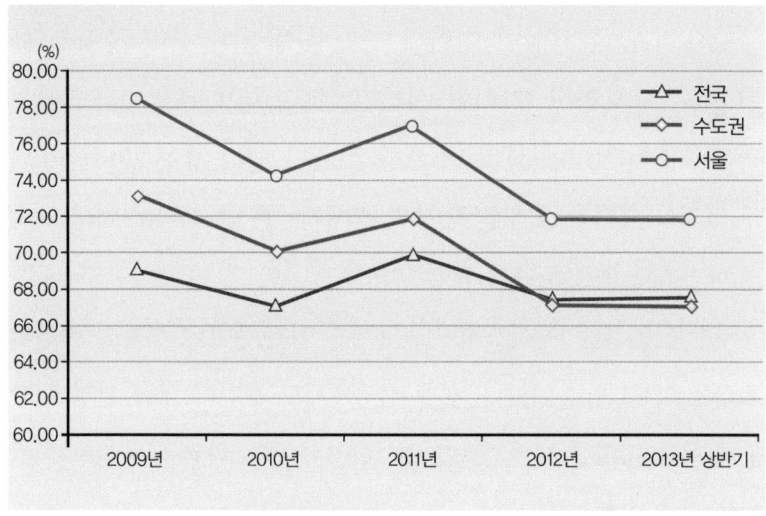

이것은 낙찰가가 굉장히 싸다는 것을 의미한다. 예를 들어 서울 송파구의 어느 아파트가 5억 원에 처음 경매가 붙여졌는데, 낙찰가율이 70퍼센트라면 3억 5,000만 원에 낙찰됐다는 의미다.

물론 요즘에는 이런 수준에서 낙찰받기가 어렵다. 입찰자들이 많이 몰리면서 낙찰가율이 오르고 있기 때문이다. 2013년 상반기까지 집계를 해보니 그동안의 흐름과 조금 다른 양상이 나타났다. 입찰자 수가 늘어나는 만큼 낙찰가율도 계속 상승한 것이다. 특히 일산 같은 곳의 중소형 아파트에는 20명 내지 30명씩 입찰 경쟁이 붙어 낙찰가가 감정가에 육박했다.

왜 이런 현상이 벌어진 것일까?

일반 부동산 시장이 어렵다 보니 사람들이 경매 쪽으로 몰린 것으로 보인다. 이러한 심리가 계속 이어지면 2014년에는 낙찰가율이 2013년보다 더 오를 소지가 있다. 물론 2014년에 정부 정책이 그다지 효과를 못 보면 경매가격은 좀 더 상승하다가 다시 예전 수준으로 돌아갈 수도 있다.

지방 같은 경우 혁신도시나 공공기관 이전 등으로 부동산 시장이 호황을 이룬 곳이 많았다. 경매 시장에서도 물건이 많이 팔려 나갔는데 이런 상황은 낙찰가율에 잘 나타나 있다. 과거에는 지방에 있는 아파트가 수도권 아파트의 낙찰가율을 넘어선다는 것은 상상도 할 수 없었다. 그런데 2010년을 기점으로 지방 아파트의 낙찰가율이 수도권보다 훨씬 높게 형성되고 있다. 그렇다고 가격 자체가 비싸다는 게 아니라 감정가 대비 낙찰가 비율에서 지방이 서울보다 높았다는 의미다. 이것은 그만큼 지방 시장은 호황이었고 수도권 시장은 침체됐다는 것을 보여준다.

투자 대비 임대수익률 높여주는 경매의 힘

최근 트렌드를 보면 주거용보다 임대수익형, 그러니까 오피스텔이나 상가의 인기가 높다는 것을 알 수 있다. 이로 인해 임대수익형 부동산의 경매 낙찰가율이 크게 올랐다. 상가나 오피스텔은 노후대비용으로 삼을 수 있고 또 월세도 나오므로 제법 인기가 있다.

요즘엔 금리가 낮아 경매가 아닌 일반적인 방식으로 부동산을 매입하면 임대수익률이 적게는 3퍼센트, 많아도 5~6퍼센트밖에 나오지 않는다. 반면 경매 시장에서 낙찰받으면 임대수익률이 최소한 5퍼센트에서 많게는 9퍼센트까지 나온다. 경매 시장에서 일반적인 방식으로 부동산을 살 때보다 훨씬 싸게 살 수 있어 수익률이 올라가는 것이다. 이 경우 경매가 일반 매매보다 평균적으로 2배 이상의 임대수익률을 올리는 구조가 형성된다.

지난 몇 년간 수도권의 주택 시장이 워낙 침체돼 있다 보니 반대 급부적 현상으로 임대수익형 부동산의 인기가 훨씬 높았다. 2014년에도 주택 시장이 썩 좋아지진 않을 것으로 보인다. 그러면 임대수익형 오피스텔이나 상가 시장은 아마 더 붐이 일지 않을까 싶다.

2013년 말 현재 은행에 예금을 해봐야 이자율이 2~3퍼센트, 많아야 4퍼센트대밖에 안 된다. 그러나 상가를 경매로 취득하면 최저 5퍼센트, 많게는 9퍼센트의 수익률을 바라볼 수 있다. 특히 전액 자기 자금으로 하지 않고 대출을 얻어 투자금을 줄

낙찰가율(전체)

구분	2009년	2010년	2011년	2012년
수도권	73.25%	70.07%	71.92%	67.16%
지방	65.14%	64.34%	68.72%	67.90%

낙찰가율(아파트)

구분	2009년	2010년	2011년	2012년
수도권	84.14%	79.53%	80.65%	74.08%
지방	76.61%	79.03%	87.11%	87.79%

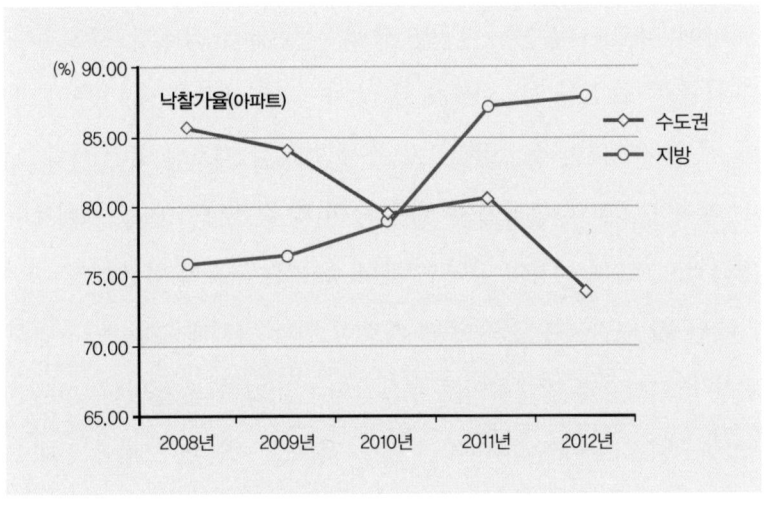

이면 투자금 대비 수익률을 많게는 12~15퍼센트까지 끌어올릴 수
있다. 이를 레버리지 효과라고 한다.

　눈여겨보면 상가나 근린주택 혹은 단독상가 같은 물건을 충분히 찾을 수 있다. 물론 여러분이 직접 찾을 수 있는 물건은 많지 않다. 또 경매는 그 특성상 입찰 전에 임대차 분석을 해야 하고 권리와 가격, 수익률도 분석해야 한다. 낙찰받고 나서도 임차인이나 이전 소유자와 명도 혹은 재임대 협의를 해야 하는 등 복잡한 상황이 있다.

그렇다고 여러분이 크게 걱정할 건 없다. 그것을 직접 할 수도 있지만 전문적으로 대행해주는 전문업체가 있기 때문이다. 이들 업체에 맡기면 임차인이나 이전 소유주를 직접 만날 일은 없다.

연립다세대에 투자할 때 꼼꼼히 따져봐야 할 점

2004년, 2005년까지만 해도 "연립다세대는 절대 사지 마라. 투자하지 마라. 연립다세대를 사면 패가망신한다"는 말이 있었다. 그런데 그처럼 금기시되던 연립다세대가 2006년부터 2008년 상반기까지 황금기를 누렸다. 서울에서 각종 재개발이나 뉴타운 붐이 일면서 낙찰가율이 100퍼센트 이상으로 형성된 것이다.

하지만 지금은 주택 시장이 망가지고 재개발과 뉴타운에 대한 사업계획을 전면 재검토하면서 정반대로 낙찰가율이 완전히 고꾸라졌다. 한때 100퍼센트까지 형성됐던 낙찰가율이 70퍼센트대 초반까지 뚝 떨어진 것이다. 이처럼 연립다세대는 시장 상황에 따라 뜨고 가라앉는 부침 현상이 굉장히 심한 편이다.

이 부분에서 요즘 한 가지 희망적인 것은 전세 시장이 불안정해져 아파트 전세가격이 급등하자, 아파트에서 거주하기 어려워진 사람들이 연립다세대 쪽으로 옮겨가고 있다는 사실이다. 개발 호재가 있거나 임대수요가 뒷받침되는 지역의 연립다세대는 임대수익을 기대해볼 수 있다. 특히 전세가 월세로 전환되면서 점점 월세 임대수익용으로도 부각되고 있는 게 연립다세대다.

그런데 아파트와 달리 연립다세대는 취득할 때 여러 면에서 주의해야 한다. 수요도 수요지만 그 지역의 생활여건이나 주차 시설, 생활편의 시설이 잘 갖춰져 있어야 그나마 임대수익이 높기 때문이다. 이들 요인을 꼼꼼히 가려야 하는 것이 연립다세대 주택의 특징이다. 또 주택 시장 상황에 따라 부침이 심하므로 그밖에도 세세히 따져야 하는 부분이 많다.

어쨌든 최근 전세 시장이 어려워진 틈에 연립다세대의 인기가 되살아나고 있다.

엇갈리는 대형 평형과 재건축 경매 시장

그러면 강남권 대형 평형과 재건축을 살펴보자.

우선 중대형 아파트의 경우 관리비 부담이 있는 상황에서 주택 시장이 침체되자 가격 하락폭이 아주 컸다. 2013년 말 현재 시장은 여전히 중소형 아파트 위주로 흘러가고 있다. 반면 중대형 아파트는 거의 찬밥 신세나 다름없다.

나중에 경기가 회복돼 부동산 시장이 활성화되면 그만큼 시세차익이 클 수도 있지만, 갈수록 세대분리가 이뤄지는 추세라 큰 평형에 대한 부담이 커지고 있다. 심지어 대형 아파트를 쪼개 2세대가 거주할 수 있게 바꾸는 경우도 있다. 그런 관점에서 중대형 아파트의 회생은 더 기다려봐야 할 것 같고, 심하게는 영구적으로 조심스럽게 접근해야 하지 않나 싶다.

재건축의 경우 이제 저층 강남권 재건축 아파트, 그러니까 5층 이하 아파트는 몇 개 남지 않았다. 기껏해야 잠실 시영, 개포 주공, 고덕 시영, 강동구 명일동 주공 아파트, 둔촌동 정도뿐이다. 나머지는 모두 10층과 15층 사이이다. 다행히 2013년에 리모델링 관련 법안이 국회를 통과하면서 15퍼센트 이상 세대수를 늘릴 수 있고 30퍼센트 정도 면적을 넓히는 것도 가능해졌다. 이로써 그동안 사업성이 없던 10층에서 15층짜리 재건축 아파트에 대해 출구 전략이 마련된 셈이다.

2014년 4월부터 법안이 시행되면 10층에서 15층짜리 리모델링 대상 아파트, 특히 강남권이나 신도시권 아파트가 인기를 끌 가능성이 크다.

경매 진행 절차

경매를 하려면 무엇을 어떻게 해야 할까? 여기서 그 구체적인 방법을 살펴보자.

경매 물건이 나왔다고 해서 그냥 현장으로 달려가 살 수 있는 게 아니다. 일단 법원 경매 법정에 가야 하는데, 법정에 가도 "내가 이 물건을 사겠다"고 하고 그냥 돈만 내면 되는 게 아니다. 경매에는 일정한 절차가 필요하다.

우선 세 가지 기본적인 절차를 이해하고 경매에 들어가야 한다. 최소한 '경매는 어떻게 투자하는 것인지', '경매 구조는 어떻게 형성돼 있는지' 정도는 이해하고 접근해야 한다.

경매 법정에서의 경매 진행 절차를 보면 먼저 채권자가 경매 신청을 한다. 채권자 중에는 개인 채권자도 있지만 채권자의 60~70퍼센트 이상이 금융기관이다. 채권자가 경매 신청을 하면 경매 개시 결정이 나는데, 등기부등본을 보면 '경매 개시 결정 등기'라고 되어 있다. 그게 강제경매냐 임의경매냐에 따라 '임의경매 개시 결정 등기' 혹은 '강제경매 개시 결정 등기'로 나뉜다. 등기부등본에서 이것을 보면 경매가 진행되는 물건임을 알 수 있다.

일단 등기가 되면 경매 개시 결정이 나고 법원은 분주해진다. 감정 평가, 소유자나 채무자 혹은 임차인에게 그 물건이 경매에 나왔다는 사실 통지, 그 물건을 누가 진짜 점유하고 있는지 현황 조사, 신문 공

법원 경매 진행 절차

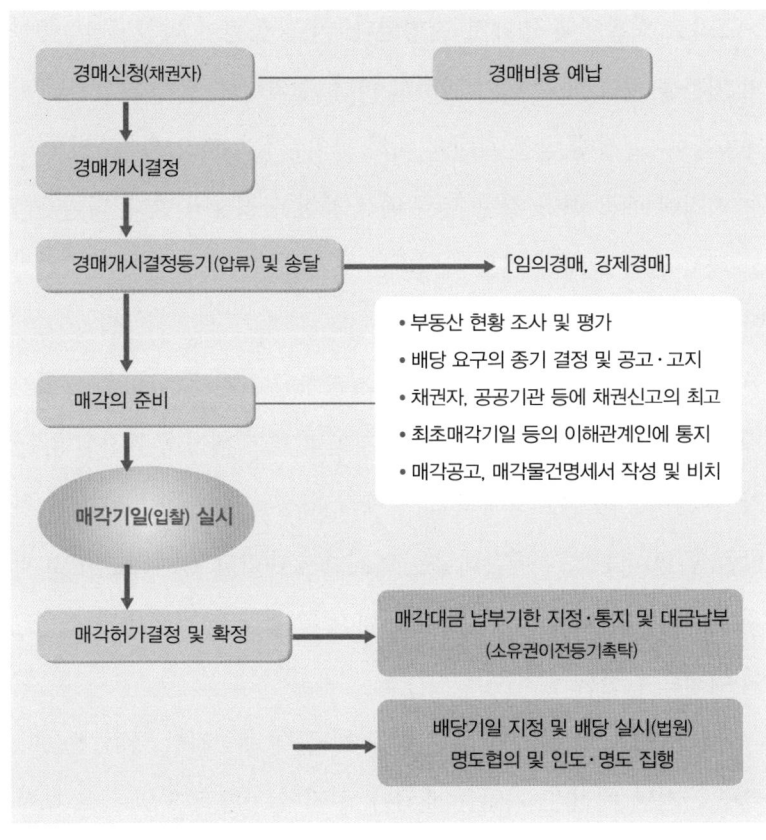

고, 입찰일 결정 등 할 일이 태산이다. 언제 입찰하고 매각기일 입찰을 언제 할 것인지도 법원에서 결정해 공고한다.

신문에 공고하는 시점은 입찰일 2주전이다. 즉, 새로운 물건이 경매에 나오면 신문에서 2주전에 알 수 있고 또 대법원 경매 사이트에서도 2주전에 새로운 물건 리스트를 확인할 수 있다.

그리고 입찰일에 경매가 진행된다. 이날 물건이 낙찰되면 1주일의 기간을 두고 매각 허가 결정이 난다. 절차상 문제가 없고 이해관계자들이 그 경매 낙찰 사실에 대해 이의신청이 없으면, 1주일이 되는 시점에 매각 허가 결정 혹은 매각 불허가 결정이 난다. 낙찰됐다고 해서 곧바로 내 물건은 아니라는 얘기다. 일단 1주일이 지나봐야 안다.

이처럼 결정이 나는 시점이 매각결정기일이다. 그런 다음 또다시 1주일을 기다려야 한다. 이 과정을 거친 뒤에야 매각이 확정된다. 낙찰 후 2주가 지나야 경매 물건이 매각 확정된다는 뜻이다. 이어 한 달쯤 후·90퍼센트의 매각대금을 언제까지 내라고 통지해준다. 10퍼센트는 입찰할 때 낸다. 그 기간 내에 아무 때나 잔금을 내면 소유권이 내게로 완전히 넘어온다.

이후 법원은 한 달 정도의 기간을 두고 각 채권자를 불러 모은다. 가령 근저당 채권자, 가압류 채권자, 권리 신고한 임차인을 모두 부르는 것이다. 그리고 해당 기일에 낙찰대금을 배분해준다. 이때 배분 원칙에 따라 순서대로 돈을 받는다. 아무나 경매대금을 다 배당받는 게 아니고 또 자신의 채권만큼 받을 수 있는 것도 아니다. 경매대금 배분까지 마치면 법원에서 진행하는 경매 절차는 끝난다.

낙찰받은 사람에게는 해야 할 과정이 하나 더 있다. 임차인이나 소유자, 점유자를 대상으로 명도를 하는 과정이다. 이를 명도협의 인도

명령이라고 하는데, 임차인 명도를 하든 협의를 해서 재임대를 하든 이 과정이 끝나고 해당 부동산의 열쇠를 받아야 끝나는 것이 일반적인 경매 절차다. 현재 살고 있는 사람과 협의해 '나가주세요', '언제까지 나가겠습니다' 하고 협의하는 것이다. 낙찰받자마자 곧바로 쫓아가 임차인이나 소유자와 협의에 나설 수는 없다.

경매 신청부터 완료까지 보통 6개월에서 8개월 정도 걸린다.

입찰할 때와 입찰 전에 해야 할 일

입찰일에는 어떤 과정으로 일이 진행될까? 경매가 가장 많이 이뤄지는 곳은 서울 서초동에 있는 서울중앙지방법원이다. 이곳은 경매의 바이블이라 불릴 정도로 경매가 몰려든다.

기본적인 경매 절차는 아침 10시부터 시작되는데 지역 법원에 따라 10시 30분에 개정하는 곳도 있다. 서울중앙지방법원의 경우 10분간 기초적인 설명을 듣고 10시 10분부터 11시 10분까지 한 시간 동안 입찰할 시간이 주어진다. 11시 10분에 입찰이 마감되면 입찰표가 함에 모이고 정리를 한다. 이어 사건 순서대로 정리한 다음 개찰한다. 이때 물건 수가 많으면 한두 시간이 걸리기도 하지만 물건 수가 적을 경우엔 30~40분이면 개찰이 마감된다.

입찰할 때는 보증금 10퍼센트를 낸다. 낙찰받지 못하면 그 돈은 그날 바로 돌려받는다. 그걸로 입찰 절차는 끝나는데 한번 현장에 가 보면 금방 익숙해질 수 있다.

입찰 전에도 할 일이 꽤 많다. 참가자 입장에서는 경매 물건을 검색하는 것이 시작 단계라고 할 수 있다. 경매 물건은 신문이나 대법원 경매 정보 혹은 민간 경매 정보에서 찾는다. 어느 지역에 있는 어떤 물건을 갖고 싶은지, 투자 가능 금액은 얼마인지 따져보고 내게

경매 투자 절차

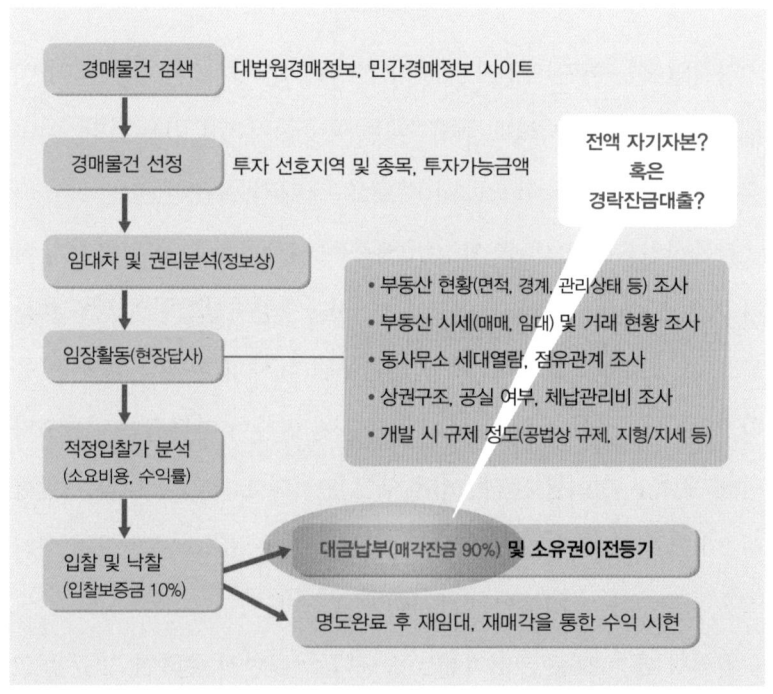

맞는 물건을 찾아보는 것이다. 다시 말해 내가 원하는 지역, 내가 가능한 금액, 선호하는 종목에 따라 물건을 뽑은 다음 그중에서 '아, 이 물건이 괜찮겠다' 싶으면 최종적으로 선정하면 된다.

중요한 것은 반드시 현장조사를 해야 한다는 점이다. 일단 경매 정보에 나와 있는 임대차나 권리 분석 등기부등본에 있는 내용을 보고 서류 검토를 끝낸 뒤에는 현장조사로 부동산 현황과 면적, 시세, 임대차 여부 등을 조사해야 한다. 물건에 이상이 없는지 최종적으로 검토하기 위해서다.

임대가나 물건가격을 파악했다면 이제 수익률 분석을 해서 예상 시세를 뽑아봐야 한다. 이때 주변 낙찰 사례를 통해 입찰가를 산정하고 들어가는 게 좋다.

만약 낙찰을 받았다면 잔금을 내면 된다. 물론 내 돈을 100퍼센트 투자하는 사람은 거의 없다. 50퍼센트든 60퍼센트든 아니면 80퍼센트든 대출을 이용해 잔금을 내는 경우가 많다. 간혹 경매 물건으로는 대출받을 수 없다고 생각하는 사람도 있지만, 사실은 그 반대다. 경매 물건도 일반 아파트 이상으로 자금 대출이 잘 이뤄진다.

법정에 가면 대출알선 모집인을 쉽게 만날 수 있다. 아마 그들의 명함을 수십 장이나 받게 될 것이다. 은행, 저축은행 등 여러 금융기관에서 대출을 하라고 명함을 숱하게 돌리기 때문이다.

대출 문제라면 '내가 원하는 만큼 대출받을 수 있느냐'의 차이만 있을 뿐 대출 자체에 대한 염려는 하지 않아도 된다. 단지 100퍼센트

내 자본으로 투자할 것인지 아니면 대출로 잔금을 낼 것인지만 결정하면 그만이다.

5,000만 원으로 3억 원짜리 부동산 사는 법

지금 돈이 딱 5,000만 원이 있다면 그 돈으로 투자할 수 있는 물건은 얼마나 될까? 사실 물건은 널려 있다. 중요한 것은 그중에서 진짜 투자할 만한 물건을 찾아내는 일이다. 또 갖고 있는 게 5,000만 원이라고 해서 꼭 거기에 맞는 물건에만 투자할 필요도 없다. 대출이 가능하니 말이다.

예를 들어 내게 5,000만 원의 현금이 있다고 해보자. 이때 내가 이자를 부담할 수 있는 금액이 1억 원이라면 1억 5,000만 원의 자금이 있는 셈이다. 이건 일반 매매에서 1억 5,000만 원을 투자하는 것보다 확장성이 훨씬 크다.

아파트의 경우 2013년 상반기 평균 낙찰가율이 감정가의 70퍼센트였다. 이것을 77퍼센트로 잡으면 1억 5,000만 원으로 투자할 수 있는 물건의 범위가 감정가 기준 1억 9,400만 원까지로 확장된다. 이런 확장성은 낙찰가율이 낮아질수록 범위가 더 커진다. 만약 3억 원 경매 물건의 낙찰가율이 50퍼센트라면 딱 1억 5,000만 원이다. 따라서 이 금액으로 투자할 수 있는 범위가 3억 원이라고 생각하면 된다.

일반 매매의 투자금액 확장성

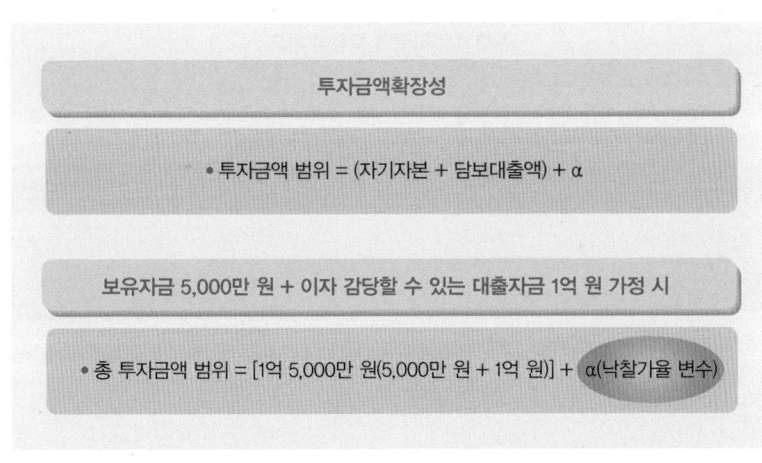

연립다세대는 낙찰가율이 71퍼센트로 형성돼 있다. 그럼 평균적으로 봤을 때 1억 5,000만 원으로 감정가 2억 1,000만 원짜리를 살

수 있다.

토지는 낙찰가율이 56퍼센트다. 그것은 전국의 평균 낙찰가율이며 1억 5,000만 원으로 투자할 수 있는 금액 범위가 2억 6,600만 원으로 확장된다. 다시 말해 거의 2억 7,000만 원까지 가능하다.

이런 식으로 확장성을 감안해 물건을 검색해야 한다. 경매 물건을 검색할 때 내가 가능한 범위가 1억 5,000만 원이라고 해서 딱 1억 5,000만 원까지의 물건만 검색하지 말라는 얘기다.

경매의 투자금액 확장성 비교

종별 낙찰가율에 따른 투자금액 확장성 비교(투자금액 1억 5,000만 원 기준)

물건 종별	낙찰가율	입찰가능한 감정평가액 범위
아파트	77.39%	194,000,000원 이하
연립/다세대	71.52%	210,000,000원 이하
근린상가	60.51%	248,000,000원 이하
오피스텔	74.02%	203,000,000원 이하
토지	56.44%	266,000,000원 이하

물건 종별에 따른 경매투자금액 범위

- 감정평가액 기준 1억 9,400억 원~2억 6,600만 원
- 일반매매기준 1억 5,000만 원보다 5,400만 원~1억 1,600만 원 증가

특히 토지는 2억 6,600만 원까지, 경우에 따라서는 2억 7,000만 원 혹은 3억 원까지도 물건을 검색해 입찰에 참여할 수 있다. 이것이 바로 경매의 큰 장점이다. 낙찰가율에 따라 범위가 늘어날 수 있다는 것이 경매가 지닌 장점 중 하나다.

대출 없이 5,000만 원으로만 투자할 수 있는 물건을 찾아보면 권리 분석이나 임대차에 문제가 없는 것을 많이 찾을 수 있다. 입찰은 경쟁이다. 10명이 들어올 수도 있고 물건이 좋지 않으면 1명만 들어올 수도 있다. 이런 경쟁체제 때문에 낙찰가율이 한정 없이 낮아지지 않고, 연립다세대도 감정가의 70퍼센트대에서 입찰이 이뤄지는 것이다.

지방 같은 경우 아파트도 5,000만 원으로 투자할 수 있는 물건이 꽤 많다. 반면 서울과 수도권에는 대출 없이 5,000만 원으로만 투자할 수 있는 물량이 그리 많지 않다. 이 경우 대출을 이용해 자금을 1억 5,000만 원으로 늘리는 방식이 좋다. 단, 내가 감당할 수 있는 이자 범위 내에서 대출을 받아야 한다. 그러면 투자할 수 있는 경매 물건의 범위가 굉장히 넓어진다.

2014년에도 주택 시장이 크게 나아지지는 않을 것이다. 그렇다면 경매 물건이 더 늘어나리라고 예측해볼 수 있다. 우리가 소액으로 혹은 대출을 포함한 금액으로 투자할 수 있는 물건이 더 많아진다는 얘기다.

2014년 경매 시장에 대해 알아야 할 질문과 답변

초보 입장에서 경매에 관심을 갖기 시작했을 때, 정보를 얻을 수 있는 곳이 유료인 경우가 꽤 많았다. 무료로 정보를 얻을 수 있는 곳을 알려달라.

일단 대법원 홈페이지에서 무료로 경매가격 정보를 제공한다. 그런데 무료로 제공하는 정보인 만큼 내용이 약간 부실할 수 있다. 그냥 일반적인 경매 진행 정보 정도다. 기본적으로 감정평가서, 매각 물건 명세서, 일반적인 조사서 같은 세 가지 정보를 제공한다. 또 여기에서는 현재 진행되고 있는 사건 이외에 과거 사건을 검색할 수 없다.

반면 민간부동산 정보업체, 예를 들면 지지옥션, 부동산태인, 굿옥션, 스피드옥션이 제공하는 정보는 유료인 만큼 보다 세세하다. 유료 정보회사는 경쟁적으로 경매 정보를 알차게 꾸미려 노력하기 때문에 현장에 가지 않아도 90퍼센트 이상 정확한 정보를 얻을 수 있다. 더불어 권리 분석이나 자동 수익률 분석 같은 프로그램이 활성화되어 있다. 무료 정보업체도 정보의 질적 보완을 위해 노력하긴 하지만 기본적으로 유료 정보업체의 정보를 사서 구축하는 경우가 대부분이다.

일반적인 정보만 원한다면 대법원 홈페이지나 무료 경매 정보 사이트를 보면 되지만 권리 분석, 임대차 분석, 수익률 분석, 유치권처럼 복잡한 부분을 알고자 한다면 유료 사이트를 이용하는 게 좋다.

경매는 보통 2주전 신문에 공고된다. 그 외에 경매 매각 1주전에 법원 경매 법정에 가면 그 일주일 후에 진행되는 경매 물건의 사건 목록을 볼 수 있다. 사건번호별로 두껍게 비치돼 있으므로 그걸 열람하는 것도 하나의 방법이다.

꼭 무료를 원한다면 기본적으로 대법원 홈페이지를 살펴보고 법원 경매계에 가서 사건 목록을 열람하는 게 바람직하지 않을까 싶다.

직장생활을 하면서 경매장에 가는 게 쉽지 않다. 그래서 대행사를 통해 경매를 많이 하는데 그들을 신뢰해도 좋은지, 단순히 수수료만 떼먹으려고 하는 건 아닌지 걱정이 된다. 대행사를 어떻게 선정해야 하고 또 수수료는 어떤 수준에서 지불하는 게 적당한지 알려달라.

대다수 컨설팅업체는 당연히 잘하려고 노력한다. 그래도 더러는 사고가 하나씩 터지기도 한다. 기본적으로는 '모든 컨설팅업체가 제대로 하려고 노력한다'고 봐도 무방하다.

우선 인터넷이나 여러 매체를 검색하면 많이 거론되는 컨설팅업체가 있을 것이다. 또 경매 정보 홈페이지에서 컨설팅을 병행하는 회사도 많다. 그들은 그 나름대로 조직이나 인력을 갖추고 일한다. 작은 회사 중에서도 자신의 부동산을 취득하는 것처럼 알차게 열심히 하는 곳도 있다. 조사를 하다 보면 어느 정도 윤곽을 잡을 수 있을 것이다.

컨설팅 수수료는 보통 수수료 규칙을 따른다. 대리업무와 관련해 수수료 규정이 있는데 감정가의 1퍼센트 수준에서 형성돼 있다. 물건 종별에 따라 혹은 지역에 따라 관행상 1.5퍼센트의 수수료를 매기는 경우도 있다. 지방에 있는 토지는 3퍼센트 정도를 수수료로 내기도 한다.

주식과 펀드 02

구재상

케이클라비스투자자문 대표이사. '미래에셋 창업 3인방' 중 한 사람인 그는 미래에셋자산운용 사장과
부회장 시절 '미스터 펀드맨'으로 불리며 펀드 성공 신화의 주역으로 일했다. 연세대학교 경영학과를
졸업하고 동원증권에 입사해 초고속 승진으로 압구정점 지점장을 거쳐 1998년 미래에셋자산운용 운
용담당 상무를 지냈다. 2012년 홀연 15년간 동고동락했던 미래에셋을 떠난 그는 이듬해 케이클라비
스라는 투자자문회사의 대표로 전격 재기해 '구재상 랩어카운트'를 히트시켰다. 2008년부터 2012년
까지 〈매경이코노미〉 주최 100대 CEO로 5년 연속 선정됐으며, 2013년에는 〈이코노미스트〉 주최 대
한민국 경제리더상을 받았다.

3장

2014년,
돈은 어디로 흐를까

구재상, 케이클라비스투자자문 대표

투자, 파도가 아닌 바람을 읽는 일

사람들은 저마다 '돈맥'을 짚어내고자 애를 쓰지만 돈이 흘러 다
니는 길을 찾기란 쉽지 않다. 그래도 가까운 곳에서부터 맥을 짚다
보면 어느 순간 광맥을 잡을 수 있지 않을까? 그런 의미에서 '돈' 하
면 생각나는 주식과 채권, 오일, 금 등에 대해 얘기를 해볼까 한다.

먼저 2013년 하반기의 주식 시장을 살펴보자.

가장 두드러진 특징은 외국인 투자자들이 한국의 주식을 많이 샀

다는 점이다. 2013년 하반기 들어 12월 19일까지 외국인이 산 주식
이 약 14조 원어치나 된다. 반면 개인투자자들은 오히려 주식을 팔
았다. 왜 그랬을까? 2007년 이후 증시가 2000포인트를 전후해 횡보
하면서 지쳐버렸기 때문이다.

2013년 초 이후 12월 19일까지 한국의 코스피 지수는 소폭 마이
너스를 기록했다. 미국은 연초 대비 주가가 27퍼센트 정도 올랐다.
2012년 몇몇 국가의 재정위기로 흔들렸던 유럽은 2013년 평균적으
로 10퍼센트가 올랐다. 일본은 어떨까? 2012년만 해도 '일본은 안
된다'는 것이 지배적이었지만 2013년에는 일본 증시가 53퍼센트 올
랐다.

외국인의 관점에서 한국 시장은 이머징 마켓(신흥국 시장) 쪽에 속
한다. 따라서 다른 이머징 국가들의 상황을 살펴볼 필요가 있다. 대
표적으로 브라질 증시가 2013년 말 현재 마이너스 15퍼센트고, 중국
이 마이너스 6.3퍼센트다.

세계 주요국 주식 시장 수익률

(%)	미국	유로	일본	브라질	중국	러시아	인도네시아	한국
1개월	-1.2	-1.5	+4.8	-2.6	-3.0	-1.6	-3.8	-2.8
3개월	+5.1	+1.2	+7.4	-6.3	-2.9	-3.2	-9.4	-1.5
1년	+26.9	+10.3	+52.6	-15.3	-6.3	-6.3	-2.0	-1.1

자료 : 블룸버그(Bloomberg, 글로벌 금융데이터 분석기관), 2013년 12월 19일 기준

그렇다면 한국은 이머징 마켓에서는 조금 선전한 셈이라고 할 수 있다. 물론 선진국에 대비하면 상당히 언더 퍼폼(under perform, 좋지 않은 실적을 냄)하지만 말이다.

〈관상〉이라는 영화를 보면 마지막 장면에서 주인공이 회한에 젖어 바다를 보며 중얼거린다.

"난 한 시대의 관상쟁이인데 파도는 보았지만 파도를 만드는 바람은 못 보았다."

왜 이런 얘기를 꺼내느냐고? 지금부터 설명하는 내용이 그 말과 비슷하기 때문이다. 미국 같은 선진국 시장과 이머징 마켓을 비롯해 여러 자산 간에는 차이가 존재한다. 바로 그 차이 속에 투자에 대한 많은 아이디어가 숨어 있다. 우리가 아이디어를 찾아내려면 파도와 바람을 함께 봐야 한다. 여기서 질문을 하나 하겠다.

"2013년에 미국이 잘나갔다. 그럼 2014년에도 무조건 미국으로 가야 할까?"

2014년의 미국 경제를 예측할 때 한 가지 염두에 둘 것이 있다. 그것은 2013년에 주가가 많이 올라 미국 시장의 주가가 한국 시장의 주가보다 무려 2배나 높다는 점이다. 따라서 2014년에도 미국으로 가야 하는지, 아니면 2013년에 상황이 좋지 않았던 이머징 마켓이 2014년에도 좋지 않을지 한번 생각해봐야 한다. 더불어 한국 시장은 어떨지 고민해볼 필요도 있다.

이처럼 포괄적인 질문을 던지면서 투자하는 데 참고할 만한 사항을 점검해보도록 하자.

돈은 덜 풀고 제조업은 더 살리는 미국

투자 환경을 보면 예전과 달리 큰 흐름에서 몇 가지 바뀐 게 있다. 가장 큰 부분이 미국의 구조적 변화고 그다음은 미국의 양적완화 축소와 관련된 것이다. 먼저 미국을 살펴보자.

우리가 한국에서 투자를 하든 다른 무엇을 하든 사실 많은 부분이 미국 경제와 연관돼 있다. 한국 경제에서 무엇보다 중요한 것은 '수출'이다. 반면 미국은 1990년대나 2000년대 초까지만 해도 소비가 많았고 부채가 미덕일 정도였다. 당시 미국은 자국 내에 제조업이 별로 없어서 필요한 물품을 밖에서 많이 수입했다.

그러다 보니 시간이 갈수록 난감한 문제가 쌓여갔다. 미국의 경기가 좋아져 GDP(국내총생산)가 상승하면 밖에서 더 많이 수입해야 하는 상황이 연출된 것이다. 실제로 미국은 많은 상품을 수입했고 오일도 좀 구입해서 썼다. 우리가 미국 하면 으레 '경상수지 적자'라는 표현을 떠올리는 이유가 여기에 있다.

미국은 그야말로 경상수지 적자가 엄청난 나라였는데, 서브프라임 사태를 겪으면서 점점 변화하기 시작했다. 과거에는 수입을 많이 하는 미국의 경기가 좋아지면 이머징 국가들의 경기도 좋아졌다.

이제 미국은 제조업 강국으로 발돋움하고 있고 반대로 상품 시장은 약세로 돌아섰다. 미국의 제조업은 왜 좋아진 것일까? 여기에는 중요한 두 가지 변화가 한몫했다.

첫째, 지금까지는 월가, 즉 자본 시장에 종사하는 사람들의 월급이 굉장히 많았다. 반면 미 달러 강세로 제조업이 경쟁력을 잃다 보니 제조업 임금은 지난 30년간 거의 횡보를 보였다. 그런데 이제는 다른 나라, 대표적으로 중국의 임금이 많이 올라갔다. 이에 따라 상대적으로 미국의 임금에 경쟁력이 생기면서 제조업이 좋아지는 근간이 마련되었다.

둘째, 미국이 셰일가스(모래와 진흙이 퇴적돼 형성된 퇴적암[셰일] 층에 매장된 가스. 넓은 지역에 분포돼 추출이 어렵기 때문에 고도의 기술이 필요하다), 셰일오일을 직접 캐내고 있다. 에너지를 직접 캐내다 보니 싼값에 에너지를 공급하게 되었고 당연히 제조업이 좋아지면서 가계소비가 늘어났다.

사람들이 "미국의 제조업이 부활했다"고 말하는 근거가 여기에 있다. 실제로 2013년 포드나 GM 같은 미국의 대기업들은 장사를 썩 잘했다. 얼마 전까지만 해도 전 세계 IT산업은 한국을 비롯한 아시아가 주도하는 것으로 알려졌지만, 근래에는 그 주도권이 미국으로 넘어갔다. 여기에다 미국 정부가 실업률에 관심을 집중하면서 제조업 육성에 많은 힘을 쏟고 있다.

미국의 이러한 변화 앞에서 우리는 몇 가지를 생각해봐야 한다.

우선 예전에는 미국의 경기가 좋아지면 대부분의 이머징 국가도 경기가 좋아졌지만, 앞으로는 미국의 경기가 좋아져도 그것이 이머징 국가에 미치는 영향이 과거와 달라진다. 2013년 말 현재 투자자들은 미국이 향후 5년 내지 10년간 경기가 좋을 거라고 전망한다. 물론 그것이 전 세계에 미치는 영향은 과거와 다르다. 과거에는 미국의 경기가 좋아지면 상품을 많이 수입했지만 이제는 미국도 제조업 브랜드를 키워 나가는 상황이다.

따라서 앞으로 미국에 물건을 팔려면 확실한 경쟁력을 갖춰야 한다. 전 세계적으로 제조업 강국은 일본 다음으로 한국이 있고 또 싼 임금을 바탕으로 한 중국이 있다. 대만과 독일도 제조업에서 강한 편이다. 이러한 상황을 감안해 미국에 물건을 파는 이머징 국가들은 경쟁력을 갖추는 데 집중해야 한다.

다음으로 미국의 셰일가스, 셰일오일이 미칠 영향은 현재만의 문제가 아니다. 앞으로 미국이 상당 기간에 걸쳐 셰일가스와 셰일오일을 캐낸다면 어떤 변화가 생길까? 미국이 에너지를 직접 캐낼 경우 당연히 수입량은 줄어들 테고 이는 브라질, 러시아, 중동, 호주 등에 좋지 않은 영향을 미칠 수밖에 없다. 아마 이들 나라는 지난 10년간 성장해온 속도에 비해 향후 5~10년간 성장 속도가 느려질 것이다.

미국의 양적완화 축소도 주목해야 할 변화다. 지금까지 미국은 매달 850억 달러씩 시장에서 MBS(모기지담보부증권)나 국채를 사들여

돈을 풀어왔는데, 그중에서 100억 달러를 줄이기로 했다. 미국의 경기가 좋아졌으니 그들이 양적완화 축소를 시행하는 것은 당연하다. 돈을 많이 풀어놨는데 경기가 살아나면 인플레이션 문제가 커질 수 있으니 말이다. 일단 그걸 예방하기 위해 양적완화 축소를 시작하는 셈이다.

그럼 미국의 양적완화 축소는 이머징 마켓에 어떤 영향을 미칠까?

그동안 미국이 풀었던 돈 중 상당액이 이머징 마켓으로 흘러들어 갔다. 그 대표적인 나라가 인도네시아와 동남아시아의 몇몇 국가다. 미국의 경기가 좋아지면 돈이 빠져나가기 때문에 이들 나라는 앞으로 상당 기간 고전할 수밖에 없다. 이처럼 예전에는 미국 경기에 훈풍이 불면 그것이 이머징 마켓 쪽으로 불었지만 앞으로는 그 방향이 과거와 다르게 진행될 것이다.

다른 한편으로 미국이 셰일가스와 셰일오일을 캐낼 경우 석탄 가격도 영향을 받게 된다. 예전의 사례를 보면 미국의 경기가 좋아졌을 때 달러 강세로 금 가격이 폭락했다.

우리가 투자할 때는 이처럼 여러 가지 상황을 살펴봐야 한다. 한 치 앞을 모르는 게 경제 상황이긴 하지만 적어도 커다란 변화만큼은 3~5년을 내다볼 수 있어야 한다.

부동산 과열과 설비 과잉이라는
두 마리 토끼를 잡아야 하는 중국

미국 다음으로 한국에 중요한 나라가 바로 중국이다. 중국과 관련해 요즘 한창 대두되는 얘기가 두 가지 있다. 하나는 구조조정이고 다른 하나는 부동산 시장 과열이다.

우선 중국은 반드시 구조조정을 해야 한다. 중국은 생산설비가 과잉 상태이기 때문이다. 지나치게 투자를 많이 하는 바람에 문제가 발생하고 있다는 얘기다. 또 중국의 부동산 시장이 과열되었다는 것은 시중에 돈이 너무 많이 풀렸다는 것을 의미한다.

중국은 이 두 가지 과제를 떠안고 있는데, 문제는 잘못 손을 대면 성장률이 떨어진다는 데 있다. 그나마 다행스러운 것은 최근 미국과 유럽 쪽의 경기가 좋아지면서 수출 국가인 중국에게 상황이 유리해지고 있다는 사실이다. 덕분에 설령 구조조정을 할지라도 향후 중국의 경제성장에는 문제가 없을 확률이 높다.

중국의 성장률을 두고 7퍼센트를 유지한다, 아니다 하며 왈가왈부하지만 최근의 흐름상 2014년에 8퍼센트 성장도 가능해 보인다. 거시적 관점에서 중국이 2014년에 성장률 7퍼센트만 유지해도 큰 문제는 없을 것이다.

그러면 중국의 생산설비 과잉 문제를 생각해보자.

지난 몇 년간 중국은 한국과 겹치는 산업 쪽에 굉장히 많은 투자를 해왔다. 대표적으로 조선, 철강, 화학 산업이 있다. 중국이 앞으로 이들 산업에서 구조조정을 실시하면 한국은 '단기적'으로 혜택을 볼 가능성이 크다. 왜 단기적이냐고? 중국의 구조조정은 분명 한국의 90년대 후반, 2000년도 초반의 상황과 유사할 것이다.

쉽게 생각해보자. 가령 중국이 60여 개에 달하는 자동차회사를 구조조정한다면 어떻게 손을 댈까? 각 산업별로 가장 잘하는 기업을 중심으로 구조조정을 하는 게 당연하지 않은가. 이는 향후 10년을 놓고 볼 때 한국에 또다시 엄청난 경쟁자가 생기는 셈이다. 물론 단기적으로는 중국의 구조조정이 한국에 긍정적 영향을 미칠 터

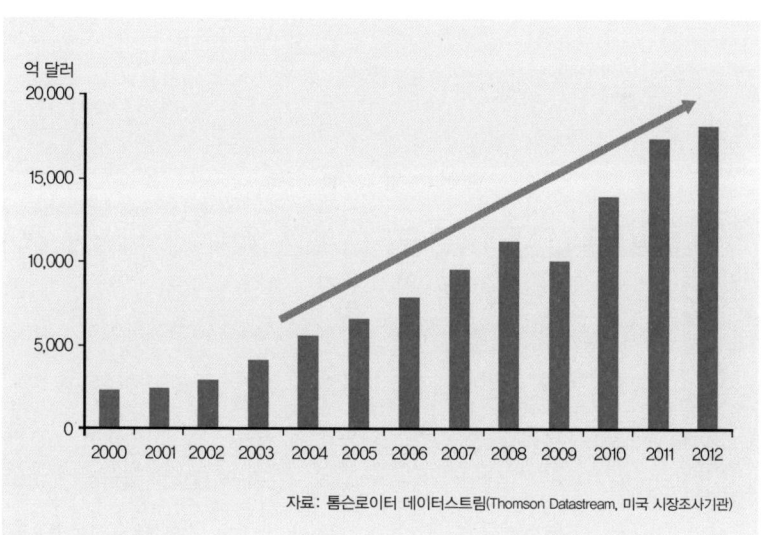

중국의 수입액 증가 추이

자료: 톰슨로이터 데이터스트림(Thomson Datastream, 미국 시장조사기관)

다. 따라서 앞으로 중국이 조선, 태양광, 화학, 철강 등을 구조
조정한다는 말이 나오면 이 점을 염두에 두고 투자해야 한다.

중국의 수입 증가 부분도 우리가 눈여겨봐야 할 대목이다.

한국 경제가 좋아지려면 크게 두 가지가 잘 돌아가야 한다. 하나는
수출이 잘되는 것이고 다른 하나는 내수 활성화다. 한국의 수출산업
에서 중국은 꽤 큰 비중을 차지하고 동남아시아 경제도 한국에 매우
중요하다. 앞의 그래프를 보자.

중국의 수입액 증가 추이를 보면 수입이 2007년 9,600억 달러에
서 2012년 1조 8,000억 달러로 약 90퍼센트 이상 증가했다. 같은 기
간 동안 중국의 수출은 72퍼센트 정도 증가했다. 어쨌든 최근 중국
은 수입이 수출보다 더 많이 증가한 상태다.

이처럼 중국의 수입이 증가하면 한국의 수출 쪽에 도움이 되지 않

중국의 수입 국가별 비중

	한국	일본	대만	미국	독일	호주	말레이시아	사우디	브라질
2000년	10.3%	18.4%	11.3%	9.9%	4.6%	2.2%	2.4%	0.9%	0.7%
2005년	11.6%	15.2%	11.3%	7.4%	4.6%	2.4%	3.0%	1.9%	1.5%
2007년	10.9%	14.0%	10.6%	7.3%	4.7%	2.7%	3.0%	1.8%	1.9%
2012년	9.2%	9.8%	7.3%	7.0%	5.1%	4.3%	3.2%	3.0%	2.9%
2013년	9.3%	8.3%	8.3%	7.5%	4.8%	4.6%	3.0%	2.8%	2.8%

자료: 톰슨로이터 데이터스트림

중국의 경제지표 전망

(%)	2012	2013F	2014F	2015F
경제성장률	7.7	7.6	7.7	8.2
실질민간소비	8.6	8.0	8.2	8.5
고정자본형성	7.6	8.2	8.3	8.6

자료: CSFB

을까? 물론이다. 중국의 수입 국가별 비중을 살펴보면 재미있는 현상을 발견할 수 있다.

2000년에는 일본이 18.4퍼센트로 중국의 수입 국가 가운데 가장 높은 비중을 차지했다. 그런데 2013년이 되자 그 비중은 8.3퍼센트로 뚝 떨어졌다. 그럼 한국의 비중을 보자. 한국은 2000년에 10.3퍼센트였다가 2013년에 9.3퍼센트로 떨어졌지만 그 절대량은 훨씬 더 늘어났다. 현재 중국이 수입하는 국가들 중 비중 면에서 1위는 단연 한국이다. 2위가 일본이고 3위가 대만, 4위가 미국이다.

결국 중국의 수입이 늘어나는 것은 한국의 입장에서 매우 긍정적인 신호라고 할 수 있다. 더러는 중국에 대해 부정적인 의견도 나오고 있지만 2014년 중국은 전반적으로 긍정적인 성장을 이룰 것으로 보인다. 많은 전문가가 중국의 목표 경제성장률을 7퍼센트 이상으로 보고 있고, CSFB(크레디트스위스퍼스트보스턴) 같은 증권사는 8퍼센트 이상으로 보고 있다.

아베노믹스의 후폭풍

이제 아베노믹스(엔저 정책을 비롯해 일본 총리 아베가 2012년부터 시행한 온갖 경제정책) 신드롬을 이어가고 있는 일본을 살펴보자.

2013년 말 현재 엔은 달러당 104엔으로 원에 비해 약세를 지속하고 있다. 2014년에는 달러당 110엔에서 120엔까지 전망하고 있는데 이러한 엔화 약세는 당분간 이어질 것이다. 문제는 엔화 약세가 한국의 제조업에 중요한 영향을 미친다는 데 있다. 실제로 한국 시장에서 자동차 관련 주가가 2013년 말 이후 하락세를 면치 못하고 있다. 물론 지금까지는 잘 버텨왔지만 엔이 달러당 110~120엔으로 가면 자동차 쪽의 전망이 부정적일 수밖에 없다.

일본의 분기별 경제성장률

(%)	12.4Q	13.1Q	13.2Q	13.3Q
실질GDP(연율)	0.6	4.3	3.8	1.9
가계소비	0.4	0.8	0.6	0.1
설비투자	-1.2	0.1	1.1	0.2
공공투자	3.3	2.5	4.8	6.5
수출	-3.0	3.9	2.9	-0.6
수입	-1.7	1.0	1.7	2.2

자료: 일본 내각부

2014년 일본 경제가 좋아지면 엔화 약세가 조금 멈출 수도 있지만, 아직은 일본 경제가 제대로 회복되지 못하고 있는 상황이다. 이로 인해 일본이 양적완화를 하면서, 즉 돈을 풀면서 추가 절하를 할 수도 있으므로 투자를 할 때는 엔화 약세에 주의해야 한다.

상품가격 등락에 민감해야 하는 이유

한국의 근간은 제조업이므로 이쯤에서 상품가격 하락에 대해 생각해보자.

제조업에서 중요한 것은 원재료 가격이고 그 값이 하락하면 제조업에 긍정적으로 작용한다. 그런 의미에서 2013년 말 현재 한국의 초미의 관심사는 '엔화 약세'와 '원화가 얼마만큼 강세로 갈 것인가' 하는 부분이다.

상품가격 안정세는 분명 한국 경제에 도움을 주므로 그 변화를 놓치면 안 된다. 장기적으로 볼 때 중국이 향후 5년간 꾸준히 7퍼센트 이상 성장하지 않으면 당장 상품가격이 크게 오르지는 않을 것이다. 상품가격이 안정되면 한국은 원가하락과 물가안정의 이점을 누릴 수 있다.

그러면 여기에서 주요 상품가격의 동향을 알아보자.

먼저 한동안 천정부지로 치솟던 금 가격이 최근에 많이 하락했다. 옥수수는 2013년 초 대비 40퍼센트나 내려갔고 소맥도 가격이 많이 떨어졌다. 유일하게 가격이 내려가지 않은 것이 유가다. 어쨌든 미국이 셰일가스와 셰일오일에 집중하고 또 중동에서 2014년에 오일을 더 캐낸다면 2014년에는 유가가 좀 더 떨어질 것으로 보인다. 결과적으로 상품가격이 하향 안정세를 유지하면 한국의 제조업에 큰 도움이 될 수 있다.

옥수수나 소맥 등의 상품가격은 왜 하락한 것일까? 가장 큰 이유는 남미 쪽에 경작지가 많이 늘어났기 때문이다. 더불어 종자 개량에 따른 생산성 향상도 한몫하고 있다.

우리가 이러한 상품가격 등락에 신경 써야 하는 이유는 매우 많다. 먼저 한국의 상황을 생각해보자.

현재 한국 시장을 놓고 보면 삼성전자와 현대자동차만 눈에 들어온다. 지난 3~4년간 한국의 증권거래 시장에서는 삼성전자와 현대

주요 상품가격 동향

(%)	CRB Index	WTI	Rogers Metal	Gold	Wheat	Corn
1개월	+3.3	+5.8	-0.9	-6.8	-6.1	+3.1
3개월	-3.1	-7.2	-5.7	-13.0	-7.0	-6.3
1년	-4.6	+7.6	-17.9	-29.0	-21.5	-38.3

자료: 블룸버그, 2013년 12월 19일 기준

자동차가 독주했다. 다른 업종이 기를 펴지 못하면서 사람들이 죄다 코스닥 쪽으로 몰려갔기 때문이다.

알고 있다시피 한국의 주식 시장은 2005년에 처음 1,000을 넘어섰다. 이어 2007년에 2,000을 돌파했는데, 1,000에서 2,000으로 갈 당시 삼성전자와 현대자동차는 거의 움직이지 않았다. 오히려 중국과 관련된 산업, 즉 조선, 건설, 철강, 화학 쪽이 1,000포인트 이상 올랐다.

이런 점을 감안해 2014년 주식 시장을 바라볼 때는 다양한 상황을 고려해야 한다. 특히 기관투자자들이 포트폴리오를 짜듯 개인투자자 역시 포트폴리오를 구성할 필요가 있다. 가령 곡물가가 빠지고 원화 강세가 이어지면 한국의 일부 내수산업 중 먹는 것과 관련된 것은 긍정적으로 봐야 한다.

양적완화 축소도 국제적으로 살펴볼 필요가 있다.

그동안 미국, 유럽, 일본 세 지역에서 경제를 살리겠다고 대놓고

주요국 중앙은행 자산

(bil.자국통화)	2006	2008	2010	2011	2012	2013년 현재
FRB(미국)	874	2,259	2,423	2,928	2,909	3,843
ECB(유럽)	1,151	2,089	2,004	2,736	3,018	2,314
BOJ(일본)	114,643	128,201	126,802	141,150	157,834	215,514

자료: 각국 중앙은행

돈을 찍어댔다. 그러다 보니 2007년만 해도 이들 지역 중앙은행의 총자산이 약 1경에 이르렀다. 이제 미국을 선두로 양적완화 축소를 시도하고 있는데, 풀던 돈을 줄이면 적어도 5,000조의 자산 감축이 이뤄질 것으로 보인다. 하지만 아직은 유럽이나 일본이 계속 돈을 풀고 있는 상황이라 어느 정도 균형은 유지될 것이다.

2014년 주식이 좋을까, 채권이 나을까

미국이 재채기를 하면 아시아는 독감을 앓는 시절이 계속되다 보니 우리는 어쩔 수 없이 미국의 경기 동향에 관심을 기울일 수밖에 없다. 2013년 12월 연방준비제도(미국의 중앙은행제도)에서 양적완화 축소와 관련해 매달 100억 달러씩 채권 매입액을 줄이겠다고 발표했다. 이러한 조치는 인도네시아 같이 내수형 성장을 해온 일부 신흥국에 문제가 될 수 있다.

한국은 좀 다르다. 물론 미국의 양적완화 축소가 일부 부정적 영향을 주기도 하겠지만 긍정적 측면도 존재한다. 무엇보다 선진국 수출 비중이 50퍼센트에 달하는 한국의 입장에서 선진국의 경기가 좋아진다는 것은 분명 훈풍이다. 최근 한국은 중국 쪽으로도 많이 수출하지만 중국에서 물건을 만들어 미국에 팔기도 한다. 그러므로 선진국 시장이 활성화되고 미국의 수요가 살아나면 한국 기업의 경쟁력이 높아질 수 있다. 더불어 원자재 가격 하락도 한국의 제조업에 긍정적으로 작용한다.

이제 눈길을 채권 시장 쪽으로 돌려보자.

미국의 10년물(채권 만기가 10년이라는 의미) 채권금리(채권수익률)는 2013년 말 현재 2.9퍼센트다(1년 전에는 1.4퍼센트). 참고로 채권금리가 오르면 채권에 투자한 사람은 채권가격 하락으로 수익률이 마이너스가 된다.

그런데 향후 2년간 미국의 채권금리가 4퍼센트까지 오를 전망이다. 최근 한국에서 2014년에는 내수 부양을 위해 금리를 인하할 필요가 있다는 의견이 나오고 있지만, 미국이 금리를 올리면 전 세계적으로 조금씩 올리는 쪽으로 갈 것으로 보인다.

따라서 2014년 시장을 놓고 볼 때 주식과 채권 중 하나를 고르라면 주식 쪽이 더 나을 것 같다. 아직 채권금리는 충분히 높은 수준이

주요 국가 국채 10년물 금리 분포

(%)	한국	미국	유로	일본	중국
2010.12.31	4.52	3.29	2.96	1.13	4.70
2011.12.31	3.79	1.88	1.83	0.99	6.38
2012.12.31	3.16	1.76	1.32	0.79	4.58
2013.12.19	3.63	2.93	1.87	0.67	7.10

자료: 블룸버그

주요국 소비자물가지수 상승률 및 정책금리

(%)	한국	대만	일본	미국	브라질	인도네시아
CPI	+0.9%	+0.7%	+1.1%	+0.9%	+5.8%	+8.4%
정책금리	2.5%	1.88%	0.1%	0.25%	10.0%	7.5%

자료: 블룸버그

아니므로 지나친 장기물은 주의해야 한다. 기간이 짧은 채권은 괜찮지만 장기물은 피하는 게 좋다는 의미다.

환율은 어떻게 될 것인가

다음으로 환율을 생각해보자. 환율은 제조업과 밀접하게 연관돼 있으므로 환율을 보려면 경상수지 흑자를 살펴봐야 한다. 2013년 한국은 수입이 줄어든 측면도 있지만 전체적으로 600억 달러 이상의 경상수지 흑자가 발생했다.

시장에서는 원화 강세를 많이 염려하고 있으나 설령 그것이 수출을 약간 줄일지라도 2014년에는 최소한 400억 달러 이상의 경상수지 흑자가 날 전망이다. 사실 한국은 2006년~2007년에 환율이 달러당 1,000원 이하였다. 그러다가 2008년~2009년에 환율이 1,500~1,600원이 되었고 2013년 말 현재 환율은 1,050원대다.

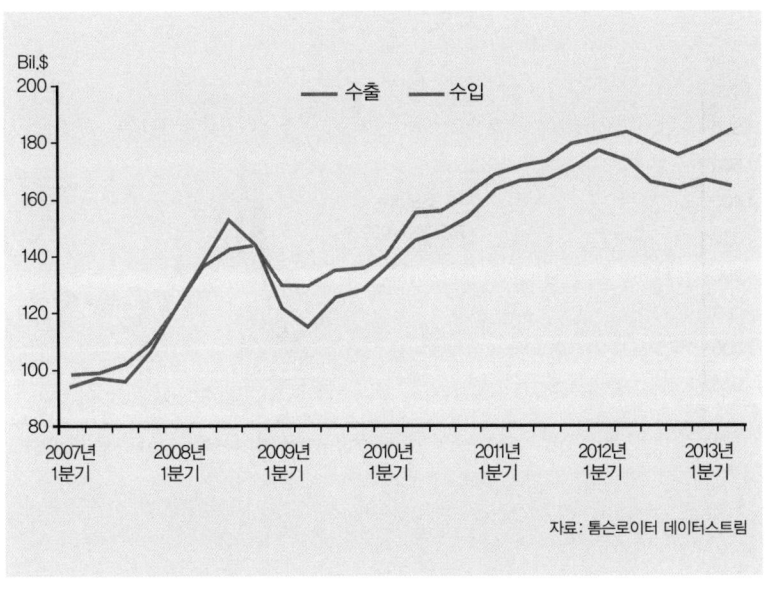

한국의 수출과 수입

Bil.$

─── 수출 ─── 수입

자료: 톰슨로이터 데이터스트림

2014년만 놓고 보면 원/달러 환율은 약간 더 강세로 갈 것으로 보인다. 만약 2014년 상반기에 원화 강세로 경상수지 흑자가 줄어들면 하반기에는 환율이 더 안정적인 쪽으로 갈 것으로 예측된다. 사실 환(換) 시장을 예측하는 것은 매우 어려운 일이다. 특히 환 시장을 전망할 때 너무 장기적으로 보는 것은 무리이므로 단기로 끊어야 한다. 가령 2014년 환율을 전망할 때는 상반기와 하반기처럼 두 번으로 끊어서 보는 게 바람직하다.

원/달러 환율 추이

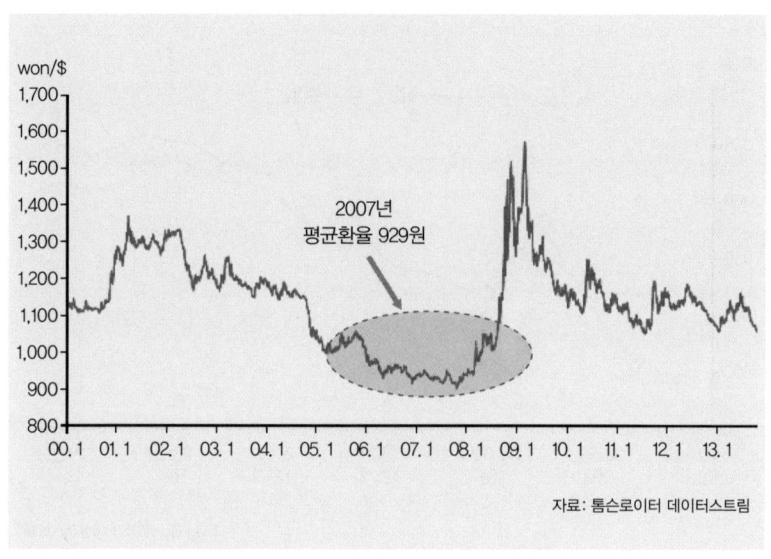

won/$

2007년
평균환율 929원

자료: 톰슨로이터 데이터스트림

경제성장률, 내수 활성화가 포인트다

지금까지의 상황을 염두에 두고 이제 한국의 내수시장을 살펴보자.

아시아 주요 국가 2010년~2012년 경제성장의 부문별 기여율을
보면 한국과 대만의 경우 순수출이 각각 20퍼센트대, 40퍼센트대로
굉장히 높다. 다른 동남아 국가, 즉 인도네시아, 말레이시아, 태국 같
은 나라는 순수출 비율이 굉장히 낮고 심지어 마이너스인 경우도 있
다. 이들 나라는 수출보다 내수 활성화로 성장해왔기 때문이다.

아시아 주요 국가 2010년~2012년 경제성장의 부문별 기여율

	민간소비	정부소비	고정투자	재고투자	순수출
인도네시아	45.4	2.2	35.4	13.0	4.0
말레이시아	58.2	16.8	49.5	12.6	-37.1
태국	46.8	10.5	38.0	22.9	-18.1
중국	37.0	14.3	47.1	1.8	-0.2
대만	30.1	2.3	12.3	7.0	48.2
한국	38.0	11.4	6.4	16.9	27.4

최근 한국 정부는 내수 부양에 부쩍 신경을 많이 쓰고 있다. 물론 환율 문제로 수출 쪽이 약간 염려되기도 하지만, 한국은 제조업 분야에서 경쟁력이 있고 또 다른 나라와 비교해볼 때 충분히 내수 부양을 할 수 있는 나라다. 내수가 활성화되면 한국의 2014년 경제성장률은 생각보다 더 높아질 가능성이 크다.

해외투자자의 돈 중에는 선진국으로 가는 것도 있고 이머징 마켓 쪽에 머무는 것도 있다. 2014년에는 그러한 자금이 미국 쪽으로 좀 더 몰려가겠지만, 이머징 마켓 측면에서 한국은 상당히 매력적이다. 2013년 하반기에 외국인이 한국 시장에서 14조 원어치나 주식을 산 근간이 여기에 있지 않나 싶다. 2013년 말 현재 한국은 환율 문제를 안고 있긴 해도 여타 이머징 국가에 비해 해외투자자에게 긍정적으로 보일 만하다.

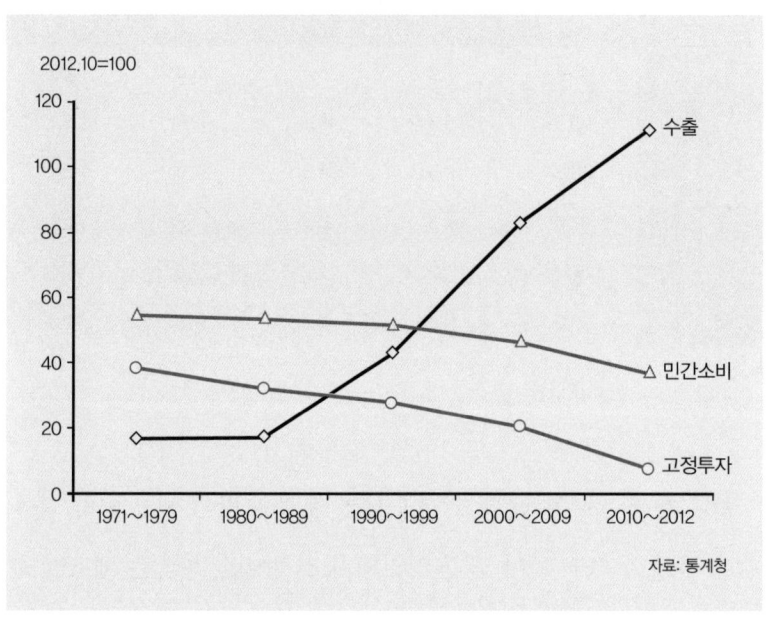

한국의 경제성장 부문별 기여도 추이

2012,10=100

수출

민간소비

고정투자

1971~1979 1980~1989 1990~1999 2000~2009 2010~2012

자료: 통계청

이머징 국가 중 제조업에 강하고 전망이 긍정적인 나라를 꼽으라면 한국과 중국, 대만 정도다. 반면 2014년이 좀 걱정되는 나라는 브라질과 러시아가 대표적이다. 이들 나라는 대체로 석유나 원자재를 많이 보유하고 있다. 또 내수 활성화로 성장한 인도네시아와 태국 같은 나라도 약간 불안정하다. 결론적으로 말해 2014년 한국은 이머징 마켓 내에서 매우 좋은 포지션을 차지할 확률이 높다.

2013년 하반기 내내 미국이 양적완화를 축소한다는 얘기가 나왔지만 한국 시장의 환율은 안정적이었다. 여기에는 이머징 마켓 내에서의 한국의 위치도 반영되었다. 그런 의미에서 2014년에 한국 정부가 내수 부양에 힘쓰는 것은 상당히 바람직한 자세라고 할 수 있다.

2014년, 어떤 종목을 고를 것인가

이제 한국 증시에서 종목을 고르는 방법을 알아보자.

주식투자를 할 때 가장 먼저 듣는 말이 "저평가된 주식을 사라"는 것이다. 그럼 여기서 한 발 더 나아가 보자.

"이익 방향성이 좋은 회사의 주식을 사라!"

당연한 얘기지만 저평가된 주식은 반드시 사야 한다. 그다음으로 종목을 고를 때는 이익 방향성이 좋은 회사의 주식을 사는 것이 좋다. 이것이 주식투자에서 가장 기본적인 두 가지 요소다.

주식투자를 할 때 중요한 지표 중 하나가 PER(price earning ratio, 주가수익비율)인데, 이것은 이익 대비 주가수준이 어느 정도인가를 보여주는 지표다. 한마디로 PER이 낮으면 좋은 주식이다. 2013년 말 현재 한국의 PER은 8.7배인데 미국은 한국보다 2배가 비싼 약 15.1배다. 수치상으로 보면 한국은 여타 나라에 비해 주식이 싼 편이다.

한국의 PER이 낮은 이유 중 하나는 국내 투자 비중 때문이다. 실제로 한국 내의 투자금은 전체적으로 은행예금 쪽으로 지나치게 쏠

주요 국가 PER 분포

(배)	미국	독일	일본	한국	중국	브라질
2013F	16.6	14.2	15.5	10.6	10.6	11.8
2014F	15.1	12.6	14.2	8.7	8.7	10.1

려 있다. 이것이 한국 시장의 가치를 떨어뜨리는 커다란 요인 중 하나다.

그다음으로 봐야 할 것이 이익의 방향성인데 이때 중요한 것이 EPS(earning per share), 즉 주당순이익이다. 이것은 이익이 얼마만큼 증가하는가를 나타내는 지표를 말한다. MSCI(모건스탠리캐피털인터내셔널) 대형주 기준으로 봤을 때 한국은 2014년 EPS가 22퍼센트고 미국은 9.8퍼센트, 여타 다른 나라가 10퍼센트 정도다.

2014년 한국의 이익 방향성은 상당히 긍정적이다. 많은 사람이 삼성전자와 현대자동차를 염려하고 있는데, 두 회사 외에도 2014년에 이익이 증가할 것으로 보이는 업종이 많으므로 여기에 주목할 필요

주요 국가 EPS 증가율 분포

(%)	미국	독일	일본	한국	중국	브라질
2012	5.2	19.3	37.4	14.3	3.6	-30.5
2013F	6.4	-13.4	65.7	11.9	11.2	14.6
2014F	9.8	12.7	9.7	22.6	9.3	17.3

가 있다.

아래 표에서 굵게 하이라이트한 업종은 2014년에 이익이 증가할 것으로 보인다. 이 중 조선과 화학은 2013년 하반기에 약 50퍼센트

업종별 이익과 실적표

Sector	Industry	EPS Growth (% y-y)		PER (x)		PBR (x)		ROE (%)	
		13E	14E	13E	14E	13E	14E	13E	14E
에너지	에너지	16.9	30.9	10.2	7.8	0.9	0.9	9.9	12.1
소재	화학	4.2	47.8	16.6	11.1	1.2	1.1	8.7	11.2
	철강/금속	-11.1	33.7	12.7	9.5	0.7	0.7	7.1	8.4
산업재	건설/건자재	-32.7	112.1	25.5	11.9	0.8	0.8	4.4	8.1
	조선	-12.6	36.4	17.9	13.1	1.0	0.9	7.0	8.4
경기소비재	자동차	7.2	11.4	7.6	6.8	1.3	1.1	18.8	17.9
필수소비재	음식료/담배	4.2	16.1	15.5	13.4	1.4	1.3	11.6	12.1
의료	의료	31.7	37.5	26.7	19.2	2.7	2.4	12.6	14.8
금융	은행/카드	-24.8	18.4	9.2	7.8	0.6	0.5	6.7	7.2
IT	인터넷/SW	23.6	32.7	17.4	11.9	2.5	2.1	22.2	23.8
	하드웨어	30.1	9.4	7.3	6.7	1.4	1.2	22.8	20.1
	반도체	11,195.4	2.8	6.8	6.6	1.6	1.3	26.6	21.6
통신서비스	통신서비스	46.8	22.2	10.4	8.5	1.0	0.9	11.4	12.8
유틸리티	유틸리티	흑자전환	159.1	24.4	9.4	0.5	0.4	5.8	8.7

• PBR: 주가순자산비율, ROE: 자기자본 대비 이익율

나 오른 종목이다. 다시 말해 2014년에 이익이 증가할 것으로 보이는 업종이 많이 올랐다.

이제는 한국이 1,000포인트에서 2,000포인트로 갈 때처럼 많이 치고 올라가길 바라서는 안 된다. 어쨌든 2014년 코스피에는 삼성전자와 현대자동차 그리고 절대적으로 저평가된 주식이 있으므로 기회는 굉장히 많은 편이다.

현재 이익이 증가하고 있고 그것이 2014년뿐 아니라 2015년, 2016년으로 계속 이어질 업종이라고 판단되면 그런 상황이 주가에 반영된다. 가령 유틸리티 같은 경우 이미 많이 오른 상태다. 2013년 말에는 한전의 주가가 많이 올랐다. 2013년 초 2만 5,000원에서 2013년 말 4만 3,500원까지 올랐는데, 이것 역시 이익 증가 가능성이 미리 반영된 결과다.

저평가와 이익 방향성을 기준으로 종목을 넓혀라

우리가 투자를 고려할 때 귀에 못이 박이도록 듣는 단어 중 하나가 '포트폴리오'다. 그 이유는 간단하다. 계란을 한 바구니에 담으면 바구니가 엎어졌을 때 한꺼번에 몽땅 깨지기 때문이다.

2013년 하반기에 해외투자자들은 삼성전자 주식을 가장 많이 구입했다. PER을 보면 삼성전자가 2013년 말 현재 7배인데, 애플은 12배이므로 상대적으로 상당히 싼 편이라고 할 수 있다. 그처럼 저평가된 주식이니만큼 삼성전자는 당연히 좋은 주식이라 할 수 있지만 여기에 더해 상승률을 살펴봐야 한다. 다시 말해 업사이드 포텐셜(upside potential, 상승잠재력) 측면에서 여러 종목과 한번 비교해볼 필요가 있다.

그다음으로 한국 시장에서 싼 회사가 현대자동차와 현대모비스다. 특히 자동차회사는 2013년 말 현재 엔화 약세의 영향으로 인기가 조금 덜한 편이다. 그렇지만 2014년에는 시간을 두고 자동차회사에도 주목할 필요가 있다.

이익 방향성 측면에서는 조선이나 화학 쪽에 주목해야 한다. 문제는 이 두 업종이 2013년 말 현재 상당히 올라버렸다는 데 있다. 어쨌든 2014년이나 2015년을 내다보면 조선이나 화학의 이익 방향성이 좋으므로 계속 주목하는 것이 바람직하다. 왜 하필 조선과 화학이냐고? 조선과 화학은 미국의 셰일가스나 셰일오일과 연관이 많은 업종이기 때문이다. 일례로 몇 년 전 현대중공업과 LG화학 주가가 크게 오른 것은 중국과 관련된 수요 덕분이었다.

만약 미국이 가공한 나프타나 가솔린, LPG를 수출하면 한국의 일부 조선주가 부상한다. 셰일가스와 셰일오일을 실어 나르는 데도 한국의 조선업이 어느 정도 역할을 담당하므로 마찬가지다. 또 한국 화학산업의 원재료는 나프타다. 미국에서 셰일오일을 캐내면 나프타가 많이 나오므로 장기적으로 화학산업의 원재료가 싸질 수 있음을 내다봐야 한다.

　모바일과 인터넷 소프트웨어 쪽에도 주목해야 한다. 우선 해외로 눈을 돌리면 미국 쪽에 시가총액이 어마어마한 회사들이 정말 많다. 삼성전자가 2013년 말 현재 보통주 기준으로 시가총액이 210조 원인데, 한국의 네이버와 비슷한 페이스북이 145조 원 정도다. 트위터는 약 34조, 아마존은 190조, 그리고 미국에서 시가총액이 세 번째로 큰 구글은 2013년 말 현재 390조 원 정도다. 한국에서 이와 비슷한 회사를 찾자면 네이버가 눈에 띈다. 신성장 가능성에서 혹은 포트폴리오 측면에서 이들 종목은 한번 도전해볼 만한 종목이라고 할 수 있다.

　중국의 경우에는 텐센트와 바이두가 있는데 각각 110조, 63조 정도다. 2014년에는 알리바바닷컴이 상장되는데 이익이 3조 5,000에 달하는 이 회사가 상장되면 시가총액이 150조에서 180조까지 갈 수 있다.

　그밖에 엔터테인먼트나 레저 분야에서도 상장을 기대해볼 수 있고 음식료나 헬스케어 쪽도 전망이 밝다. 특히 2014년에는 한국 정부가 내수 부양에 힘을 기울일 것으로 보이므로 음식료도 충분히 눈여겨볼 만하다. 가령 원화 강세로 원재료가 싸지는 쪽을 살피면 일부 내수산업에서 좋은 종목을 발견할 수 있다.

　2014년에는 종목을 넓혀서 보라. 2005년과 2007년에 주가가 오를 때 삼성전자와 현대자동차가 힘을 발휘한 것은 아니다. 주가가

2,000 이하로 떨어지면 더러 시장을 나쁘게 전망하지만, 2014년을 놓고 보면 수출뿐 아니라 내수에서도 기대를 걸어볼 만하다. 내수산업 중 전망이 밝은 종목을 포트폴리오에 넣는다면 충분히 좋은 결과가 있을 것이다.

김민국

VIP 투자자문 공동대표. 자타가 공인하는 국내 최고의 가치투자전문가이자 우리나라에 '가치투자'를 대중화한 전도사로, 서울대학교 경제학부를 졸업하고 서울대투자연구회 회장을 지냈다. 현재 VIP투자자문 공동대표이사로 일하고 있으며, VIP(Value)포트폴리오 매니저를 담당하고 있다. 또 투자자문 사협의회 사무총장으로서 국내 투자자문사 발전을 위해 노력하고 있다. 가치투자 분야를 국내 최초로 다룬 《한국형 가치투자 전략》는 가치투자의 교과서로 평가받고 있다. 그밖에 지은 책으로 《열정, 가치투자 10년의 기록》, 《만화로 보는 한국형 가치투자 전략》 등이 있다.

4장

백억 부자만 알고 있는 특별한 비밀

김민국, VIP 투자자문 대표

정밀 관찰력, 보이지 않는 것을 보게 한다

부자들의 성공 비법은 의외로 간단하고 상식적이다. 단 많은 사람이 그것을 알고 있으면서도 실천하지 않는 반면, 부자들은 실천에 옮긴다. 차이는 그것밖에 없다.

부자들의 가장 큰 무기 중 하나는 '관찰력'이다.

'어라, 관찰이라고? 사람은 누구나 관찰 정도는 하면서 살고 있지 않나?'

혹시 이런 생각을 할지도 모르지만 부자들은 다른 사람보다 더 관심을 기울여 정밀하게 관찰한다. 그러면 관찰의 힘을 보다 쉽게 이해하도록 식품포장재 제조업체 '동서'의 예를 들어보겠다.

2001년 동서는 코스닥에 상장된 업체였는데, 당시 코스닥은 버블이 꺼지면서 "내가 다시 주식을 하면 성을 갈겠다"는 다짐이 난무할 정도로 원성을 듣고 있었다. 특히 동서는 사람들이 꺼려하던 두 가지 요소를 구비하고 있었다. 하나는 코스닥의 굴뚝주라는 것이고, 다른 하나는 하필이면 만드는 제품이 식품포장재였다는 것이다.

동서는 코스닥에 있긴 했어도 굴뚝주였던 까닭에 정말 아무도 관심을 보이지 않았다. 그런데 2001년 동서의 기업 가치를 보면 주당배당금(1주당 지급되는 배당금. 주주에게 지급할 배당금을 발행주식수로 나눠 구한다)이 3,000원이었고, 시가배당수익률(배당금을 현재 주가로 나눈 수익률)이 11.5퍼센트로 나왔다. 이것은 주가가 2만 6,000원이었는데 매년 3,000원씩 배당을 주었다는 얘기다. 2만 6,000원에 사

동서의 주가와 배당금, PER, PBR

(2001년 기준)

주가	26,000원
배당금	3,000원(시가배당수익률 11.5%)
PER	8,371원(PER 3.1배)
PBR	68,556원(PBR 0.28배)

서 3,000원씩 배당을 받으면 시가배당수익률은 11.5퍼센트가 된다.

118쪽의 표에서 보듯 PER이 3배라는 것은 가령 1억 원에 건물을 사서 연간 3,300만 원씩 임대수익을 거둬 3년 만에 원금을 뽑는다는 개념이다. 그리고 동서의 주가순자산비율(주가가 자산가치의 몇 배인지 나타내는 지표로 주가를 1주당 순자산으로 나눈 것), 즉 PBR은 0.28배였다. 이 말은 동서에 현금이나 공장부지 등을 합해 대략 10억 원의 돈이 있는데도 그 회사가 2억 8,000만 원에 거래되고 있었다는 의미다. 한마디로 동서는 가치가 무척 낮게 평가되고 있었다.

아니, 그처럼 말도 안 되는 가치평가를 받고 있었는데 사람들이 왜 사지 않았느냐고? 그럼 당시의 상황을 보자. 버블이 꺼지기 전 코스닥 종목들은 눈만 뜨면 15퍼센트씩 올라가고 있었다. 그러니 누가 그까짓 11.5퍼센트의 배당을 받으려고 동서의 주식을 사겠는가. 그것도 굴뚝주에다 식품포장재를 만드는 회사니 사람들이 '뭐, 별것 있겠어?'라고 생각하는 것도 무리는 아니었다.

관찰력은 바로 이 지점에서 사람들이 정해놓은 상식을 확 깨뜨린다. 관찰력이 있는 사람은 한 번 더 생각한다.

'뭘 하기에 돈이 나오는 걸까? 어떻게 이토록 많은 돈을 벌었고, 액면가 5,000원인 주식가격의 약 60퍼센트(3,000원)에 해당하는 배당을 줄까?'

정말 궁금하지 않은가? 그럼에도 사람들은 대부분 이걸 그냥 넘겨버렸다. 반면 관찰력이 있는 사람은 궁금한 것을 참지 못한다. 그러니 사방팔방 뒤져볼 수밖에. 이 회사는 대체 뭘 해서 돈을 버는 것일까?

알고 보니 동서는 커피믹스를 만드는 동서식품의 지주회사였다. 동서의 이익은 대부분 동서식품에서 받는 배당금 덕분에 발생한 것이었다. 다시 말해 동서의 주식을 사면 포장재 회사를 사는 동시에 동서식품이라는 회사를 사는 효과가 발생했다.

재미있게도 동서는 동서식품이라는 큰 회사의 주인이다. 그런데 그 주인이 밑에 있는 회사에 포장재를 납품하고 있었다. 커피믹스 포장재 말이다. 상식적으로 생각할 때 내가 주인인 회사에 뭔가를 납품하면 조건이 좋을까, 나쁠까? 당연히 좋을 것이다.

하나 더 주목해야 할 부분은 바로 정수기다. 한국의 정수기에는 단순 정수 기능만 탑재된 것이 아니라 냉온수기 기능이 함께 들어 있다. 덕분에 사람들이 직장에서 직접 커피를 타 마시게 되었다. 혹시 커피 한 봉지가 정확히 얼마인지 알고 있는가? 대개는 모를 거다. 보통은 누군가에게 커피를 얻어먹거나 회사에서 공짜로 마신다. 직접 사더라도 할인가로 구매하기 때문에 그것이 한 봉지에 얼마인지 거의 알지 못한다.

커피는 한 봉지에 싼 것은 80~90원이고 비싼 것도 150~200원을 넘지 않는다. 그런데 만약 그게 동서식품이 아니라 듣도 보도 못한 브랜드가 사무실에 놓여 있으면 관리직원들은 욕을 먹는다. 따라서 관리직원들은 사무실 직원들의 입맛에 익숙한 제품을 습관적으로 구매한다.

일반 내구재, 예를 들어 자동차나 집 같은 것을 구매할 때는 쿵쾅거리는 심장소리가 바깥으로 들릴 만큼 가슴이 떨린다. 왜냐고? 엄청난 값을 치르지만 일단 한번 구입하면 되돌릴 수 없기 때문이다. 커피는 다르다. 설령 잘못 샀더라도 한 번 맘에 안 드는 제품을 먹는 것으로 끝난다.

또한 커피는 오늘 먹었다고 해서 내일 먹지 않는 게 아니라 계속 습관처럼 마신다. 어떤 사람은 하루에 커피를 6~7잔도 마신다. 한마디로 커피는 끊임없이 반복소비가 일어난다.

이처럼 시가배당수익률 11.5퍼센트를 파고 들어가 커피의 속성과 정수기 보급으로 커피믹스의 소비량이 늘었다는 것까지 알아내는 게 관찰력이다. 3년 만에 투자원금을 회수할 수 있는데 이런 회사를 놓칠 이유는 없지 않은가. 이후에 필요한 것은 용기뿐이다. 관찰한 결과를 바탕으로 실제 투자를 하면 그만이다.

2001년 이후 동서의 주가는 지금까지 25배 올랐다. 게다가 단 한 해도 배당금이 줄어들지 않았다. 무려 11년 동안 말이다. 그런데 놀랍게도 동서는 여전히 기업설명회(IR)를 하지 않는다. 아마 지금까지 동서에 대한 기업 분석이나 CEO 인터뷰 같은 걸 본 사람이 거의 없을 것이다. 회사가 워낙 안정적으로 돈을 많이 버니까 군이 외부에 홍보할 필요가 없기 때문이다. 오히려 외부에 알리면 귀찮게 하는 사람만 늘어날 뿐이다.

하지만 관찰력이 있는 사람은 동서에 투자해 오랜 기간에 걸쳐 수익을 올리고 있다. 지금은 시가배당수익률이 2~3퍼센트고 주가가 예전만큼 싸지도 않다. PER도 10배 가까이 된다. 아주 비싸진 않지만 그렇다고 아주 싸지도 않은 정도까지 올라온 셈이다.

이처럼 사소한 관찰이 인내심, 그리고 상식과 결합하면 좋은 투자가 될 수 있다. 관찰한 것을 실제 행동으로 옮겨 주식을 사는 용기에 오랫동안 기다리는 인내가 결합된다면 장기적으로 높은 수익률을 올릴 수 있다는 말이다.

한 발 들이밀기 전략

모든 아이디어는 확산된다. 본래의 아이디어 그 자체로 끝나는 법은 거의 없다. 앞에서 '정수기'라는 말이 나왔을 때 어떤 생각이 들었는가? 냉온수 정수기가 보급된 것이 커피 시장을 바꿀 정도였다면, 정수기 보급률 확대 그 자체는 어느 정도의 파급 효과를 낳았을까? 자, 이런 식으로 아이디어는 확산된다.

'어? 그렇다면 한국에서 정수기를 가장 많이 보급하는 회사는 어디일까?'

바로 웅진코웨이다. 그렇다고 웅진코웨이가 생기기 이전에 정수기가 없었던 것은 아니다. 지금은 웅진그룹이 어려워져 웅진코웨이가 팔리긴 했지만, 본래 웅진은 마케팅 능력이 뛰어난 회사였다. 예를 들어 그들은 소비자가 원하는 제품을 부담 없이 들이밀 방법을 고안했다.

사실 정수기 한 대에 30만 원, 50만 원, 100만 원 하는 식이면 소비자에게 부담이 갈 수밖에 없다. 하지만 이것을 '월 몇 만 원'으로 하면 부담이 대폭 줄어든다. 시장에서 이런 전략이 먹히는 것은 당연한 일 아닌가. 소비자는 생각한다.

'생수를 사서 마시느니 매달 몇 만 원을 내고 수돗물을 정수해서 마시는 게 낫겠다. 관리까지 해주니 믿을 수 있고 가격도 저렴하지 않은가.'

어쨌든 웅진코웨이는 고객에게 두 가지 이점을 제공했다. 일단 두 달에 한 번꼴로 관리를 해줘 정수기 물에 대한 신뢰감을 주었고, 물을 끓이거나 냉장고에 넣지 않아도 된다는 편리함을 안겨주었다. 결과적으로 웅진코웨이는 사설 수도사업자의 역할을 하게 된 셈이다. 렌털비로 2만 원, 3만 원, 5만 원을 받으면서 말이다.

그게 뭐가 어쨌다는 거냐고? 알고 보면 이건 굉장히 무서운 전략이다. 이것은 판매사원들이 가장 많이 하는 일명 '한 발 들이밀기' 전략으로 결코 한 번으로 끝나지 않는다. 뭐든 자주 보면 사람들의 눈에 익숙해지게 마련이다. 보험설계사들이 무서운 이유도 여기에 있다. 이미 한 번쯤은 겪어봤겠지만 보험설계사와 한 번 관계를 트면 절대 그걸로 끝나지 않는다.

예를 들어 보자.

코웨이 주가 그래프

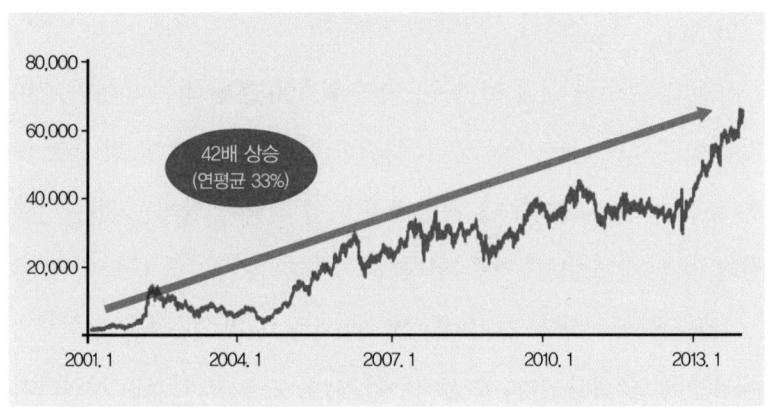

"정수기 좋은 거야 기본이고 비데도 아주 좋아요. 한번 써보세요. 한 달에 몇 만 원밖에 하지 않으니까 밑져야 본전이라 생각하고 써보세요. 아, 연수기는 어때요? 연수기를 달면 물이 아주 깨끗하고 부드럽게 나와요. 요즘 공기가 나쁘고 황사가 대단하다는 데 공기청정기 한번 써볼래요?"

이렇게 한 발씩 들이밀면 하나의 네트워크로 여러 제품을 판매할 수 있다. 덕분에 웅진코웨이의 주가는 2000년에 비해 42배 수준으로 뛰었다. 투자원금 대비 주가가 무려 4,200퍼센트나 상승한 것이다. 당시 정수기에 뭐 별것 있겠느냐고 생각한 사람들은 이 좋은 기회를 놓치고 말았다. 그 무렵 IT나 인터넷 회사가 유행이었지만 지금 그들은 대부분 망했다.

부자들의 종목 선택 기준은 무엇일까

사실 많은 사람이 '투자'를 굉장히 어려운 개념으로 받아들인다. 투자에서 성공하려면 우리는 대체 뭘 알아야 하는 걸까? 간단하게 딱 한 가지 지표만 알려달라고 한다면 나는 '시가배당수익률'을 권하고 싶다. 시가배당수익률이란 배당금을 현재 주가로 나눈 수익률을 말한다. 예를 들어 KT가 배당금 2,000원을 주는데 주가가 4만 원이라면 이 회사의 배당수익률은 5퍼센트다.

배당수익률은 왜 중요한 지표일까?

기업은 보통 물건을 구입하고 6개월짜리 어음을 주거나 빨라야 다음 달에 결제를 해준다. 그런데 기업이 지불해야 하는 것 중 절대 외상으로 해결할 수 없는 것이 세 가지 있다.

첫째, 월급이다. 월급날 '내일 줄게' 혹은 '외상이야'라고 말하면 월급을 준 게 아니다. 월급은 반드시 현금으로 정해진 날짜에 줘야 한다. 물건을 구입할 때는 현금으로 주지 않고 어음을 끊어줄 수도 있지만 월급은 현금 결제가 원칙이다.

둘째, 세금이다. 세금은 납부하지 않으면 곧바로 연체다. 세금이 나왔을 때 '6개월 뒤에 내겠다'고 할 수는 없다. 물론 법에 따라 세금을 약간 이연시킬 수는 있지만 그 외에는 이연되지 않는다.

셋째, 주주 배당금이다. 주주들에게 주는 배당금은 절대 연체하거나 외상으로 줄 수 없다.

한마디로 배당금은 월급만큼이나 매력적이다. 그렇다고 배당금의 매력이 여기서 그치는 것은 아니다. 배당금을 주는 회사는 월급을 정상적으로 지불하고 세금도 제때 다 낸 회사다. 배당금을 내준다는 것은 기본적으로 그 회사가 월급을 주는 데 문제가 없고 또 세금을 낼 만큼 이익도 내고 있다는 것을 뜻한다. 이익을 내지 못하는데 어찌 배당금을 줄 수 있겠는가.

회사가 배당금을 준다고 해서 이익이 난 만큼 몽땅 주는 것은 아니다. 당기순이익 중 주주에게 얼마를 배당금으로 지불했는가를 나타내는 배당성향이라는 것이 있듯, 회사는 이익의 일부만 배당금으로 지불한다. 그럼 배당금을 지불하고 남은 이익은 어떻게 할까? 그건 회사에 잔고로 쌓인다.

어쨌든 배당수익률이 잘 나오고 그것이 금리보다 높을 경우 그 회사의 주식을 사는 것이 이자를 받는 것보다 낫다. 사람들은 대개 이런 회사에 투자하려 하므로 배당수익률이 어느 정도 나는 회사는 장기적으로 주가가 계속 올라간다.

단언하건대 시가배당수익률 지표를 투자의 금과옥조처럼 여겨도 좋다. 물론 다른 여러 지표도 있고 배당을 1년만 하는 게 아니라 매년 하는지도 중요하지만, 시가배당수익률은 그 무엇보다 중요하다. 쉬우면서도 강력한 힘을 지닌 이 지표만 제대로 알아도 앞서 말한 '동서' 같은 기업을 찾아낼 수 있다.

증권면 대신 기업면을 체크하라

여러분은 주로 무얼 보고 투자를 하는가?

이 질문을 받았을 때 사람들은 대부분 신문이나 TV에서 정보를 얻어 투자한다고 대답한다. 물론 그것이 가장 쉽고 편리하게 투자정보를 얻는 방법이긴 하다. 그럼 그러한 정보를 보고 주식에 투자해서 성공한 사람은 과연 얼마나 될까? 정확한 통계치는 없지만 그 방법으로 투자해서 성공하기는 매우 어렵다.

실패하는 사람은 대개 핫한 주식에 투자했다가 쓴맛을 본다. 왜냐하면 대중성을 확보해야 하는 신문은 그 특성상 최대한 공감을 이끌어내려 하기 때문이다. 그렇다고 신문기사가 꼭 나쁘다는 것은 아니지만, 어쨌든 신문은 많은 사람에게 읽히고 또 모두가 공감할 만한 기사를 다루려고 한다.

사실 신문의 증권면에 등장하는 기사 내용은 이미 떠들썩하게 이슈화된 것이 대부분이다. 즉, 사람들이 화제 삼아 서로 묻고 대답하는 이슈인 경우가 많다. 이런 기사가 나오면 많은 사람이 인터넷에 들어가 그 회사를 클릭한다. 하지만 사람들의 관심 속에서 이슈가 된 회사라 대개는 이미 주가가 상당히 올라 있다. 증권면에 등장한 주식을 피해야 하는 이유가 여기에 있다.

그러면 뭘 봐야 할까?

똑같은 신문을 보더라도 증권면보다 기업면이나 산업면에

나오는 기사에 주목해야 한다. 거기에 나오는 기사를 읽다 보면 '뭔가가 잘되고 있다'거나 반대로 '뭔가 문제가 있다'는 내용이 나오기도 한다. 더러는 좋은 숫자, 즉 PER이 낮거나 배당금을 많이 준다는 기사를 보고 '동서' 같은 회사를 찾아낼 수 있다.

이러한 방법으로 회사를 찾는 것이 증권면에 등장하는 핫한 주식을 사는 것보다 훨씬 더 효과적이다. 기업면의 기사에서 '돈을 잘 번다', '브랜드가 좋다', '시장 반응이 좋다' 등의 정보를 얻는다면 말이다. 회사와 관련된 이들 정보를 관찰력과 연계하면 뛰어난 수익으로 연결시킬 수 있다.

부자들의 주식투자 타이밍

대체 언제 투자하는 것이 좋을까?

2013년 말 미국이 양적완화 축소를 발표하면서 뉴스 시간만 되면 테이퍼링(tapering, 양적완화 축소 정책)이라는 말이 빈번하게 등장했다. 테이퍼링이란 무얼 의미하는 걸까?

이해를 돕기 위해 테이퍼링을 스테로이드에 비유해 설명하기로 하겠다. 수술을 받거나 연고를 써본 사람은 알겠지만 스테로이드 약물은 몸을 화끈하게 해준다. 스테로이드가 몸의 기능을 활성화하거나 기분이 좋아지게 하는 것이다. 그런데 스테로이드는 한 달, 두 달 쓰다 보면 서서히 중독이 된다. 심지어 그것을 끊는 순간 몸을 움직이지 못하는 경우가 발생하기도 한다.

이런 이유로 스테로이드는 보통 일시적으로 몸이 약해지거나 수술 이후 신체 기능을 활성화시켜 원상태로 복구하고자 할 때 단기적으로 사용한다. 장기적으로 사용하면 스테로이드에 의존하게 되거나 중독되기 때문이다.

쉽게 말해 테이퍼링은 스테로이드의 부작용을 피하기 위해 그 투입량을 줄이겠다는 선언이다. 그동안 투입해오던 약의 양을 줄이겠다는 뜻이다. 여기서 스테로이드란 바로 '돈'을 말한다.

아니, 퍼붓던 돈을 줄이겠다고? 그럼 오히려 나빠지는 것이 아닌가?

꼭 그런 것만은 아니다. 기본적으로 테이퍼링은 이중적 의미로 봐야 한다. 약을 줄인다는 것은 그만큼 건강해졌음을 자신감 있게 드러내는 선언으로 볼 수도 있기 때문이다.

주가가 떨어지면 대개는 분위기가 좋지 않다. 반대로 주가가 올라가면 활짝 웃는 증권사 직원의 얼굴이 신문에 대문짝만 하게 실린다. 나는 오히려 막 주가가 떨어질 때 회사 분위기를 독려한다. 정말로 기분이 좋기 때문이다. 혹시 변태적 성향이 있는 게 아니냐고? 오해하지 마시라.

주가가 오를 때는 주식을 파는 일만 남는다. 그렇다면 주가가 떨어질 때는? 주식의 가치가 하락할 경우 배당수익률이 10퍼센트이던 동서 같은 회사는 주가가 반 토막이 나면서 배당수익률이 20퍼센트로 올라간다. 이게 나쁜 걸까, 아니면 좋은 걸까? 당연히 좋은 거다. 주식을 싸게 살 수 있는 기회가 아닌가. 가마당 10만 원이던 쌀값이 5만 원으로 떨어지면 좋은 것인가, 나쁜 것인가? 구매하는 사람의 입장에서는 좋은 일이다. 마찬가지로 주가가 떨어지는 것을 꼭 나쁘게만 볼 필요는 없다.

테이퍼링도 그런 시각으로 바라봐야 한다.

보통은 미국 달러가 줄어들면서 이머징 마켓의 경기가 나빠질 거라고 말한다. 그렇지만 다른 한편으로는 미국이라는 환자가 건강해졌음을 의미한다. 미국이 경제 체력을 회복하면 수출하는 회사는 좋아질 수 있다. 또 미국 내에 달러가 부족해지면서 이머징 마켓에 있던 자금이 빠져나갈 수 있지만, 상대적으로 경제 체력이 좋은 한국에겐 오히려 유리한 상황이 벌어질 수 있다.

설령 테이퍼링 때문에 주가가 떨어질지라도 그건 곧 매수 기회가 왔다는 것을 의미한다. 문제는 테이퍼링 이후 어떤 주식을 사야 하는가에 있다. 주가가 떨어질 때는 늘 어떤 주식을 사야 하는가를 물어야 한다. 스스로 반문해보라는 얘기다.

사람들은 대부분 이렇게 묻는다.

"주식을 팔까, 살까? 어떻게 하는 것이 좋을까?"

이것은 올바른 질문이 아니다. 거기에 대해 '사라' 혹은 '사지 마라'고 답변하는 것 역시 올바른 답변이 아니다.

벤츠가 좋은 차라는 것은 누구도 부정하지 않는다. 그렇지만 벤츠 S클래스를 10억 원에 산다면 그건 좋은 차가 아니다. 좋은 차는 1,000만 원에 산 벤츠 S클래스다. 이처럼 좋은 투자인지 아닌지를 결정하는 것은 가치와 비교한 가격이다.

동서의 주식은 좋은가, 그렇지 않은가? 동서의 주식 역시 좋은 주식일 수도 있고 그렇지 않을 수도 있다. PER이 두세 배고, 배당수익률이 10퍼센트 혹은 20퍼센트라면 좋은 주식이다. 반면 앞으로 실적 예상이 아무리 좋아도 PER이 50배, 그러니까 주식가격이 연간 버는 것의 50배라 배당수익이 나오지 않는다면 좋지 않은 주식이다. 마찬가지로 테이퍼링은 좀 불안한 소식이기도 하지만 동시에 긍정적인 소식일 수도 있다.

한편 주가가 떨어질 때 그 주식이 과연 개별적으로 매력적인가를 보려면 시장에서 평가되는 평균적인 가치를 꼼꼼히 따져봐야 한다. 흔히 하는 말이지만 누군가가 주식으로 돈을 벌었다거나 사람들이 그 주식에 관심이 있다는 식의 개별적인 내용이 신문의 증권면에 나오면 오히려 조심해야 한다. 반대로 시장이 위험하다는 말이 나올때는 우량주를 싸게 살 수 있는 기회다. 어떤 사람은 그 주식을 갖고 있지 않은 것을 다행으로 여기고 또 그 주식을 갖고 있는 사람을 불쌍하게 여기지만, 사실은 그때가 기회다.

주식은 원래 시장이 좋을 때가 아니라 나쁠 때 사는 거다. 시장이 좋지 않을 때 투자를 하면 정말로 손해 볼 일이 없다. 주식을 모른다면 배당수익률이 높은 시점, 모든 사람이 주식을 갖고 있다가 실패한 시점, 엄청난 악재로 주식시세판에 파란색밖에 보이지 않는 시점, 하락하는 종목밖에 보이지 않는 시점에 투자하면 실패하지 않는다. 이때는 우량주를 사도 나쁘지 않다. 남들이 알 만한 대형 우량주를 사도 그때는 정말 나쁘지 않다.

저금리 시대, 절세가 재테크다

부자는 세금을 대하는 자세가 남다르다. 보통사람은 세금에 대해 별로 신경 쓰지 않는다. 2013년 말 현재 최고세율이 38퍼센트에 이르는데도 말이다. 여기에 주민세를 합치면 42퍼센트에 육박한다. 부자가 아닌 사람에게는 이것이 별것 아닐 수도 있지만 부자에게는 그야말로 엄청난 수치다.

예를 들어 10년간 1억 원을 투자한다고 생각해보자.

기본적으로 3퍼센트가 되지 않는 요즘의 금리로 정기예금에 투자하면 세금이 없을 때 1억 2,900만 원이 된다. 수익률이 29.8퍼센트다. 알고 있다시피 은행에 돈을 넣어두는 것은 가장 안전한 투자다. 일단 은행 측에서 투자하는 사람에게 이것저것 묻지도 않고, 투자자가 심혈을 기울여 관찰할 일도 없다. 그냥 시간이 지나면 자연스레 이자가 발생한다. 그런데 여기에서 이자소득세를 떼고 나면 수익률은

24퍼센트로 떨어진다. 4.9퍼센트포인트가 떨어지는 셈이니 하락률이 높은 편이다.

여기에서 좀 더 가보자.

한국에는 금융소득종합과세가 있어서 이자 같은 각종 금융소득이 2,000만 원을 넘으면 최고 40퍼센트 이상의 세금을 내야 한다. 원래는 4,000만 원이 넘어야 종합과세 대상자였지만 2013년부터는 2,000만 원이 넘으면 대상자에 포함된다. 따라서 이들이 예금에만 돈을 넣으면 10년간 예금수익률이 13퍼센트에 불과하다. 그것도 1년이 아니라 10년 수익률인데 말이다. 이게 바로 세금의 차이다.

그럼 주식투자를 하면 어떻게 될까?

한국 주식의 평균적인 PER은 10배다. 이는 내가 어느 회사의 주식을 1만 원에 구입하면 그 회사가 1,000원씩은 번다는 의미다. 이러한 주식매매에는 세금이 붙지 않는다. 물론 한 회사의 주식을 너무 많이 갖고 있으면 세금을 내야 한다. 가령 한 종목에서 전체 지분의 2~3퍼센트 이상 사거나 한 종목을 50억 원 이상 구매하면 세금이 붙는다. 현실적으로 한 종목을 50억 원어치 사거나 전체 지분의 몇 퍼센트씩 갖고 있는 사람은 별로 없다.

여러 종목의 주식에 분산투자해 매매차익을 거두면 세금을 내지 않아도 된다. 물론 이 부분도 지분율이 높으면 세금이 나가긴 하지만 대신 배당수익을 거둘 수 있다.

단, 주식투자를 할 때는 좋은 주식을 골라 장기투자를 해야 한다

부자가 되고 싶다면?

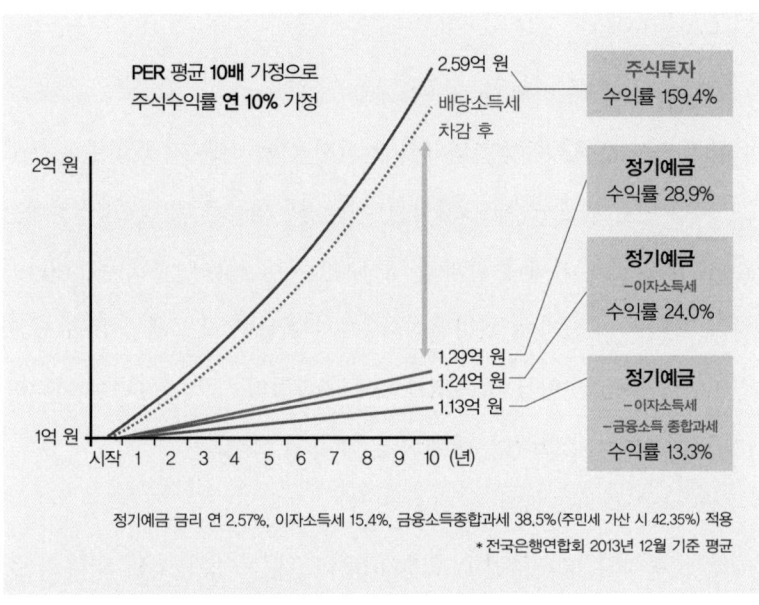

PER 평균 10배 가정으로
주식수익률 **연 10%** 가정

2.59억 원

배당소득세
차감 후

주식투자
수익률 159.4%

정기예금
수익률 28.9%

정기예금
－이자소득세
수익률 24.0%

2억 원

1.29억 원
1.24억 원
1.13억 원

정기예금
－이자소득세
－금융소득 종합과세
수익률 13.3%

1억 원

시작 1 2 3 4 5 6 7 8 9 10 (년)

정기예금 금리 연 2.57%, 이자소득세 15.4%, 금융소득종합과세 38.5%(주민세 가산 시 42.35%) 적용
＊전국은행연합회 2013년 12월 기준 평균

는 전제가 붙는다. 부자들은 이런 부분에 대단히 민감하게 반응한다. 즉, 그들은 세금에 따라 수익률에 얼마나 차이가 발생하는지 잘 알고 있다. 부자들이 수익률을 말할 때 세전수익률이 아니라 세후수익률을 따지는 것은 그래서다.

물론 세금을 많이 낼 수 있다는 것은 행복한 일이다. 문제는 어떤 소득에 대해 얼마만큼의 세금을 내는지 인식하고 관심을 기울여야 한다는 데 있다. 세금을 많이 내서 국가 경제에 이바지하는 것은 상당히 의미 있는 일이지만 최소한 뭐가 뭔지는 알고 있어야 한다.

속삭이는 사람을 피하라

투자를 할 때는 괜히 대단한 정보라도 알려주는 양 은밀히 속삭이는 사람을 조심해야 한다. 나 역시 그런 일을 많이 겪어봤다. 심지어 돈을 맡기는 고객까지도 어떤 종목 좀 알아봐달라고 대놓고 말한다. 예를 들면 이런 식이다.

"이 기업이 신약 개발을 한다고 하는데 사실인지 알아봐주세요."

그런 요청을 받으면 일단 알아보긴 하지만 십중팔구는, 100 중의 99는 투자하면 큰일 냈을 종목이다. 이걸 두고 보통 '속삭인 주식'이라고 말한다.

상식적으로 생각해보자. 정말로 좋은 정보라면 그 사람이 그걸 왜 나에게 얘기하겠는가. 일단 누군가가 나에게 뭔가를 속삭이면 한번 의심해보라. 속삭인 사람이 믿을 만해? 그 사람 진짜 부자야? 그 방법으로 엄청나게 부자가 됐어? 사실 그 내막을 알고 보면 동네의 어떤 아주머니가 그 말을 했거나 뉴스에 나온 얘기인 경우가 많다.

얘기를 해준 사람의 신뢰도도 중요하지만 스스로 더 깊이 생각해보는 것은 더 중요하다.

그 얘기를 왜 나한테 해준 걸까? 정말로 밭에 금덩이가 있다면 몰래 그 밭을 사지 왜 나한테 금덩이가 있다고 알려주는 거지? 내가 그 사람에게 수수료를 줄 것도 아니고 기껏해야 잘되면 밥 한 끼 사줄 뿐이고, 아니면 욕이나 할 텐데 왜 알려주는 거지?

상대방이 나에게 아무런 대가 없이 무언가를 얘기해주면 일단 의심해보는 것이 좋다. 대개는 그 사람도 마지막에 그 얘기를 들었거나 이미 주가가 올라간 상황에서 너도 관심을 가져보라며 자신의 동조자를 찾는 경우이기 때문이다.

절대로 그런 사람이 속삭이는 주식에 투자하면 안 된다. 주식뿐 아니라 토지나 상가에 대한 투자도 마찬가지다.

부자는 주식이 아니라 아이디어를 산다

투자를 할 때는 가격이 아니라 투자의 원천이 된 아이디어를 봐야 한다. 자, 다음의 대화를 한번 살펴보자.

"이봐요, 난 당신의 말만 믿고 10년간 투자를 했어요. 장기투자를 했다고요. 그런데 수익이 나지 않았어요. 2007년 중국 펀드에 투자했는데 아직 원금도 안 돼요. 이게 말이 됩니까? 장기투자를 했는데 왜 수익이 나지 않는 거죠? 당신이 말한 장기투자가 원래 이 모양입니까?"

"저런, 한번 생각해봅시다. 원래 그렇게 장기투자를 목적으로 투자하셨나요?"

"아니, 뭐 그런 건 아니고. 얘기를 듣고 나서 제법 그럴싸한 것 같아 일단 투자를 했지요."

"어디서 얘기를 들으셨나요?"

"친구가 얘기한 것도 있고 신문에서 본 것도 있죠."

"그때 왜 투자했는지 알고 계십니까?"

"그건 기억나지 않아요. 주당 1만 원에 투자했는데 하여튼 지금 은 7,000원 정도 돼요."

어떤가? 이처럼 시간이 지나면 나중에 왜 투자를 했는지 기억조차 나지 않는다. 단 한 가지만 기억날 뿐이다. 내가 그 주식을 얼마에 샀는가 하는 것. 그 상태에서 주가가 많이 떨어지면 대개는 원래 가격인 1만 원이 될 때까지 기다린다. 그러다 보면 정말 딱 1만 원이 될 때가 오는데, 이때 많은 사람이 '옳다구나' 하고 주식을 팔아버린다.

아마 여러분도 그런 경험을 해본 적이 있을 것이다. 그런데 안타깝게도 1만 원이 되는 순간부터 주가는 급등하기 시작한다. 10년간 기다렸다가 내가 주식을 팔아버린 그 시점부터 급등하는 것이다.

대체 왜 이런 일을 당하는 걸까?

내가 생각하던 아이디어나 회사의 변화는 떠올리지 못하고 오로지 내가 산 가격만 기억하고 있기 때문이다. 나는 이런 사람들을 두고 '비자발적인 장기투자자'라고 부른다. 이 말은 스스로 장기투자할 생각은 없지만 까먹은 원금이 아까워 그걸 기다리느라 어쩔 수 없이 장기투자하는 것을 의미한다.

주식뿐 아니라 부동산에 장기투자하려면 내가 들고 있는 주식이 어떤 건지, 그 투자가 어떤 아이디어에서 나온 것인지 늘 기억해야 한다. 그래야 진정한 장기투자가 가능하다.

부자는 요행을 바라지 않는다

"'꿈'보다 '오해'의 투자"라는 말이 있다.

나는 지금까지 한 번도 로또를 사본 적이 없다. 나 자신을 스스로 운이 지독히 없는 사람이라고 생각하기 때문이다. 그래서 하다못해 소규모 행사장에서 추첨하는 것에도 기대를 하지 않는다. 그런데 어떤 사람은 100만 명, 1,000만 명 중 1명을 뽑는데도 자기가 뽑힐 거라고 생각한다.

상식적으로 생각해보라. 만약 여러분이라면 그처럼 1,000만 명 중 1명으로 뽑힐 거라고 생각하는 사람에게 돈을 맡기겠는가? 아니면 '나에겐 그런 운이 없다'고 생각하는 사람에게 돈을 맡기겠는가? 기본적으로 신명이 박한 사람, 마음이 가난한 사람, 스스로 겸손하고 보수적인 사람이 더 열심히 노력한다.

스스로를 오해해 헛된 기대를 하기보다는 차라리 본인에게 운이 없다고 생각하는 편이 낫다. 꿈에 부푼 주식, 예를 들어 2000년대 초반의 인터넷 주식을 생각해보자. 그 많던 포털 중 지금은 사실상 네이버 하나만 남지 않았는가. 야후를 비롯해 당시에는 그야말로 무수히 많은 포털이 있었다. 하지만 그 대부분은 문을 닫거나 회사를 팔거나 한국에서 철수했다.

그렇다면 당시 스포트라이트를 받지는 않았지만 묵묵히 제 길을 걸어간 음식료업체들은 어떨까? 롯데칠성, 오뚜기, 롯데삼강, 동서, 동원 F&B 같은 회사 말이다. 10년 전에도 돈을 번 그들은 지금도 잘 벌고 있다. 투자를 하려면 사실상 그런 회사에 투자하는 게 훨씬 낫다. 그들 중에는 동서처럼 배당수익률이 10퍼센트 이상인 회사도 있다.

이러한 기업을 발견하는 것은 마치 벌거벗은 임금님을 본 것과 똑같다. 수많은 사람이 벌거벗은 임금님을 봤지만 아무도 벌거벗었다고 말하지 않았다. 그때 한 소년이 말한다. 임금님이 벌거벗었다고. 문제는 다들 알고는 있지만 먼저 행동하는 사람이 없다는 데 있다. 소년처럼 임금님이 벌거벗었다는 사실을 직시하고, 즉 어떤 주식이 저평가됐음을 인식하고 용기를 내 접근하면 수익을 낼 수 있다.

그런데 대개는 어떻게 생각하는가?

'아냐, 여기에는 뭔가가 있을 거야. 임금님은 벌거벗은 게 아니라 실제로는 화려한 옷을 입고 있을 거야.'

주식시장에서도 마찬가지다.

'에이, 저런 사람이 저렇게 말하는 데는 뭔가 이유가 있겠지. 전문가의 말이 아닌가.'

'회사 가치가 별 볼일 없으니 오르지 않겠지.'

그러다가 임금님이 벌거벗었다는 소문이 도는 순간 모든 게 풀린다. 좋은 회사라는 것을 알게 되는 순간 주가가 폭등하는 거다. 이 말을 꼭 기억해야 한다.

"꿈이 맞을 확률보다는 오해가 틀릴 확률이 훨씬 더 높다."

이는 대박을 칠 것처럼 보이는 주식보다 잘 몰라서 저평가된 주식에 투자하는 게 훨씬 안전한 투자라는 의미다. 이미 말했듯 관찰력과 건전한 상식이 있으면 그걸 쉽게 알아챌 수 있다.

참모진을 육성하라

중국의 역사소설 중 항우와 유방이 천하를 다투던 시절의 얘기를 담은 《초한지》는 꽤나 유명하다. 항우와 유방 중 한나라를 세워 천하를 통일한 인물은 누구일까? 알고 있다시피 유방이다. 왜 항우는 안 되고 유방은 된 것일까?

간단하다. 항우는 밑에 좋은 인재를 무수히 거느렸으면서도 그들을 쓰지 않았다. 왜냐하면 자기 자신이 매우 뛰어난 인물이었기 때문이다. 반면 유방은 한마디로 동네 깡패였다. 그러나 그는 사람의 마음을 사는 재주만큼은 항우를 앞질렀다. 덕분에 유방은 한신이나 장량, 소하 등 각 분야의 전문가들을 고루 활용해 천하를 거머쥐었다.

흔히 '가난할 때는 뭐든 닥치는 대로 해야 한다'고 생각하는데 이건 오해다. 가난할 때도 자기 경력을 잘 관리하고 주변 사람들을 제대로 활용하는 사람이 부자가 된다. 가령 각 분야의 훌륭한 강연자가 시장에서 사라지지 않고 살아남는 이유는 훌륭한 경력과 내공을 지니고 있기 때문이다. 마찬가지로 펀드수익률을 따질 때는 1년 치가 아니라 5년 치, 10년 치 기록을 봐야 한다. 만약 법률전문가나 세무전문가와 상담을 해야 한다면 그들의 도움을 받아본 사람들의 이야기를 들어보고 평판이 좋은 사람에게 상담을 받아야 한다.

설령 내가 의사가 아닐지라도 인터넷을 뒤지면 증상이나 대처법을 어느 정도 알 수 있고, 작정하고 내가 직접 소송을 진행할 경우에는 꼭 변호사를 쓰지 않아도 된다.

하지만 내 경험상 말하건대 그걸 일일이 공부해서 대처하는 것보다 그 분야의 최고 전문가를 찾는 게 비용과 시간이 훨씬 덜 든다. 나아가 전문가를 만나면 들어가는 비용보다 얻는 이익이 훨씬 크다. 수많은 전문가가 여전히 활동하고 있는 이유가 여기에 있다.

구체적으로 1억 원 정도 여유자금이 있다면 여러 전문가를 활용하라. 10억 원 정도 있다면 여러 전문가 중 내가 지정해서 도움을 받을 수 있는 사람과 정기적으로 교류하거나 관계를 맺으며 사귀는 것이 좋다. 100억 원 정도면 아예 그런 사람들을 자금관리인으로 고용해야 한다. 그 정도 돈이면 차라리 내 것을 전문적으로 봐줄 사람을 고용하는 게 낫다는 얘기다.

참모를 잘 활용하면 내가 어디에서 무얼 하든 돈 관리를 걱정할 필요가 없다. 여행을 다니든 운동을 하든 취미생활을 하든 말이다. 반면 참모를 활용하지 않으면 매번 주식시세판을 확인하거나 법률사전을 뒤져야 하고 또 세무 문제 때문에 골치를 앓게 된다. 심지어 실컷 고생을 하고도 나중에 세금을 왕창 내는 사고가 발생할 수 있다.

부자들은 공통적으로 참모를 잘 활용한다. 천하통일을 하고자 한다면 참모진을 잘 써야 한다. 참모진을 잘 활용해 천하를 손에 쥔 유방의 노하우를 기억할 필요가 있다.

2014년 주식투자하기 전에 반드시 알아야 할 질문과 답변

투자자금 100만 원으로 살 수 있는 종목을 딱 하나만 말해달라.

이것은 내가 늘 받는 질문인데 내 대답은 항상 똑같다. 내 꿈은 오래도록 투자전문가로 남는 거다. 따라서 개별종목에 대해서는 거의 얘기하지 않는다. 내 말이 오늘은 맞을 수 있지만 당장 내일부터는 틀릴 수도 있기 때문이다. 더구나 나는 당신을 계속해서 팔로업할 수가 없다. 실제로 투자 아이디어는 얼마든지 바뀔 수 있는 부분이라 지속적인 팔로업이 필요하다.

또 내가 특정 종목을 얘기하면 오해를 받을 수 있다.

"너, 그 종목을 들먹여서 해당 종목 주가 올리려고 그러는 거지?"

이런 말이 충분히 나올 수 있다. 이 경우 나에게 돈을 맡긴 고객에게 전화가 빗발친다.

"내가 당신한테 수수료를 내가며 돈을 맡겼는데 그런 비결을 그냥 얘기하고 다니면 나는 어떡해?"

그러므로 종목을 알려주는 대신 주식 전망에 대해 얘기해보겠다. 앞으로 금리가 올라간다면 금융주 중 증권주는 좋지 않을 수 있다. 물론 앞으로 경기가 회복될 경우 주식거래가 늘어날 수 있다는 점을 염두에 둬야 한다. 또 보험이나 은행 쪽은 금리가 연 1.5~2퍼센트밖에 되지 않으면 마진을 남길 수 있는 폭이 좁다. 반면 금리가 올라가면 마진을 남길 수 있는 폭이 넓어진다.

미국의 경우 경제위기가 닥치자 헬리콥터를 타고 뿌리듯 돈을 마구 시장에 쏟아 부었다. 돈을 풀지 않으면 망할 지경이었으니까. 위기가 닥치면 누가 돈을 빌려줄지, 돈이 어떻게 될지 아무도 모른다. 그래서 중앙은행이 나서서 돈을 뿌려댄 거다.

이제 미국은 테이퍼링에 들어갔고 그러면 시중에 돈이 줄어든다. 돈이 줄어들면 돈의 가치가 오르면서, 즉 돈을 쓰는 가치가 오르면서 돈을 빌리는 사람이 더 높은 금리를 지불하게 된다. 이를 염두에 둔다면 금융 쪽이 좀 좋아지지 않을까 싶다. 이 부분을 감안하고 좀 더 지켜보라.

특히 2014년에는 환율이 중요하다. 2013년 말 현재 환율이 계속 떨어지고 있다. 대체 뭘까? 미국이 돈을 쥔다고 발표했는데도 환율이 떨어지니 말이다. 달러의 양이 줄어들면 달러 가치가 오르고 상대적으로 원화 가치가 떨어지면서 환율이 올라야 하는데 반대 현상이 벌어지고 있는 거다. 역설적으로 보면 그만큼 한국의 경제 체력이 다른 신흥국들에 비해 강하다는 방증이다. 그래서 한국으로 외환이 몰려 오히려 환율이 떨어지는 것이다. 한마디로 특별한 일이 없다면 내수 쪽에서 뭔가 수익이 날 수 있는 상황이다. 동전은 항상 앞면만 보는 게 아니라 뒷면에 뭐가 있는지도 봐야 한다.

지금까지 한국은 수출 쪽이 나쁘지 않았다. 그런데 앞으로 환율이 계속 떨어지면 외국에서 물건을 수입해 국내에서 파는 업종이 돈을 많이 남길 수 있다. 우리는 거기에서 기회를 봐야 한다. 결국 테이퍼링이나 환율 하락을 무조건 나쁘게만 볼 이유는 없다.

사람들은 흔히 환율이 올라가는 것만 좋게 본다. 수출에 유리하기 때문이다. 물론 한국의 대형주 중에는 수출 주도형, 수출 대기업이 많다. 그러나 환율이 떨어질 때 이익을 보는 업종, 예를 들어 소비재나 내수 업종도 가치가 있으므로 여기에도 주목해야 한다. 늘 다양성의 관점에서 생각하는 것이 바람직하다.

지금 어떤 종목을 사야 하는지 말하라면 나도 그걸 맞히거나 팔로업할 자신이 없지만, 최소한 테이퍼링이나 환율 하락 같은 움직임을 관찰하면 이를 활용해 투자할 기회가 있다는 것 정도는 알려줄 수 있다. 이들 종목에 뭐가 있는지는 직접 해당 분야를 관찰하면 알 수 있다. 그만큼 관찰력이 중요하다. 그런 것 중 수혜를 받을 수 있는 것을 찾아보는 것이 좋다.

흔히 주식은 바닥에서 사야 한다고 말한다. 그런데 바닥을 쳤음에도 석 달, 넉 달이 지나도록 그게 바닥인지 모르면 그건 주식을 하는 사람의 자세가 아니라고 생각한다. 1년에 한 번 오는 짧은 바닥, 5년이나 10년에 한 번 오는 긴 바닥, 그리고 바닥을 치고 나서 며칠 후 혹은 몇 주 후에 그걸 어떻게 인지할 수 있는지 그 잣대를 알려달라.

굉장히 통찰력이 있는 질문이다. 사실 나는 그런 능력을 갖고 싶지만 아쉽게도 많이 부족하다. 한 가지 말할 수 있는 것은 그 바닥을 잘 몰라 나눠서 투자한다는 점이다. 지금은 예전보다 규모가 커졌지만 나는 금액이 적을 때부터 그렇게 투자했다. 또 항상 일정 수준의 현금을 보유한다. 주가가 언제 폭락할지 모르기 때문이다.

주식시장을 아예 떠난 사람 중에는 자기가 바닥을 맞힐 수 있다거나 혹은 자신이 그렇게 해본 경험이 있다고 말하는 경우도 있다. 유감스럽게도 나는 한 번도 그렇게 해본 적이 없다. 단, 저평가된 주식이나 좋은 주식을 갖고 있을 경우 언젠가 오르는 경험은 많이 해봤다.

당연히 주식은 쌀 때 사야 한다. 1억 원이 있으면 100만 원짜리 주식을 100주밖에 못 산다. 그런데 주가가 반 토막이 나면 200주를 살 수 있다. 물량을 훨씬 더 늘릴 수 있는 거다. 그러므로 내가 주식을 갖고 있을 때가 오히려 기회가 될 수 있다.

나도 딱 바닥을 치고 올라가는 시점을 알고 싶다. 하지만 누구도 그걸 맞혔던 적이 없다. 주가가 급락하던 1997년, 2000년, 2001년, 2008년을 생각해보자. 그 암울한 분위기 속에서 누가 주식을 살 수 있었겠는가. 그때 이전부터 주식을 갖고 있던 사람 중 용기를 내 우량주를 산 사람들이 기회를 누렸다. 난 바닥을 맞힐 수는 없지만 이것 하나는 말할 수 있다.

"시장이 폭락할 때 가치 있는 주식은 덜 떨어진다!"

그러므로 좀 더 가치 있는 주식을 보유하되 시장이 망가질 때 해당 주식을 더 살 수 있도록 현금을 갖고 있어야 한다. 돈을 몽땅 주식에 투자하면 기회를 누릴 수 없다. 돈을 100퍼센트 주식에 투자할 경우 오로지 한 가지만 기대하게 된다. 그저 주가가 오르기만 바라는 것이다. 반면 주식과 현금을 적정 수준으로 갖고 있으면 균형 잡힌 시각을 유지할 수 있다. 설령 주가가 떨어져도 마음을 편하게 먹을 수 있어서다. 우리에겐 주가가 폭락하거나 떨어지는 상황을 지켜볼 정도의 마음의 여유가 필요하다.

높은 수익률은 항상 주가가 급등할 때 나오는 게 아니라 주가가 폭락할 때 나온다. 그때 주식을 구입하면 잠재적으로 안전하게 높은 수익률을 낼 시간을 확보할 수 있다.

현재 안정적이고 배당은 일정한데 크게 오르지 않는 종목에 장기투자하는 게 나을까, 아니면 비싸긴 하지만 계속 인기 있는 종목을 적게나마 사는 게 나을까?

일단 지표를 보라. 앞서 말한 시가배당수익률에서 좀 더 업그레이드된 버전을 보자면 PER과 PBR이 있다. PER이나 PBR은 장부가에 비해 주식이 얼마만큼 싸게 거래되고 있는가를 나타낸다. 가령 PBR이 0.5라면 장부가가 1억 원인데 실제로는 5,000만 원에 거래된다는 뜻이다.

이처럼 PBR이 낮은 종목을 늘리는 것도 좋지만 ROE(자기자본 대비 이익률), ROA(자산 대비 이익률)라고 해서 회사가 얼마만큼 돈을 불리고 있는가를 보여주는 지표도 봐야 한다. 우선 ROE가 20퍼센트라면 그 회사의 자기자본이 1억 원인데 연간 2,000만 원씩 이익을 낸다는 뜻이다. 다시 말해 자기자본을 20퍼센트씩 불려가는 회사란 얘기다.

정기예금은 1년에 2.5퍼센트 정도씩 늘리지만, 이런 회사는 그 10배 가까이 불려가는 셈이다. 그러면 현재시점에서는 장부가격이 같아도 5년이나 10년 뒤에는 가치가 완전히 달라진다. PBR이 낮으면서도 ROE가 높은 회사에 장기투자하면 좋은 수익률을 올릴 가능성이 크다.

재테크 트렌드 03

 **박승안**

우리은행 투체어스 강남센터장. 축구 선수 박지성, 영화배우 조인성의 자산관리사로 유명한 그는 현대증권 애널리스트, 삼성증권 아너스 클럽 웰스 매니저(Wealth manager) 팀장을 거쳐 우리은행 WM 전략부의 부장 PB로 일하고 있다. KBS2TV〈경제비타민〉자문위원과 KBS1 라디오 경제방송 패널로 활동했으며, 〈조선일보〉재테크 스타를 비롯해〈세계일보〉재테크 고수, 〈매일경제〉대표 PB, 〈WM〉지 Wealth Manager 100인으로 선정되기도 했다. 지은 책으로《부자 가족 프로젝트》, 《우리 아이는 노블레스 키드》(공저), 《재테크 바이블》(공저) 등이 있다.

 **박합수**

국민은행 부동산팀장. 건국대학교 부동산대학원을 졸업하고 단국대학교 도시계획 및 부동산학과 박사과정을 수료했다. MBC〈경제매거진 M〉부동산 자문위원으로 활동 중이며, KBS1 라디오〈생방송 일요일 정오입니다〉주간 부동산 코너를 진행하고 있다. 그동안 KBS1 라디오〈성기영의 경제투데이〉주간 부동산 코너, MBC 라디오〈손에 잡히는 경제〉등 다양한 매체에 부동산 전문가로 출연했다. 건국대학교 부동산대학원 '부동산 최고위과정'과 한국금융연수원에서 강의 활동도 펼치고 있다. 지은 책으로《부동산 용어사전》, 《2005~2013 부동산 대해부》(공저) 등이 있다.

 **백혜진**

삼성증권 투자컨설팅팀장. 시티은행에서 고액자산가의 자산을 종합적으로 관리, 전담하는 금융전문가 개념의 CE(CitiGold Executive, 시티골드 개인고객전담역)로 일했다. 이후 삼성증권으로 둥지를 옮겨 1,000억 원 이상의 자산을 관리하는 금융전문가에게만 부여되는 최고등급, 마스터 PB에 올랐다. 삼성증권 역삼중앙지점장을 거쳐 삼성증권 투자컨설팅팀장으로 활동하며 남성 중심의 투자 업계에서 부드러운 카리스마의 여성 파워를 입증하고 있다.

5장

토크배틀
금쪽같은 내 1억,
어디로 가야 하나

토론자 박합수, 국민은행 부동산팀장
박승안, 우리은행 투체어스강남센터장
백혜진, 삼성증권 투자컨설팅팀장
진행자 정혜전, TV조선 앵커

2014년, 부동산 시장을 주도하는 트렌드는 무엇인가

<u>진행자</u>   오늘의 토론 주제가 '금쪽같은 내 1억, 어디로 가야 하나'입니다. 때마침 미국이 5년 만에 돈 풀기를 멈췄죠. '내 돈을 어디에 투자해야 하는지' 다들 혼란스럽고 궁금하실 텐데요. 그래서 대한민국 최고의 재테크 전문가와 함께 그 문제를 다뤄보겠습니다. 주식, 채권, 예금, 대안 상품, 부동산의 최고 전문가들입니다. 먼저 박합수 국민은행 부동산팀장께 '부동산 전망과 투자 전략'을 들어보겠습니다.

박합수　최근의 주택 시장을 보면 수도권과 지방 시장이 지역적으로 차별화되고 있습니다. 이것이 한국의 특징입니다. 수도권은 침체 중인데 지방은 많이 상승해 최근 3~4년간 2배 가까이 올랐습니다. 또 평형별 세분화도 나타나고 있습니다. 흔히 '중소형 강세·대형 약세'라고 말하는데 어쨌든 평형별로 세분화된 시장이 전개되고 있습니다.

지금 시장 자체의 그래프를 보면 국자모양에서 완만하게 삐침 현상이 나타나는 것을 볼 수 있습니다. 그만큼 이제는 시장이 바닥에서 지지기반을 형성한 상태입니다.

주택시장 지역별 차별화, 평형별 세분화

●

바닥에서 지지기반 형성한 상태

수도권은 거의 바닥을 지나가고 있는 모양새입니다. 서울과 인천, 경기권이 모두 완만하게 전반적으로 반등을 나타내고 있지요. 전세 시장 그래프는 다시 V자 형태로 올라가고 있는 상황입니다.

2013년은 부동산 시장이 바닥을 친 시점으로 보이고 이제 추가적인 하락은 제한적으로 나타날 전망입니다. 2013년 상반기가 거의 저(低)점이 아니었나 싶습니다.

수도권은 입주량이 2014년에 다소 증가하지만 이는 3, 4년 전에 비해 30~40퍼센트 줄어든 상태이므로 수급에서도 매매가가 올라갈 여지가 있습니다. 대구·경북 시장은 2013년 8퍼센트 정도 상승했습니다. 대구·경북은 상승세가 2014년 상반기까지 이어지고, 부산·울

주택 시장 동향

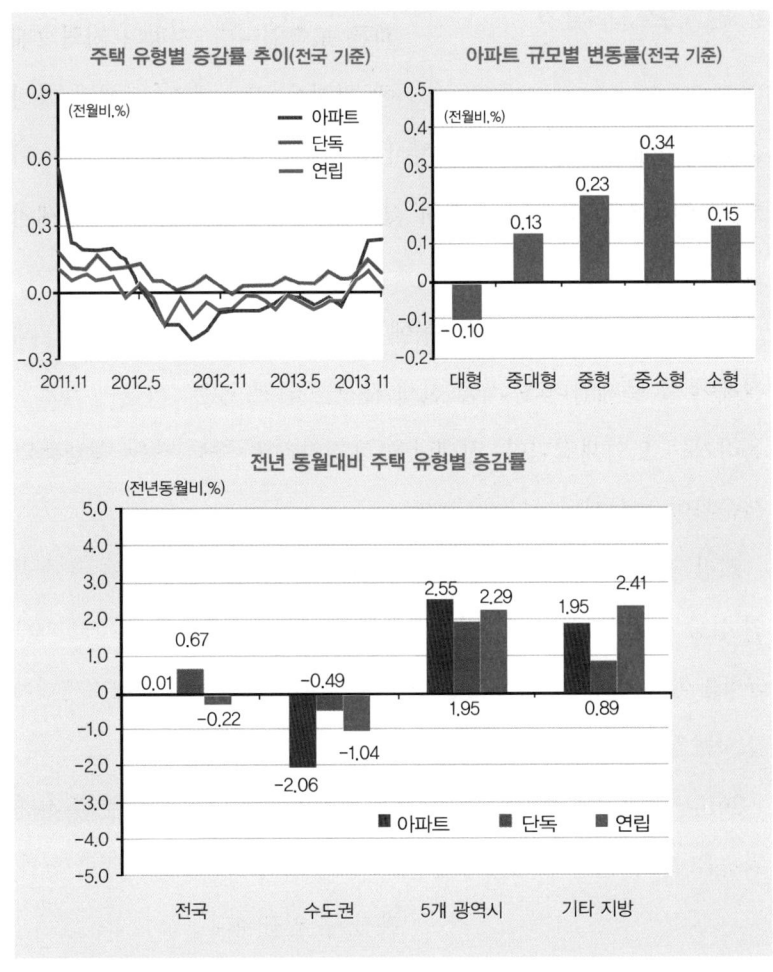

주택 유형별 증감률 추이(전국 기준)

(전월비,%)

— 아파트
— 단독
— 연립

아파트 규모별 변동률(전국 기준)

(전월비,%)

0.34
0.23
0.13
0.15
-0.10

대형 중대형 중형 중소형 소형

전년 동월대비 주택 유형별 증감률

(전년동월비,%)

전국 수도권 5개 광역시 기타 지방

■ 아파트 ■ 단독 ■ 연립

산·경남은 상대적으로 안정될 것입니다. 또 2014년 초 주택 거래량은 위축이 불가피해 보입니다.

전세 시장은 수도권의 상승이 가파른 모습입니다. 지방의 거의 2배에 가까운 상승세죠. 전세의 특징은 평형별에서 소형보다 중대형이 더 강세를 보인다는 것입니다. 어쨌든 매매 시장가가 전 형평에 걸쳐 올라가고 있다는 것이 전세의 특징입니다.

전세난의 원인은 수급 불균형에 있습니다. 이것은 가장 시급히 해결해야 할 문제입니다. 지금 전세 자체는 인천, 경기, 서울이 골고루 올라가는 모양새입니다. 전세난을 해결하려면 주택 시장 활성화와 선순환이 우선시되어야 합니다.

시장 전망을 보면 수도권은 거의 바닥을 형성했기 때문에 추가적인 상승 추진력이 나타날 것이고, 서울은 강보합세(매수세와 매도세가 균형을 이뤄 가격이 균형적인 상태보다 더 높은 가격 수준에서 밀고 당기기를 하는 상황) 이상이 예상됩니다.

2014년 1월에는 부동산 부양 정책 자체가 종료되므로 당분간 거래 위축은 불가피할 테지만, 경제 회복이 가시화되면 상승 반전을 기대해볼 수 있습니다.

지방은 그동안 상승세가 높았으므로 둔화 및 안정화 기조를 보일 것입니다. 수도권 전세는 상승 추세를 유지하겠지만 그 폭은 둔화될

수도권 매매 · 전세 가격변동률

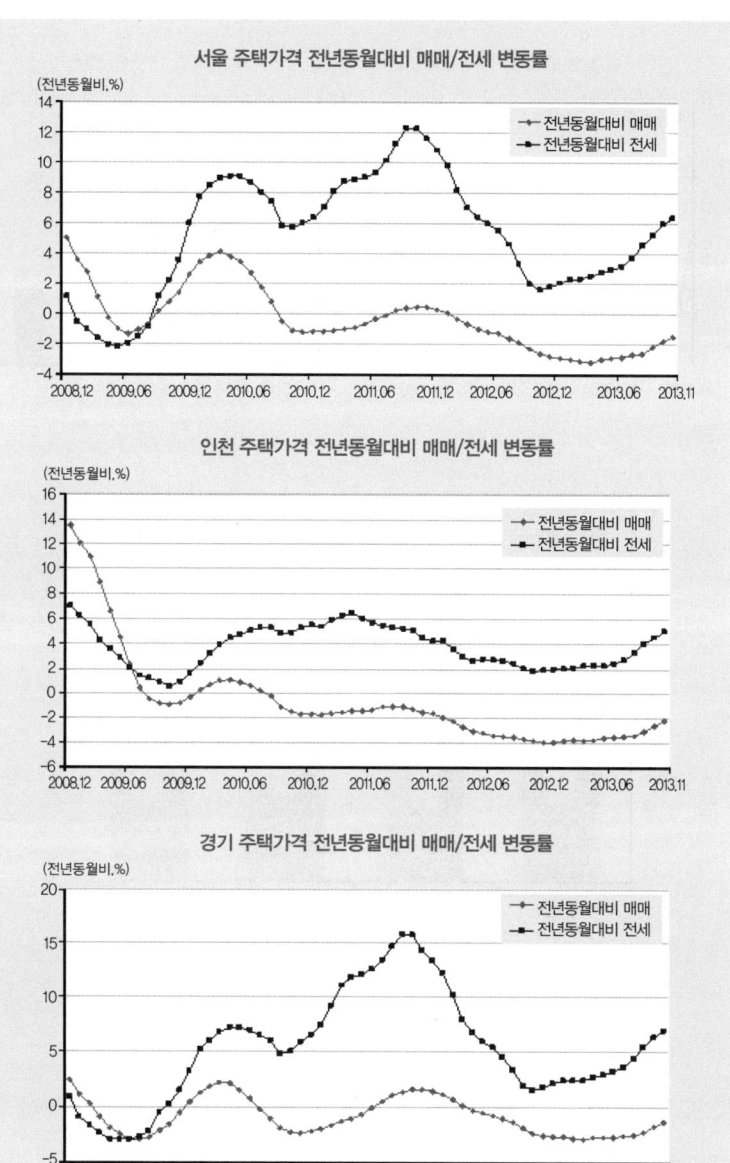

서울 주택가격 전년동월대비 매매/전세 변동률

(전년동월비,%)

범례:
- ◆ 전년동월대비 매매
- ■ 전년동월대비 전세

인천 주택가격 전년동월대비 매매/전세 변동률

(전년동월비,%)

범례:
- ◆ 전년동월대비 매매
- ■ 전년동월대비 전세

경기 주택가격 전년동월대비 매매/전세 변동률

(전년동월비,%)

범례:
- ◆ 전년동월대비 매매
- ■ 전년동월대비 전세

5장 토크배틀 금쪽같은 내 1억, 어디로 가야 하나

전세 시장 동향

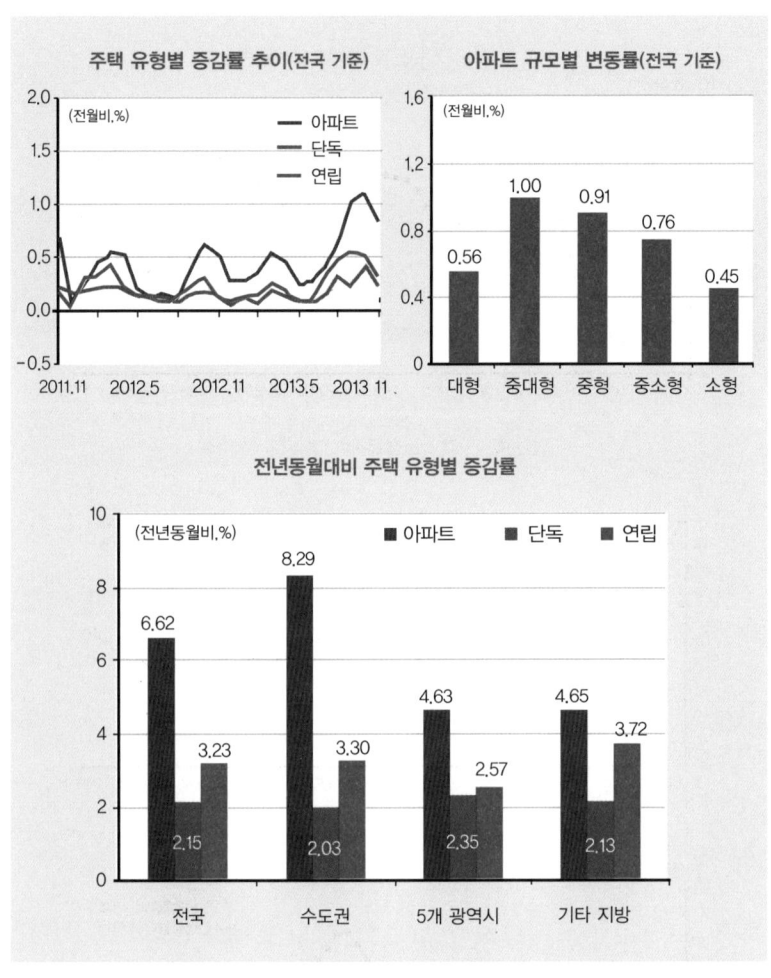

주택 유형별 증감률 추이(전국 기준)

(전월비,%)

— 아파트
— 단독
— 연립

2011.11 2012.5 2012.11 2013.5 2013.11

아파트 규모별 변동률(전국 기준)

(전월비,%)

대형	중대형	중형	중소형	소형
0.56	1.00	0.91	0.76	0.45

전년동월대비 주택 유형별 증감률

(전년동월비,%)   ■ 아파트 ■ 단독 ■ 연립

	전국	수도권	5개 광역시	기타 지방
아파트	6.62	8.29	4.63	4.65
단독	2.15	2.03	2.35	2.13
연립	3.23	3.30	2.57	3.72

것으로 전망됩니다. 지방 전세는 입주 물량이 상당 부분 증가해 안정세가 이어질 것입니다.

2013년 말 현재 관심이 집중되는 곳은 수익형 부동산과 상가 시장입니다. 토지 시장은 어느 정도 한계가 있겠지만 하남이나 세종시 같은 지역의 틈새상품 위주로 상당한 기대치가 예상됩니다.

부동산 시장이 활성화되려면 꼭 DTI 규제가 완화되어야 합니다. 이제는 대형 중·고가 아파트도 30퍼센트 하락 후 가격에 대한 지지 기반이 충분히 형성되었습니다. 아마 실수요자들을 중심으로 관심이 늘어날 것입니다.

전반적으로 2014년 시장은 재건축, 재개발이 핵심이 될 전망입니다. 유동성 집중으로 상가 시장에 대한 관심도도 유지될 것으로 보입니다. 앞으로 트렌드는 공원이나 강 같은 주거환경 프리미엄이 좌우하는 새 아파트 시대가 주도할 것입니다. 오랫동안 인내하며 기다리기보다 당장의 주거 편의를 제공하는 새 아파트 위주의 집중력이 향후 시장을 선도해간다는 얘기입니다.

2014년의 핵심은 재건축, 재개발 시장

●

공원, 강 있는 주거환경 프리미엄이 좌우하는 새 아파트가 대세

재테크, 가늘고 길게 보라

진행자 다음은 박승안 우리은행 투체어스강남센터장께서 '재테크, 가늘고 길게 보라'는 주제로 얘기를 들려드리겠습니다.

박승안　얼마 전, 제가 영유아 보육원에 가서 봉사활동을 했는데 이상하게도 여자아이가 1명도 없더군요. 왜 남자아이만 있느냐고 물었더니 요즘엔 여자아이만 잘 입양된다고 합니다. 남자아이들은 거기에서도 왕따를 당합니다. 세상이 바뀌고 있는 겁니다.

알다시피 1980년대 초반에는 전화기만 있었고 그다음에 삐삐가 나왔지요. 이어 휴대전화가 등장했고요. 2014년 현재 대세는 스마트폰입니다. 앞으로 또 무엇이 어떻게 바뀔지는 아무도 모릅니다. 아마 상상을 초월할 정도로 세상이 바뀔 겁니다. 우리가 알고 있던 세상으로 미래 세상을 판단하면 절대 안 됩니다. 저는 제 아이들에게 왕년의 얘기를 거의 하지 않습니다. 왜냐고요? 제가 알던 세상과 아이들이 알아갈 세상이 다를 것이기 때문입니다.

제 어머니가 80세입니다. 저와 아내는 어머니를 모시면서 아이들을 양육합니다. 그런데 앞으로 20년만 지나도 이러한 구조에 많은 변화가 일어날 것입니다. 지금의 베이비붐 세대처럼 중년 부부가 노부모와 아이들을 부양하며 3대가 함께 사는 풍경도 드물겠지만, 덜 낳고 평균수명은 길어지면서 노인 층 대비 젊은 층 인구가 확 줄어듭니다. 이는 그만큼 젊은 층의 노인 부양 부담이 늘어난다는 의미입니다.

투자에도 많은 변화가 일어나고 있습니다. 그러니까 예전에 우리가 알던 방식으로 투자를 해서는 안 되고, 바뀌는 세상에 맞게 우리가 바뀌어야 합니다.

급변하는 인구 구조

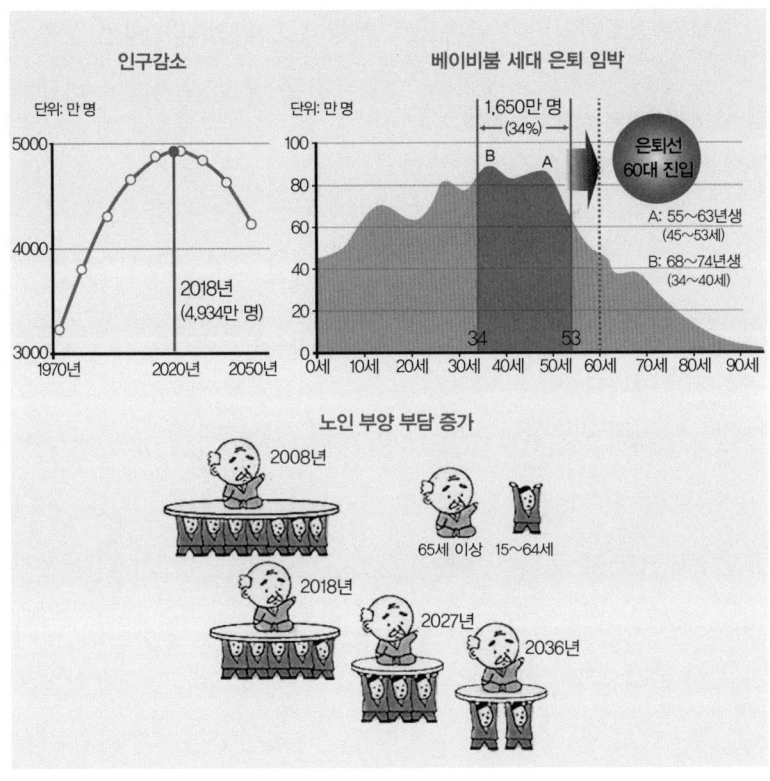

인구감소

단위: 만 명

2018년
(4,934만 명)

베이비붐 세대 은퇴 임박

단위: 만 명

1,650만 명
(34%)

은퇴선
60대 진입

A: 55~63년생
(45~53세)

B: 68~74년생
(34~40세)

노인 부양 부담 증가

2008년

65세 이상   15~64세

2018년

2027년

2036년

또 하나 경제는 원래 좋아졌다 나빠졌다를 반복해야 합니다. 너무 좋아지기만 해도 안 됩니다. 적당히 좋아졌다 나빠졌다를 반복하는 것보다 더 문제가 되는 것은 계속 좋아지는 것입니다. 계속 좋아지면 너무 좋아졌다가 갑자기 뚝 떨어집니다. 그러면 무너지는 사람이 많습니다. 이때 어떤 현상이 생기느냐면 중산층이 서민층이 되고, 서민층이 극빈층이 됩니다.

현재 부익부빈익빈이 급속도로 진행되고 있습니다. 이런 상황에서는 산을 계속 오르다가 나중에 뚝 떨어지는 현상이 발생합니다. 지금부터는 무너지면 안 됩니다. 디폴트(default, 채무불이행)에 빠지면 그 순간 끝장입니다. 서민층에서 절대로 중산층으로 올라오지 못합니다. 그러니 무조건 리스크를 관리해야 합니다.

**덜 낳고 평균수명 길어지는 시대,
투자 방식도 혁신하라**

세계적인 버블을 보니 크게 10년마다 발생했더군요. 87년도 일본의 버블, 97년도 대한민국의 IMF, 2007년도 금융위기. 앞으로 10년 후면 2017년인데 문제는 버블이 생겼다가 꺼지는 정도가 너무 커진다는 데 있습니다. 이 말은 버블이 한번 커졌다 깨지면 무너지는 사람이 더 많아진다는 의미입니다. 부는 더 집중됩니다. 그렇기 때문에 앞으로는 절대 디폴트에 빠지면 안 됩니다.

**87년 일본 버블, 97년 한국 IMF,
2007년 세계 금융위기**
●
**10년마다 발생한 세계적 버블, 디
폴트에 빠지지 않게 무조건 리스
크 관리해야**

이제 우리가 알고 있는 상식은 바뀌고 있습니다. 과거엔 통화가 증가하면 인플레이션이 일어나 물가가 오르고, 물가가 오르면 주식과 부동산이 올랐습니다. 미국이 달러를 마구 찍어내자 이 상식을 떠올린 사람들은 달러 가치가 떨어질 거라고 했습니다. 또 미국이 위기니까 앞으로 중국이 떠오를 거라고 했는데 실제로 그렇게 되었나요? 아닙니다. 오히려 디플레이션 위기라는 말이 나오고 있습니다.

미국이 달러를 마구 찍어냈는데 그게 휴지가 되었습니까? 아니지요.

중국 대세론 무너지고 미국 다시 살아나

오히려 미국은 2013년 말에 사상 최고치의 다우지수를 찍었습니다. 상식은 깨졌습니다. 더구나 미국은 금융위기의 진원지이면서도 살아났습니다. 오히려 지금 문제가 어디에서 발생하고 있습니까? 미국이 아니라 아시아와 중국 쪽입니다. 이제 과거의 상식은 통하지 않습니다.

주식을 잠깐 살펴볼까요?

꼭짓점을 보면 1,000입니다. 그럼 노태우, 김영삼, 김대중, 노무현, MB가 대통령으로 취임할 때는 얼마입니까? 500입니다. 500, 500, 500, 500, 500! 기가 막힙니다. 그런데 2년 만에 얼마가 되었나요? 1,000, 1,000, 1,000, 1,000, 1,000입니다. 주식이 얼마나 쉽습니까? 얼마에 사면 됩니까? 우리는 500에 사면 됩니다. 그런데 우리는 얼마에 샀습니까? 1,000에 샀습니다. 언제 팔았습니까? 500에 팔았습니다. 또 언제 샀죠? 2,000에 샀지요. 언제 팔았습니까? 1,000에 팔았지요.

이건 뭘 의미하느냐 하면 단기적으로 할 경우 백전백패라는 겁니다.

이제 미국을 봅시다.

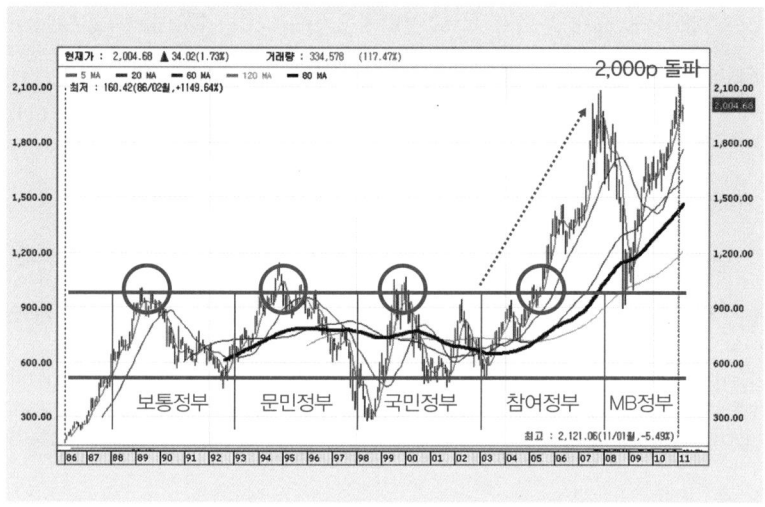

한국 주식 시장 추이

1935년부터 1955년까지 20년간 1,000포인트였습니다. 1970년부터 1990년까지 또 20년간 1,000포인트입니다. 그다음 얼마가 되었습니까? 10,000포인트가 되었습니다. 보다시피 1년을 내다보고 투자를 했다가는 백전백패입니다. 길게 보고 투자해야 합니다.

돈 버는 귀재로 불리는 워런 버핏 잘 아시죠? 대한민국에도 워런 버핏이라는 종목이 있습니다. 어떤 종목이냐고요? 무조건 1등을 하는 업종입니다. 이들 회사의 가격은 인플레이션과 연관됩니다. 가령 보험료와 물가가 오르면 신세계, 이마트도 오릅니다. LG생활건강과 오리온도 마찬가지입니다.

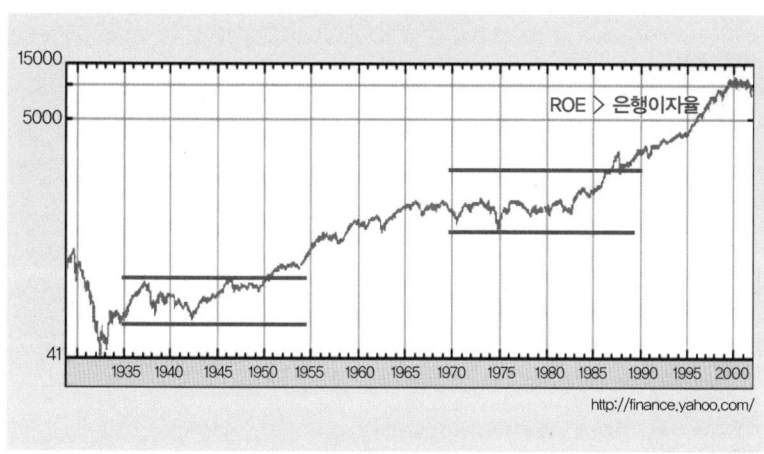

미국 주식 10,000포인트까지

인생 뭐 있습니까? 신세계 1만 원짜리가 77만 원이 되는 것 보십시오. 이 정도인데 강남의 아파트가 뭐가 필요합니까? 하지만 우리는 그런 투자를 못합니다. 우리는 신세계 1만 원에 사서 얼마에 팝니까? 2만 원에 팔면 잘 팔았다고 좋아합니다. 신세계를 1만 원에 사서 77만 원까지 갖고 있는 사람이 대한민국에 얼마나 될까요? 딱 3명 있습니다. 정용진 회장과 그 어머니 그리고 여동생입니다.

오너처럼 장기간 투자해야 돈을 법니다. 내년이 어떻고 후년이 어떻고 하는 전망보다 길게 보고 투자해야 합니다.

일본의 '잃어버린 10년'을 생각해보십시오. 일본인이 바보라서 그런 시절을 겪어낸 것은 아닙니다. 심지어 돈 많은 은퇴자가 금리도

워런 버핏 따라 하기

방법	투자 목적	관련 종목(98년 → 08년)	비중
인플레이션	풍요시대에 함께 풍요를 누리기 위한 투자	삼성화재(18,400원 → 266,000원)	60
		신세계(10,000원 → 775,000원)	
		LG생활건강(12,000원 → 237,000원)	
		오리온(4,300원 → 360,000원)	
경기방어주	심리적 안정 위한 투자 (채권 같은 투자)	한국전력, 한국가스공사, 삼천리	20
경기순환주	경기 확장에서 소외되지 않기 위한 투자	건설주, 중공업주, 증권주	10
경영자주	대박 환상과 신기술의 꿈, 희망에 대한 투자	코스닥, 테마주	10

*인플레이션 및 경기방어주의 경우는 주가 하락 시 자녀 증여나 일정 비율 선물 매도로 이익을 통해 주식 비중 높임.

거의 없는데 예금을 가만히 놔둔 경우도 있습니다. 왜 그랬을까요? 물가와 주가가 떨어지는데 뭐 하러 투자를 합니까? 그냥 지키면 되는 거지. 기다려야 합니다.

가령 여러분이 삼성전자를 100만 원에 샀는데 200만 원이 되었다고 해봅시다. 그럼 여러분은 돈을 번 걸까요? 아닙니다. 그건 단지 평가이익일 뿐입니다. 그걸 팔아서 술을 먹든 집을 사든 해야 내 돈입니다.

1년 내다보고 투자하면 백전백패

제2의 워런 버핏 꿈꾼다면 오너 마인드로 주식 사서 버텨라

'앞으로 시장이 나빠질 것이다',

신세계 주가 차트

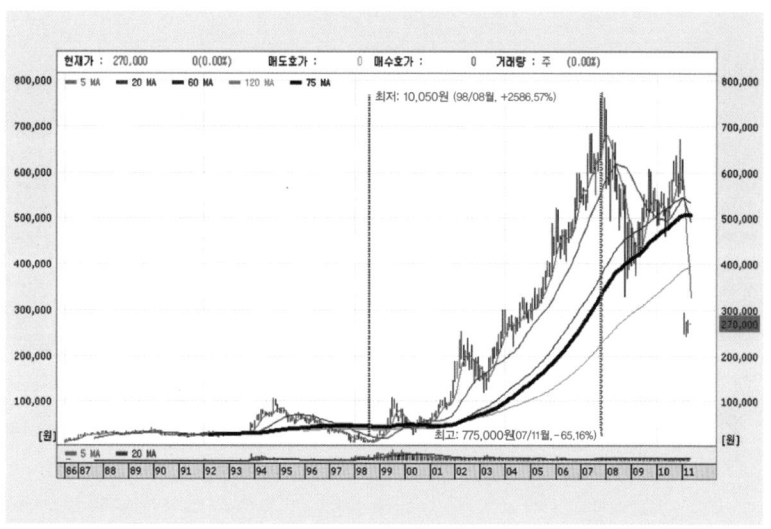

'물가가 빠질 것이다' 하는 상황에서는 어떻게 해야 할까요? 현찰을 갖고 잘 지키는 것이 결국 버는 것입니다. 어딘가에 투자해서 돈을 버는 것만 재테크는 아닙니다. 참고 기다리는 것도 재테크입니다. 1년이 아니라 5년, 10년을 보고 투자하십시오. 장기적으로 갈 수 있는 종목을 선정해 투자하는 게 맞습니다.

늘 마음을 닦으면서 세상을 위해 기도하며 살아가는 스님이나 수녀님, 신부님 들은 표정이 얼마나 밝습니까? 그들에게 돈이 많아서가

> 투자해서 돈을 버는 것만이 재테크라는 생각은 버려야
>
> ●
>
> 현찰을 쥐고 잘 지키는 것도 결국 버는 것

장기적으로 참고 기다리는 전략

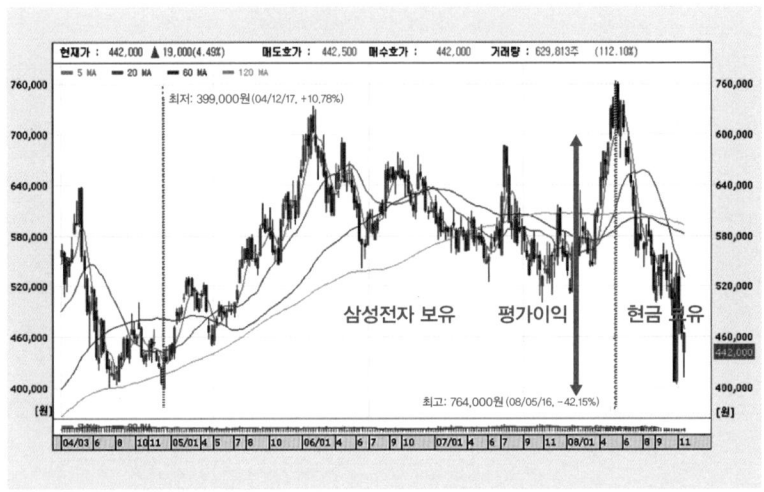

아닙니다. 그들은 돈보다 욕구 컨트롤을 잘하는 것 같습니다. 밝고 행복하게 살아가려면 돈도 많이 벌어야 하지만 욕구 컨트롤을 잘하는 것이 더 중요합니다.

투자, 한눈팔아야 성공한다

진행자　　다음은 백혜진 삼성증권 투자컨설팅팀장입니다. 주제는 한번 한눈팔아보자는 것인데, 도대체 어디에다 한눈을 팔자는 것인지 얘기를 들어보겠습니다.

백혜진 　한번 한눈팔아보자는 것은 우리에게 익숙한 투자에서 벗어나 새로운 투자로 눈을 돌리자는 의미입니다. 그래서 기회를 잡아 수익을 올려보자는 얘기지요.

다음은 2013년 금융투자협회에서 발표한 내용입니다.

우리나라 가계에서 부동산이 차지하는 비중은 여전히 높습니다. 무려 55퍼센트입니다. 금융자산은 41퍼센트인데 이 중 예금, 적금, 보험, 연금 등 금리형 상품에 62퍼센트가 투자돼 있습니다. 주식과 펀드는 36퍼센트밖에 안 되지요. 36퍼센트밖에 되지 않는 주식형 펀드 중 전 세계 시가총액을 100으로 놓았을 때 우리나라의 시가총액은 2퍼센트에 불과합니다. 그 2퍼센트에 72퍼센트를 투자하고 있는 거지요. 한마디로 수익이 날 수 있는 수많은 투자처 중에서 우리나라에만 집중하고 있는 겁니다.

국내 가계자산 중 부동산 비중 55퍼센트

●

41퍼센트의 금융자산 중 주식과 펀드는 36퍼센트에 불과, 그마저도 국내에 집중

그럼 우리나라에 집중해서 잘 분산투자한 결과가 2013년에 어떠했는지 살펴보겠습니다.

먼저 주택가격입니다. 2000년대 초반부터 현재까지 두 차례의 랠리를 겪은 이후 계속 답보 상태에 있습니다. 우리나라는 주택 시장 부양을 위해 1년에 두 번 이상 여러 정책을 내놓고 있지만 주택가격은 오르지 않았습니다. 그 이유는 무엇일까요?

가계자산의 부동산 경향

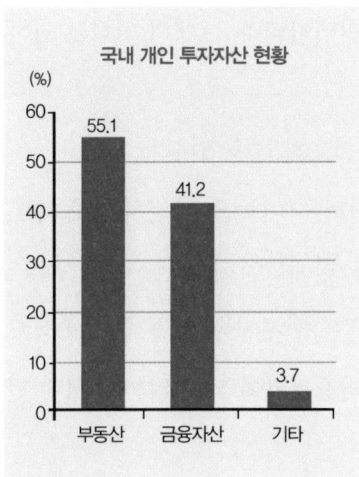

국내 개인 투자자산 현황

(%)
- 부동산: 55.1
- 금융자산: 41.2
- 기타: 3.7

금융자산의 예·적금 경향

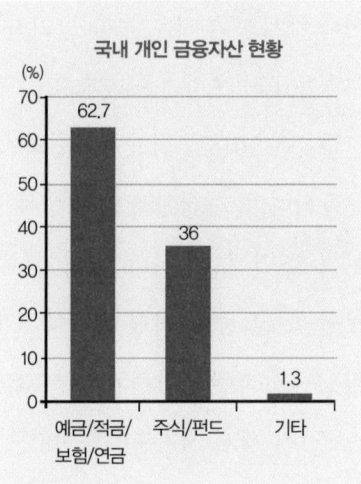

국내 개인 금융자산 현황

(%)
- 예금/적금/보험/연금: 62.7
- 주식/펀드: 36
- 기타: 1.3

투자자산의 국내주식 경향

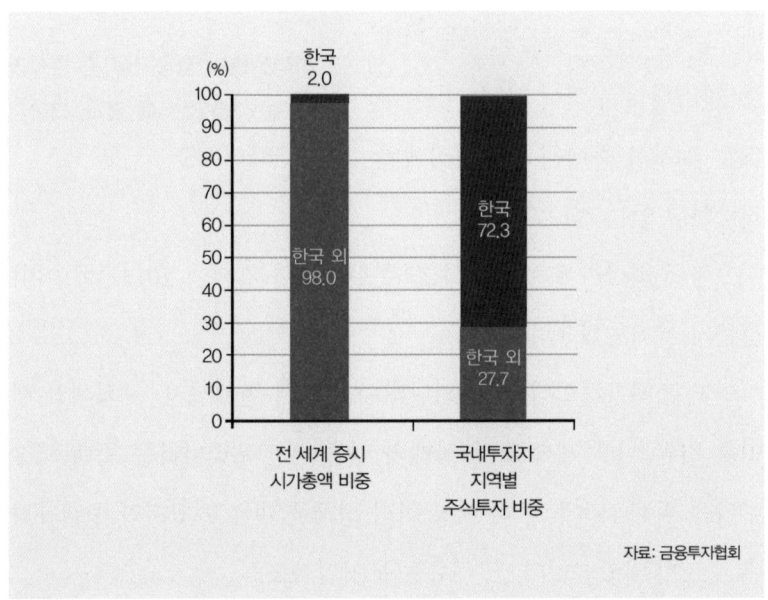

(%)

전 세계 증시 시가총액 비중
- 한국: 2.0
- 한국 외: 98.0

국내투자자 지역별 주식투자 비중
- 한국: 72.3
- 한국 외: 27.7

자료: 금융투자협회

주택 매매가격 증감 추이

실질금리 추이

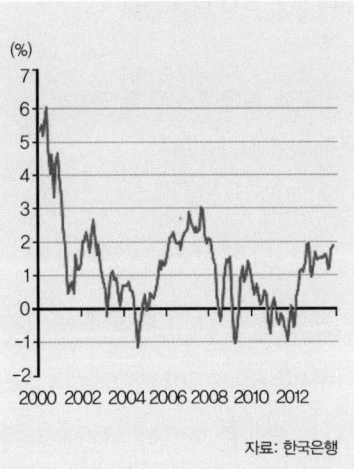

자료: KB금융 부동산

자료: 한국은행

주가 추이

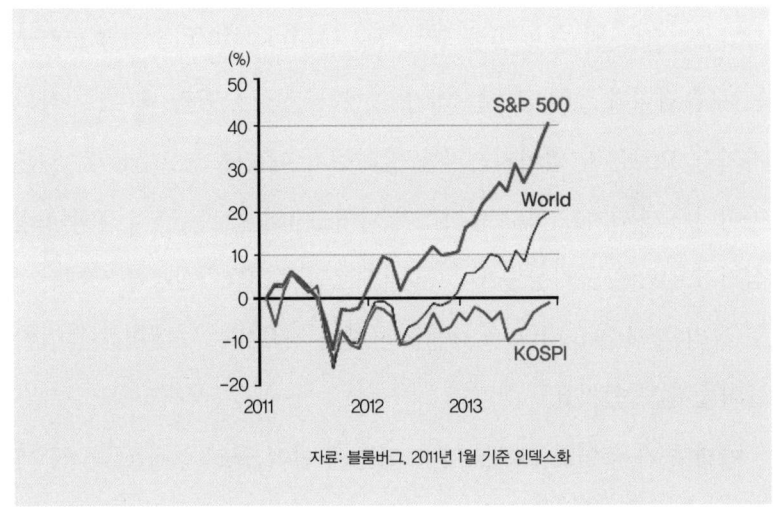

자료: 블룸버그, 2011년 1월 기준 인덱스화

일본의 경우 91년도에 주택을 구입할 수 있는 노동인구가 줄어들면서 잃어버린 10년을 맞았고, 그때 주택가격이 폭락했습니다. 미국은 2007년도 서브 프라임 모기지 이후 주택가격 폭락을 겪었지요. 미국인이 현금을 내지 않고 모기지를 이용해 집을 샀기 때문에 위기가 온 겁니다.

우리나라는 2011년도부터 노동인구가 줄어들고 있습니다. 그러다 보니 주택에 투자한 사람들은 별로 재미를 못 봤을 거고요, 앞으로도 그건 쉽지 않을 겁니다.

그럼 실질금리를 봅시다. 실질금리란 정기예금 금리에서 소비자물가상승률을 뺀 것을 말합니다. 그냥 금리만 보면 단순히 우하향하는 모습입니다. 실질금리는 내가 열심히 돈을 모았을 때 그 자산의 가치가 오르는지 떨어지는지를 말해주기 때문에 중요합니다. 때론 마이너스가 되기도 하고 플러스가 되어도 3퍼센트를 넘지 못합니다. 심지어 지금은 물가상승률이 0.9퍼센트인 초저물가상승률 시대인데도 그리 높지 않습니다. 정기예금만 했을 경우에는 구매력 가능성이 줄어들 수도 있지요.

이제 주가 추이를 보겠습니다. 가운데 선이 월드 인덱스, 즉 전 세계 주식 시장 지표입니다. 전 세계 주가지수가 어떻게 움직였는지 2011년도부터 지금까지 보여주고 있습니다. 우리나라의 종합주가지

수인 코스피는 계속 박스권에서 움직였습니다. 올라가는 것 같다가 다시 제자리에 와 있고, 또 떨어지는 것 같았는데 많이 떨어지지는 않고 다시 올라가는 상황이 반복됐다는 얘깁니다. 2013년 초에 투자했는데 연말까지 거의 원금 부근에서 움직였으니 투자자는 아마 재미가 없었을 겁니다.

반면 미국의 주식 시장인 S&P 500 지수는 계속 우상향하는 모습입니다. 만약 2013년에 선진 시장에 투자했다면 국내보다 좀 나은 성적을 거뒀을 겁니다.

미래는 어떨까요? 2014년도 경제 전망은 다음과 같습니다.

2014년 경제 전망

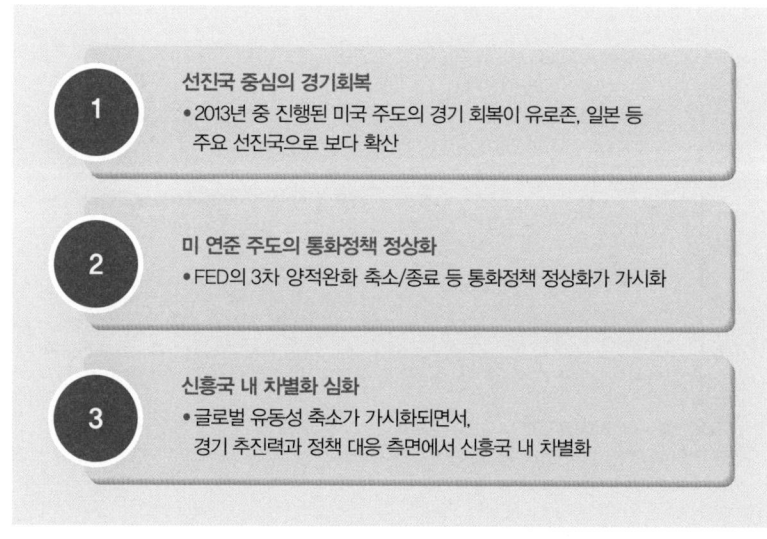

1. 선진국 중심의 경기회복
   • 2013년 중 진행된 미국 주도의 경기 회복이 유로존, 일본 등 주요 선진국으로 보다 확산

2. 미 연준 주도의 통화정책 정상화
   • FED의 3차 양적완화 축소/종료 등 통화정책 정상화가 가시화

3. 신흥국 내 차별화 심화
   • 글로벌 유동성 축소가 가시화되면서, 경기 추진력과 정책 대응 측면에서 신흥국 내 차별화

첫째, 미국 주도의 경기회복이 유로존과 일본, 선진국으로 확산될 것입니다. 또 미국의 통화정책이 정상화될 것입니다. 이미 미국은 2013년 말 양적완화 축소를 발표했습니다. 2014년에는 양적완화 중단과 더 많은 출구 전략을 실시할 것으로 예상됩니다.

이러한 미국의 유동성 회수 여파는 성장성에 대한 기대감으로 투자한 신흥국에서 가장 먼저 일어날 것입니다. 인도, 인도네시아, 브라질, 남아공, 터키 같은 나라에서 주가가 떨어지고 채권 시장도 악화될 뿐 아니라 환율도 불리해질 것입니다. 반면 한국은 대만과 마찬가지로 신흥국에 속하기는 하지만 경상수지 흑자국입니다. 두 나

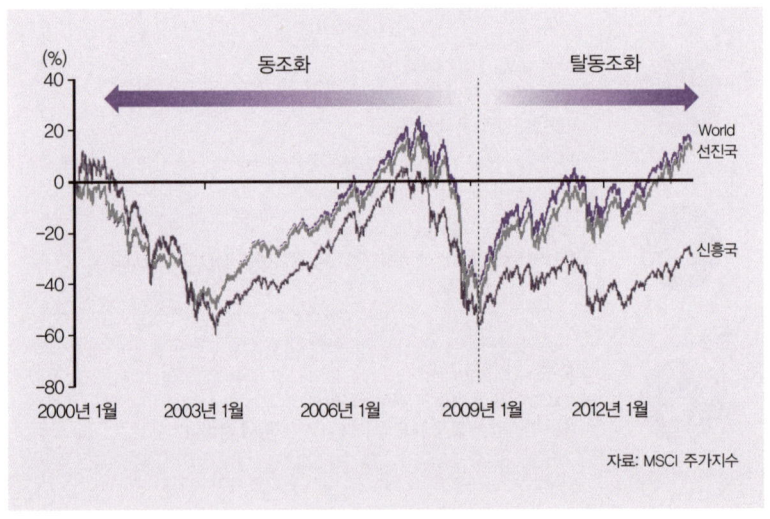

금융위기 이후 탈동조화 현상 심화

자료: MSCI 주가지수

라에서는 외국인이 급속도로 이탈하지는 않을 것으로 보입니다.

다음은 2000년대 초반부터의 전 세계 주가 그래프입니다.

지난 2003년부터 2008년도까지 펀드 붐이 일었는데 그때는 신흥국에 투자하든 선진국에 투자하든 별다른 차이가 없었습니다. 즉, 한국 주식 시장에 투자하든 중국 주식 시장에 투자하든 아니면 중동이나 아프리카에 들어가든 성공하던 그런 시대였습니다.

그런데 금융위기 이후 선진국과 신흥국 사이에 주식 시장 상승의 갭이 극명하게 드러나고 있습니다. 일단 미국을 봅시다. 아무리 미국 기업의 경기가 좋지 않다고 해도 구글은 안드로이드 체제로 우리의 손 안에 있습니다. 스타벅스 역시 전 세계가 마십니다. 글로벌회사 덕분에 미국은 기업 이익이 최고치에 달합니다. 선진국에 투자한다는 것은 곧 선진국의 글로벌회사를 의미합니다.

국내 지향 쏠림 투자에서 벗어나 자금을 선진국에도 투자하라

●

보수적이라면 롱숏 펀드, 공격적이라면 액티브 펀드 추천

이제 투자를 한다면 국내 지향의 쏠림에서 벗어나 자금을 선진국으로 옮길 것을 권합니다. 물론 성향이 보수적이거나 은퇴해서 원금 보장의 필요성이 큰 사람은 조금 보수적으로 투자해야 합니다. 지금 현금흐름이 많고 앞으로 계속 자금을 늘려가고자 하는 젊은 층은 더 공격적으로 투자해도 좋습니다.

성향이 보수적이라면 한국의 롱숏 펀드(주가가 오를 만한 주식은 매수하고[long] 주가가 내릴 만한 주식은 공매도[short]해서 차익을 남기는 펀드. 개별주가가 상승하는 경우와 하락하는 경우를 모두 가정해서 투자한다)도 고려해보십시오. 이것은 주식을 사기만 하는 것이 아니라 주식을 사는 동시에 팔아서 남는 차액만큼 계속 누적됩니다. 즉, 채권 같이 투자할 수 있으면서 안정적인 수익을 얻는 펀드입니다. 롱숏 펀드와 함께 미국에 투자하더라도 미국의 주식에만 투자하는 게 아니라 채권에도 투자하는, 그래서 안정성을 더하는 펀드로 나눠 투자하는 것이 바람직합니다.

보다 공격적인 투자를 원한다면 한국의 주식형 펀드인 액티브 펀드(적극적이고 과감한 운용 전략으로 시장수익률을 초과하는 수익을 추구하는 펀드)를 권합니다. 미국과 유럽에도 주식형 펀드가 있습니다. 미국과 유럽의 주식은 우리나라 증권사에서 직접 살 수 있습니다. 사는 과정이 낯설어서 못 하겠다면 펀드로 투자하는 것도 좋습니다.

집, 산다면 언제 사야 안 떨어질까

진행자   지금 세 전문가께 2014년 각 자산 시장의 전망을 들어봤는데, 솔직히 헷갈리는 부분도 있을 겁니다. 전문가마다 한 분은 보수적으로 다른 한 분은 다소 공격적으로 말했고, 또 부동산 시장은 좋다고 했는데 자산배분 전문가인 다른 두 분은 여기에 대해 어떻게 생각하는지 모호한 부분도 있을 것입니다. 사실 투자자들이 원하는 것은 이것도 괜찮고 저것도 괜찮다는 말이 아닙니다. 부동산을 사라는 건지 말라는 건지, 아니면 어디에 투자를 하라는 건지 확실히 듣고 싶은 게 투자자의 마음입니다. 그 마음을 대변해 제가 질문을 하겠습니다. 세 분 중 '나라면 2014년에 부동산을 산다'고 하는 분은 손을 들어보세요(박합수 팀장 손들다).

박합수 당연히 손을 들어야지요. 한국의 부동산 시장은 2013년 말 현재 2006년 말과 2007년 초 대비 고가 대형의 경우 재건축당 30퍼센트가 떨어졌습니다. 소형은 15퍼센트 내외로 떨어졌지요. 소형 아파트는 거의 떨어지지 않았습니다. 그렇다면 시장에서 중대형 하락에 대해 어느 정도 지지기반이 형성되었다고 볼 수 있지요. 소형은 여전히 강세입니다.

2013년 통계청의 가계금융 복지조사 결과를 보면 설문에 답한 사람 중 70퍼센트는 주택가격이 보합세(매수세와 매도세가 균형을 이룸)거나 올라갈 가능성이 크다는 기대치를 갖고 있습니다. 주택가격이 떨어질 만큼 떨어졌다고 본다는 얘기

> 2013년, 2006년 기준 대형 30퍼센트, 소형 15퍼센트 떨어져
> ●
> **집값 떨어질 만큼 떨어졌다**

입니다. 이런 상태에서는 매수를 통한 반등 기대치가 충분히 있다고 할 수 있습니다.

진행자 박승안 센터장님과 백혜진 팀장님은 고객에게 부동산을

사라고 직접 추천하나요?

박승안　실수요자는 부동산 매수를 고려하기도 하지만 최근에 인식이 바뀌고 있는 것 같습니다. 주택 소유에서 주택 이용으로 말이지요. 무슨 얘기냐 하면 제 고객 중에 큰 주상복합 건물을 소유한 사람이 있는데 그가 "내가 1년에 재산세를 3,000만 원 정도 내는데 그걸 왜 내야 합니까? 값이 오르는 것도 아닌데. 3,000만 원이면 그냥 호텔에 가서 1년 동안 편하게 먹고

실수요자 매수로는 부동산 가격 상승에 한계 있어 신중히 접근해야

자는 게 낫지요. 가지고 있을 필요가 없어요"라고 하더군요. 부동산 가격 상승에는 한계가 있습니다. 어느 정도 여유 있는 사람들이 투기 수요를 일으켜야 가격이 상승하는데 상황이 그렇지가 않거든요. 실수요자들의 매수로는 가격 상승에 한계가 있으므로 부동산에 신중히 접근하는 것이 낫다고 봅니다.

백혜진　부동산은 구매한 후 오르지 않으면 손해입니다. 세금이 나오니까요. 제가 함께 일하는 부동산전문가에게 물어보니 상담문의가 매수보다 매도 쪽이 확실히 많다고 하더군요. 매수도 정말로 집이 필요해서 사려고 하는데 얼마로 몇 평까지 살 수 있는지 묻거나 상가 혹은 오피스텔을 구입하려 한다고 합니다. 요즘 베이비부머가 속속 은퇴하면서 생활비를 마련하기

부동산은 구매 후 오르지 않으면 손해, 매수보다 매도 문의 많아

●

은퇴자 노후대비 위한 수익형 투자도 수익률 하락세

위해 퇴직금이나 모아놓은 돈으로 월세 용도의 오피스텔을 사려고 하는 거지요. 혹시 구입할 만한 것이 있어서 권한 적이 있느냐고 묻자 상담을 하다 보면 거의 다 지금은 사지 않는 게 좋겠다는 결론이 난다고 합니다.

오피스텔과 상가는 전문적인 영역이라 잘 모르고 투자했다가 나중에 낭패를 보는 일도 많고, 실제로 오피스텔은 지금 수익률이 많이 떨어진 상태입니다. 자칫하면 공급 과잉으로 공실이 날 수도 있지요. 이 경우 관리비까지 물어야 하므로 은퇴자에게는 고통스런 일이 될 것입니다.

진행자 매수보다 매도하겠다는 투자자가 더 많다는 것은 가격이 더 떨어질 수도 있다는 말이 아닌가요? 그렇다면 박합수 팀장님은 지금이 왜 바닥이라고 하는 것인지 반론을 제기해주세요.

박합수 아까 제가 그래프 상에서 완만한 바닥에서 약간의 삐침 현상이 나타나는 것을 보여드렸는데, 그게 주택 시장 얘기입니다. 저는 2013년으로 부동산 상담을 11년째 하고 있습니다. 매년 수천 명의 상품을 다뤄왔지요. 사실 지금은 매수자가 매도자보다 2배 정도 많습니다. 제가 상담한 열 건 중 일곱 건은 매수 상담입니다. 그중에는 주택도 있고 상가나 토지도 있습니다. 토지에 대한 매수는 크지 않지만 상가 쪽은 매수세가 크게

2013년 말 현재, 매수자가 매도자보다 2배 많아

●

시장에 넘치는 유동성을 부동산 방향으로 틀기 위한 전초전

늘고 있습니다. 지금 매수세가 저변에 굉장히 응축되어 있어요. 시장에 넘치는 유동성을 부동산 방향으로 틀기 위한 전초전이라고 볼 수 있습니다.

진행자 매수 상담이 구체적으로 아파트입니까, 상가입니까, 오피스텔입니까? 어떤 부동산에 대한 매수 상담이 많이 들어옵니까?

박합수 어느 정도 자금이 있는 경우 아파트 시장에서 재건축에 대한 관심이 상대적으로 높게 나타나고 있습니다. 고점 대비 재건축이, 예를 들면 개포 주공 아파트의 경우 고점 대비 30퍼센트 정도 떨어졌습니다. 개포1단지 17평짜리가 2006년 말 잘나갈 때 13억 6,000만 원이었는데, 지금은 4억 원이 떨어져 9억 원 초반대입니다. 따라서 지금은 실수요 플러스알파 정도의 기대치가 나올 수 있는 상황입니다. 중산층을 중심으로 관심도가 높아지고 있는 추세지요.

매수 상담은 아파트 재건축 시장이 상대적으로 높아
●
아파트 매수자 중 절반은 생애 최초자

지금 시장에서 아파트를 매수하는 사람 중 절반은 생애 최초자입니다. 열 건이 거래되면 생애 최초자가 다섯 건입니다. 나머지 절반은 생애 첫 거래가 아니라 두 번째, 세 번째 사는 사람입니다. 그만큼 관심도는 더 높아질 겁니다.

박승안 가격을 생각할 때 고점 대비 지금이라 생각하지 말고 저점 대비 지금이 얼마인지 생각해야 합니다.

우리는 항상 '이만큼 비쌌는데 이만큼 떨어졌다'고 말합니다. 그건 그만한 수요 공급 때문에 떨어진 건데 떨어진 30퍼센트만큼 올라가는 걸 원상회복으로 보다니요. 아닐 수 있습니다. 지금이 저점 대비 정상가격일 수도 있는 거지요.

또 한 가지 주의해야 할 것은 '빚의 전이'입니다. 예전에 부자들이 집을 사서 집값이 오를 때 이익을 봤는데, 그들이 지금 팔고 있어요. 중산층도 집을 사서 어느 정도 이익을 봤지요. 지금 가장 고통받는 사람들이 40대입니다. 40대가 2007년, 2008년처럼 가장 비쌀 때 다시 말해 30대 후반에 대출받아 집을 사서 물려 있지요. 어찌 보면 이들은 예전에 집을 판 사람의 빚을 대신 받아서 지금 빚쟁이가 된 셈입니다. 아까 말한 50퍼센트가 생애 최초자라면 그들 역시 빚을 지는 겁니다.

전세가가 오른다는 것은 전세를 사는 사람들의 빚이 또 늘어난다는 것을 의미하지요. 어떻게 보면 부자들이 졌던 빚이 점점 아래로 내려가는 현상 같습니다. 요즘 재벌들이 땅 투기합니까? 절대 하지 않습니다. 부동산이 오르면 현찰이 남아도는 재벌이 땅을 사야 하는 게 맞지 않나요? 그런데 그들은 절대 사지 않습니다. 왜 그럴까요? 그만큼 그들은 뭔가를 예측하고 있기 때문입니다. 부동산이 좋다 나쁘다

부동산 가격, 고점 대비 원상회복 아닌 저점 대비 정상가격으로 봐야 할 수도

●

필요한 사람은 사되 투자 목적은 신중히 하라

를 떠나 실제로 필요한 사람은 사는 게 맞습니다. 그러나 투자 목적으로 사는 것은 옛날과 달리 신중하게 따져봐야 합니다.

<mark>진행자</mark>　박합수 팀장님, 부동산 투자수익률은 예전에 비해 확실히 기대치를 낮춰야 하지 않나요?

<mark>박합수</mark>　기대수익률을 너무 높게 잡는 건 아닌지요. 아까 제가 30퍼센트 떨어졌다고 했는데, 그것이 다시 올라가 원점을 회복하려면 사실 50퍼센트는 올라가야 합니다. 13억 원, 14억 원대가 9억 원이 되었으면 30퍼센트를 회복하는 게 아니라 50퍼센트가 올라야 종전 가격을 회복합니다. 그런데 종전 가격 50퍼센트를 기대하는 게 아니라 지금 투자하는 관점에서 20~30퍼센트, 즉 9억 원짜리가 11억 원, 12억 원이 되는 정도를 기대하면 무리가 없다는 겁니다.

9억 짜리가 11억, 12억이 되길 기대하기엔 무리 없는 타이밍
●
시장 자체가 오른다는 기대보다 틈새를 노려라

큰 방향에서 보면 수요와 공급 측면에서 수도권에 공급이 부족해지는 것은 확연히 예고된 상황입니다. 서울에서는 재건축, 재개발이 아니면 더 이상 주택을 공급할 여지가 없습니다. 당장 개포 주공이나 가락 시영 등의 재건축이 본격적으로 진행되면 이쪽 지역에 전세난이 파급될 확률이 높습니다. 그 와중에 매수로 전환하는 수요도 있을 테고, 이때 저가 매입을 노린 투자 수요도 나타날 수 있습니다. 지금은 시장 자체가 올라간다는 기대보다 그 나름대로 저점이라는 지지기반이 형성되어 있으므로 틈새 위주로 관심을 보여도 전혀 무리가 없는 타이밍이라고 봅니다.

보수적 투자 VS 공격적 투자

진행자 사실 부동산은 목돈이 들기 때문에 당장 그 정도의 돈이 없는 사람에게는 거리가 먼 얘기일 뿐입니다. 그럼 부동산을 제외하고 다른 재테크 상품에 대해 얘기를 나눠보죠. 아까 보니 좀 더 공격적으로 투자해야 한다와 보수적으로 투자해야 한다는 의견으로 나뉘던데, 백혜진 팀장님은 왜 더 공격적으로 투자해야 한다고 생각하는지 말씀해주시지요.

백혜진 고객이 투자할 때 제가 가장 중요시하는 것은 고객의 현 상황입니다. 모든 고객이 가장 큰 수익이 날 만한 상품에 투자하는 게 아니고, 같은 3억 원을 가졌어도 40대의 3억 원과 70대의 3억 원은 목표가 다르기 때문이죠. 그래도 변치 않는 사실은 물가상승률을 뛰어넘는 투자를 해야 자산이 증가한다는 것입니다. 대표적인 안전투자로 정기예금, 국채 등이 있는데 심지어 안전하다고 알려진 회사채 등이 2013년에 실망을 안겨줬지요.

2013년 안전하다고 알려진 회사채마저 실망 안겨줘

●

안전한 것이 정말 안전한 것인가 생각해봐야

회사채는 상황이 좋지 않고 국채는 시중금리가 오르면서 평가액이 조금 떨어졌죠. 정기예금은 만기를 연장할 때마다 자꾸 저금리를 적용받고 있습니다. 따라서 안전한 게 정말로 안전한 것인지 잘 생각해봐야 합니다. 자산의 일부를 수익이 날 수 있는 데 투자해 줄어드는 부분을 보완해야 자산이 전반적으로 늘어날 수 있다는 차원에서 말하는 겁니다.

진행자　팀장님은 2014년에 주가가 얼마까지 오를 것으로 전망하나요?

백혜진　제가 다니는 회사에서는 2014년의 주가 전망을 1,950~2,450의 큰 범위로 보고 있습니다. 한국의 주가는 한국 기업의 이익뿐 아니라 글로벌 시장의 변화에서 영향을 받습니다. 미국의 경기 회복을 비롯해 유럽이 좋아지면, 또 중국이 유럽에 수출을 많이 해서 좋아지면 그 영향을 받아 한국도 스스로의 힘보다 더 나은 모습을 보일 수 있지요. 외국인이 한국에 투자할 때 중요하게 보는 것 중 하나가 중국의 경기입니다. 지리적으로 가까워 영향을 많이 받기 때문입니다.

2014년 주가 1,950~2,450의 큰 범위로 전망
●
미국, 유럽, 중국의 동반 경기회복으로 한국도 영향받을 것

　만약 중국이 유럽의 영향으로 아주 나빠지지 않는다면 한국은 그 정도까지 상승할 수 있다고 봅니다. 더 중요한 것은 한국이 2,450까

지 오를 수 있다면 지금 투자해서 얼마를 갖겠다고 시야를 좁히지 말고 더 오를 만한, 더 성장 추진력이 있을 만한 쪽에 투자하는 게 바람직하다는 점입니다. 그 대안으로 미국과 유럽을 추천하는 바입니다.

진행자　박승안 센터장님은 2014년의 주식투자에 대해 어떻게 전망하고 계세요?

박승안　죄송하지만 저는 금융위기 이후 전문가 노릇을 그만두기로 했습니다. 예측이 하나도 맞지 않아 그냥 시장의 흐름에 편승하기로 했습니다. 저도 금융기관에 종사한 지 꽤 되었지만 금융기관은 시장을 나쁘게 보는 경우가 거의 없습니다. 시장이 좋다고 해야 사람들이 시장을 떠나지 않기 때문입니다. 단, 부동산과 금융 중 하나를 선택하라면 부동하는 자산에서 유동하는 자산으로 옮기는 것이 유리하다고 봅니다. 부동산은 말 그대로 움직이지 않는 자산입니다.

부동산과 금융 중 하나 선택하라면 금융 선택, 문제는 포트폴리오

문제는 포트폴리오를 어떻게 짜느냐인데, 금융기관은 대개 펀드를 추천하고 그때 주로 수익률만 얘기합니다. 기대수익률이 있다는 것은 그만큼 기대손실률도 있다는 의미입니다. 현재 예금금리가 나쁘긴 하지만 예금은 손실이 나지 않습니다.

제가 보기에 지금은 재산을 크게 불릴 타이밍은 결코 아닙니다. 그보다는 재산을 지킬 타이밍입니다. 옛날 신문을 한번 보세요. 금융위

지금은 재산을 불릴 타이밍이 아닌 지킬 타이밍

●

문제가 생기더라도 부도나지 않을 정도의 상품에만 투자하라

기 때 우리는 큰일 났다고 난리였지만 워런 버핏 같은 사람은 과감하게 지갑을 열었습니다. 좀 참았다가 위기가 왔을 때 일부에 들어가는 게 맞지, 지금처럼 오른다 내린다 하며 반복적인 얘기가 많을 때 들어가 봐야 은행금리보다 1~2퍼센트 혹은 3~4퍼센트 높을 뿐입니다. 대신 4~5퍼센트의 손실이 날 수 있는 리스크를 안고 들어가야 합니다.

결론적으로 저는 일부 투자 상품에 들어가는 게 옳다고 봅니다. 단, 설령 문제가 생기더라도 절대 부도가 나지 않을 정도의 포션(부분, 몫)이어야 합니다. 아무리 좋아도 많은 부분에 들어가는 것은 절대 반대입니다. 이미 많은 사람이 당해봤을 겁니다. 펀드도 당해봤고 브라질채도 당해보지 않았나요? 또 당하고 싶나요? 당하면 안 됩니다. 누구도 여러분을 책임지지 않습니다. 여러분 스스로 판단해서 리스크를 관리해야 합니다. 지금은 수익률보다 내 재산을 어떻게 관리하고 지킬 것인가에 초점을 맞출 타이밍인 것 같습니다.

진행자 백 팀장님, 지금 주식에 투자해봤자 예금금리보다 1~2퍼센트밖에 못 얻으니 차라리 지키는 전략으로 가라고 하는 박 센터장님의 말씀에 동의하나요? 그럴 바엔 주식투자를 왜 하나요?

백혜진 저는 박 센터장님의 의견에 전적으로 동의합니다. 지금은 지키는 것이 중요합니다. 특히 꼭 지켜야 하는 사람들이 있습니다.

그렇다고 모든 자산을 지키는 투자에만 둘 수는 없고요, 본인이 감당할 수 있는 수준에서 투자를 해야 합니다. 그런 투자를 고려할 때 아

지키되 감당할 수 있는 만큼의 쌓는 투자해야

●

2014년에는 미국과 유럽이 유망

까 말한 대로 미국과 유럽이 유망합니다. 얼마 안 되지만 수입이 지출보다 많은 사람이 있는데, 지금은 그 자산을 불리기에 가장 좋은 기회입니다. 이들에게는 좀 더 수익이 날 수 있는 투자 대안을 주는 게 우리의 의무가 아닌가 합니다. 저는 지키는 투자에 반대하지 않지만 지키는 투자에다 좀 더 쌓는 투자, 즉 내가 감당할 수 있는 만큼 더 하는 것이 좋다고 생각합니다.

또 하나, 이전에는 부동산에 투자하는 이유가 많이 올라서인데 요즘에는 많은 사람이 월세를 목적으로 부동산을 매입합니다. 월세를 받으려고 주택을 사는 사람들이 늘어나면 부동산 시장이 살아나게 됩니다. 그런데 옛날에는 보유 주택이 몇 개 없으면 세금을 내지 않고 그냥 월세를 받을 수 있었지만, 지금은 다르지요. 정부 3.0이라는 시스템이 등장하면서 누가 어디에 월세를 주고 있는지 정부가 거의 다 알고 있습니다. 부동산도 구청에 등록하게 되었고 확정일자 찍는 것도 등록이 됩니다.

이제 더 이상 월세 수입을 세금 없이 가져갈 수는 없습니다. 월세 수입이 연간 100만 원 이상이면 건

월세 수입 위해 부동산 투자할 때는 세금을 반드시 따져봐야

●

절세가 재테크다

강보험료도 따로 내야 하고요. 또 은퇴하기 전에는 국민연금도 내야 합니다. 월 지급액이 필요해서 월세를 고려하는 거라면 금융 상품을 생각해보는 것도 좋습니다. 그러면 절세를 하면서 매달 돈을 받을 수 있습니다. 그런 측면에서 금융 상품이 이전보다 많이 용이해지고 의미가 커졌습니다.

재테크 상품 중 투자 우선순위

진행자   재테크 상품에는 여러 종류가 있지요. 부동산, 주식, 예금, 채권, 원자재 펀드, 해외 브릭스 펀드 등 상당히 많아요. 이 중에서 우선순위를 뽑는다면 박 팀장님은 '그래도 부동산이다'라고 할 수 있나요?

박합수   우선 부동산이 잘되어야 주식과 금융도 잘됩니다. 이게 별도의 시장이 아니고 거의 하나로 통합돼 있습니다. 그 중심은 부동산이지요. 부동산이 잘되어야 여유자금이 생겨 주식에도 가고 금융에 머물기도 합니다. 현재 한국의 주식 시장이 안 되는 이유는 부동산이 침체돼서 그렇습니다. 그만큼 부동산 시장 활성화에 대한 열망이 전체 자산 관리 시장에 모인다고

한국 주식 시장 안 되는 이유는 부동산이 침체됐기 때문

●

부동산이 잘돼야 주식, 금융도 잘된다

볼 수 있지요.

진행자 부동산 시장이 활성화되어야 한다는 것은 알지만 당장 내 부동산의 가치가 떨어지는데, 내 돈이 없어지는데, 어떻게 부동산에 투자를 할 수 있겠습니까.

박합수 더 이상 떨어질 게 없으니까 투자해야 한다는 겁니다. 예를 들어 용산 국제 업무 지구가 무산되면서 용산 시장이 반 토막 났죠. 반 토막 난 용산 시장의 미래를 보고 지금 들어간다면 2016년에 미군이 평택으로 이전할 경우 지금의 용산공원 주위에 73만 평이라는 뉴욕의 센트럴파크에 버금가는 공원이 생깁니다. 대한민국 넘버 1의 조건을 갖춘 최고의 입지지요. 그러니 5년, 10년을 내다보고 투자해야 합니다. 나중에는 늦습니다. 남들이 쉴 때 같이 쉬면 안 되는 게 투자죠. 이제 부동산 시장은 더 이상 떨어지지 않는다는 기대치가 저점에서 받쳐주고 있기 때문에 재건축이든 재개발이든 충분히 관심을 가질 때라고 봅니다.

진행자 그럼 박 센터장님, 우선순위를 꼽아주세요. 부동산을 포함해 부동산, 주식, 각종 상품 중 어떤 순서로 투자해야 하나요?

박승안 저는 예금 쪽에 어느 정도 안전 자산이 있어야 한다고 생각합니다. 이건 제 개인적인 의견인데 자녀가 해외에 나가 있을 경우 달러에 관심을 갖는 것도 좋습니다. 단 2014년에 실수요가 있을 경우로 한정합니다. 실수요 없이 그냥 투자 목적으로 달러에 관심을 갖는 것은 추천하고 싶지 않습니다. 달러 예금 정도는 일부 관심을

예금에 안전 자산 있어야, 2014년 실수요 있다면 달러도 고려
●
3년 이상 묻어둘 생각이라면 롱숏 펀드나 시스템 펀드 추천

갖는 것도 좋다고 생각합니다.

그다음엔 펀드를 추천하는데 롱숏 펀드라는 게 있습니다. 저는 펀드를 많이 팔아봤지만 사실 저는 펀드매니저를 잘 믿지 않습니다. 회사를 옮기지 않고 꾸준히 일하는 사람들이 있는 일부 운용사를 제외하고 펀드매니저가 너무 자주 바뀌기 때문이죠. 이 경우 펀드 관리가 잘 되지 않습니다. 최근에는 펀드매니저가 아닌 시스템적으로 펀드를 사고파는 것도 있습니다. 롱숏 펀드나 시스템 펀드에 최소한 3년 이상 묻어둘 생각이라면 일부 자금을 펀드에 넣는 걸 추천합니다. 단 1년을 생각한다면 펀드를 권하고 싶지 않습니다.

백혜진　2013년도에는 주식 시장이 좋았고 채권 시장이 좋지 않았습니다. 이는 미국을 필두로 전 세계가 유동성을 위해 주식과 채권 혹은 원자재를 샀던 것을 회수하는 과정에서 극명하게 드러났습니다. 투기적인 목적으로 샀던 원자재를 먼저 팔아서 금이 가장 많이 떨어졌지요. 금, 은, 구리 가격이 많이 떨어졌어요.

2014년 채권 시장은 금리상승으로 저조할 것, 원자재 시장은 가장 부정적
●
채권에서 회수된 돈은 주식 시장으로 흘러들어 갈 것

그리고 받을 수 있는 이자가 정해져 있는 채권을 먼저 회수했습니다. 그렇게 회수된 돈은 주식 시장으로 많이 흘러들어 갔지요. 이것은

2014년에도 재현될 것으로 보입니다. 제가 주식 시장을 강하게 보는 이유가 여기에 있습니다. 채권 시장은 금리상승으로 2014년에도 좀 저조할 것으로 예상됩니다. 원자재 시장은 가장 부정적으로 보고 있습니다.

은퇴 앞둔 대기업 임원, 5억으로 어디에 투자할까

진행자 재테크 상품에 투자할 때 내가 보수적인 투자자냐, 공격적인 투자자냐 혹은 내 종자돈이 얼마냐에 따라 투자 상품이 다 달라집니다. 구체적으로 내가 은퇴를 앞둔 대기업 임원인데 부동산을 빼고 현금이 5억 원 정도라면 각각 어떤 투자배분 전략을 제시하겠습니까? 특히 박합수 팀장님은 부동산 쪽 전문가니까 5억 원으로 투자할 만한 상품을 알려주세요.

박합수 우선 은퇴를 한다면 당연히 현금흐름이 가장 중요합니다. 만약 약간의 여유가 있을 경우 재건축 시장을 눈여겨보는 것이 좋습니다. 대략 5년을 목표로 한다면 개포 주공이 지금 1만 2,000세대인데 5년 후 1만 5,000세대급으로 입주가 끝날 것입니다. 이것은 결코 먼 미래가 아닙니다. 그 옆의 가락 시영 아파트가 2014년 봄에 착공에 들어가면 2017년에 입주합니다. 둔촌 주공 아파트는 1만 1,000가구로 우리나라에서 가장 큰 단지인데 2018년 안에 착공될 가능성이 큽니다. 강남에서 둔촌 주공이나 가락 시영으로 지하철 9호선이 개통되므로 이들 시장은 거의 강남 아파트화한다고 보면 됩니다. 10년 이상을 내다본다면 압구정에서 또다시 권토중래의 꿈이 실현되지 않을까 예상됩니다.

서울시에서 조사한 재개발 실태 조사에 따라 해제되는 지역의 경우 단독주택 위주로 대지 평수가 큰 것을 매입하는 것도 유효합니다. 이런 지역은 나중에 상가주택이든 원룸이든 충분히 개발할 수 있습니다. 재개발 해제 지역에서 연립다세대의 경우 3억 원짜리가 2억 원으로 떨어졌고 월세 수요가 꾸준하므로 저가에 따른 매력이 충분하다고 봅니다.

이제는 서울시에서 재개발을 더 이상 방치할 수 없을 겁니다. 공공 관리를 통하든 직접 지도를 하든 추진 속도가 빨라질 것이므로 향후 5년 안에 충분히 실현될 수 있습니다. 특히 도심지에 대한 재건축, 재개발에 집중력을 보여도 무리가 없을 겁니다. 단, 10년짜리가 아니라 향후 5년 안에 완성되는 것을 보아야 합니다.

개포 주공, 가락 시영, 둔촌 주공 등 5년 안에 완공되는 재건축 시장 공략해야

●

재개발 해제 지역 대지 평수가 넓은 단독주택도 유효

진행자 네. 재개발, 재건축 아파트에 주목해달라는 말씀이군요. 지금 우리가 얘기하려는 게 은퇴를 앞둔 임원이 현금 5억 원을 가진 경우 어떻게 재산을 배분해야 하느냐인데요, 박 센터장님 말씀해주시죠.

박승안 일단은 지키는 것이 제일 중요하다고 생각합니다. 만약 제가 지금 은퇴해서 5억 원이 있다면 20퍼센트는 유동성을 유지하겠습니다. 언제든 쓸 수 있도록 20퍼센트는 유동성을 유지하고 30퍼센트는 1년짜리 정기예금을 하겠습니다. 20퍼센트는 최근 매력이 조금 떨어졌지만 ELS(주가연계증권), ELD(주가지수연동예금)처럼 원금은 보장되면서 은행금리보다 1~2퍼센트, 2~3퍼센트 높은 것에 투자하겠습니다. 이것은 특히 기초자산이 중요한데 개별종목으로 하면 절대 안 됩니다. 지수형 상품에 가입하는 게 맞습니다. 나머지 20퍼센트는 롱숏 펀드나 시스템적으로 매

90퍼센트는 안전하게, 10퍼센트만 과감한 주식투자

매되는 펀드에 넣겠습니다. 그리고 마지막 10퍼센트는 없어져도 괜찮다 보고 과감하게 증권사 추천종목 등 주식을 직접 매매해보겠습니다. 너무 안전만 추구하면 심심하니까요.

진행자 백 팀장님도 이야기해주시죠.

백혜진 자산을 관리하는 기본적인 이유는 자신이 갖고 있는 것으로 더 행복하게 살기 위해서입니다. 아무리 돈이 많아도 당장 돈을 쓸 수 없는 부동산에만 집중돼 있으면 골프도 칠 수 없고 여행도 갈 수 없을 겁니다. 저는 자산 관리 목표로 '내 돈으로 가장 행복하게 살아가기'를 추구합니다.

이전에는 자산 설계를 할 때 은퇴 전에 100을 썼다면 은퇴 이후에는 50으로 설계했는데, 요즘에 컨퍼런스 같은 곳에 가보면 은퇴한

직후 오히려 은퇴하기 전보다 생활비가 더 든다고 합니다. 기업 임원들이 회사에서 제공받던 여러 혜택을 자기 돈으로 해결해야 하기 때문이지요. 은퇴 이후 5년 정도는 더 많은 생활비가 들어가므로 현금흐름을 충분히 살려야 합니다. 현금흐름이 있다는 것은 매월 얼마씩 나오는 것을 말합니다. 이런 금융 상품에 투자하면 이자를 생활비로 쓸 수 있고 리스크도 줄일 수 있습니다.

상품은 자신의 투자 성향에 따라 고르면 됩니다. 가령 국공채에 투자하는 상품은 5년간 매달 월급을 주고 5년 후 원금을 줍니다. 이 경우 정기예금 2.6퍼센트보다 높은 3.48퍼센트가 나옵니다. 세금도 정기예금보다 낮고요. 3.5퍼센트가 낮다고 생각한다면 좀 더 높은 수익률이 나는 상품을 선택할 수 있습니다. 예를 들면 ELS랩이 있습니다. ELS의 가장 큰 리스크는 기초자산이 너무 많이 떨어졌을 때 원금 손실이 날 수 있다는 겁니다. 이에 따라 기초자산을 전문가가 골라주는 ELS랩이 있습니다. 이 ELS랩에서도 월 지급식을 선택하면 매달 생활비를 받으면서 어느 정도 리스크를 분산할 수 있습니다. 이 투자를 선택하면 연 9퍼센트 정도 수익이 납니다.

은퇴 후 5년간 생활비 더 많이 들어, 현금흐름 충분히 살려야

●

매월 생활비 나오는 국공채 투자 상품이나 ELS랩 추천

10억 있다면 어떻게 자산 배분할까

진행자　지금까지 현금 5억 원을 갖고 있는 사례를 들어 얘기했는데, 각각 갖고 있는 자산이나 연령대가 다르기 때문에 개별적으로 상담을 받지 않는 한 그저 공허한 소리로 들릴 수도 있습니다. 그럼 금액을 좀 더 올려보겠습니다. 내가 만약 은퇴를 앞둔 대기업 임원인데 자산이 10억 원이라면 어떻게 자산배분을 해야 하는지, 어떤 부동산에 투자해야 하고 또 비중을 더 둬야 하는지 말씀해주십시오.

박합수　10억 원을 어떻게 활용하느냐에 따라 은퇴 후의 생활이 완전히 달라질 것 같습니다. 은퇴 후에는 대개 상가 투자, 수익형 부동산 투자에 관심이 많습니다. 수익형 부동산이나 상가 투자에서 가장 중요한 것은 세입자 관리입니다. 요즘엔 세입자의 관상을 잘 봐야 합니다. 그 사람이 월세를 잘 줄 것인지 말입니다. 그렇지 않으면 세를 받으려다 오히려 낭패를 볼 수 있습니다. 그런 관점에서 금융기관이나 대기업 프랜차이즈 위주의 구분 상가 투자가 유리하다고 봅니다.

가령 서울 수도권에서 국민은행이 세를 들어가는 건물의 주인이 됐다고 해봅시다. 그 상가의 분양가가 20억 원이라면 은행이 보증금 10억 원에 월세 600만 원을 낸다고 했을 때 10억 원을 투자해 연 7퍼센트 이상의 수익을 올릴 수 있습니다. 만약 5년 계약을 하면 3년간 고정이고 4년, 5년차에는 물가상승률만큼 인상하게 됩니다. 세입자

금융기관이나 대기업, 프랜차이즈가 입주한 상가 건물 혹은 점포 겸용 주택 추천

가 금융기관, 대기업, 프랜차이즈 위주인 상가 투자는 세입자 관리 스트레스에서 벗어날 수 있어 안정적입니다.

다음은 상가 점포 겸용 주택입니다. 1층에 상가, 2층에 원룸 내지는 본인이 거주하는 상가 겸용 주택은 내 거주도 해결하고 관리도 직접 할 수 있습니다. 10억 원으로 노후대비를 한다면 점포 겸용 주택 투자에 관심을 기울여도 좋습니다. 신도시의 점포 겸용 택지에 대한 관심이 높아지는 것은 이러한 상황을 반영한 결과입니다. 안정적으로 월세 500만 원을 벌 수 있다면 10억 원으로 무리 없는 투자라고 할 수 있습니다.

박승안   10억 원을 몽땅 금융자산에 투자하는 것은 반대합니다. 5억 원보다 금액이 크므로 부동산과 관련된 부분을 고민해볼 필요가 있습니다. 이때 절대로 서두르면 안 됩니다. 수십 번도 더 발품을 팔아가며 직접 봐야 하고 전문가가 아무리 좋게 얘기해도 직접 확인해야 합니다. 아침에 가서 사람들이 얼마나 다니는지 또 저녁에 가서 사람들이 얼마나 다니는지 확인하고, 인근에 실제로 사람이 있는지 알아보면서 최소한 몇 개월 정도는 발품을 팔아야 합니다.

최근 일부 금융기관에서 부동산과 관련된 상품을 많이 내놓고 있습니다. 리츠(REITs: 투자자들에게 투자를 받아 부동산이나 부동산 관련 대출에 투자해 수익을 투자자에게 배당한다) 상품이나 부동산 신탁 상

품이 대표적입니다. 그렇다고 지금 당장 투자하라는 게 아니라 일단 그 상품에 대해 많이 공부해야 합니다. 거기에서 제공하는 기대수익률이 6~7퍼센트인데, 딱 하나 문제가 있습니다. 내가 1대 주주가 아니라서 그 자금을 회수하고 싶을 때 회수할 수 없습니다. 1대 주주가 계속 가고 싶다면 계속 가야 합니다. 만약 장기적으로 투자하려는 자금이라면 부동산 리츠에 둬도 좋습니다.

큰 건물을 개인이 사는 경우는 많지 않습니다. 부동산 리츠에서 구입해 사람들에게 배분하지요. 아직까지는 개인이 아닌 기업에 개방하고 있기 때문에 자금이 된다면 당장 투자하지 않더라도 그 상품에 대해 꾸준히 배우십시오.

5억은 발품 팔아 안정적 수익 보장되는 부동산 투자, 나머지 5억은 금융 상품에

제게 만약 10억 원이 있다면 5억 원 정도는 열심히 발로 뛰어 안정적인 부동산 임대수익을 올릴 투자를 하거나 부동산 리츠와 관련된 상품에 관심을 기울일 겁니다. 나머지 5억 원은 금융 상품에 관심을 갖는 게 어떨까 합니다. 단, 부동산은 절대 서둘면 안 됩니다.

진행자　네, 백 팀장님은요?

백혜진　10억 원을 갖고 은퇴하는 사람은 굉장히 행복한 거죠. 10억 원으로 내 생활 규모에 맞게 얼마나 행복하게 살 수 있느냐가 아마 그 사람의 목표일 겁니다. 시스템을 통해 한국에서 가장 안정적으로 자금을 운용하려면 주식과 채권의 비중이 얼마나 되어야 하는가를 알아보니, 주식이 40퍼센트 채권이 60퍼센트였습니다. 이것이 가장 안정적인 포트폴리오를 구성하는 비율이라는 얘기입니다.

저는 은퇴한 사람에게는 좀 더 보수적으로 투자하길 권합니다. 75퍼센트를 월 지급이 가능한 상품으로 활용했으면 합니다. 국공채를 이용하거나 ELS를 통해 매달 지급받을 수도 있고, 보험사의 연금 상품으로 비과세 혜택을 받을 수도 있습니다.

주식과 채권 비중은 25대 75가 바람직
●
부동산 리츠 등 매달 지급받는 상품 추천

박승안 센터장님이 말한 리츠 상품 중에도 3개월에 한 번씩 배당을 해주는 상품이 있는데, 금융기관에서 파는 리츠 상품은 수익률이 6~8퍼센트입니다. 이 상품을 이용하면 직접 세입자를 관리할 필요가 없고 세금도 금융기관에서 알아서 떼 주기 때문에 편리합니다. 나머지 25퍼센트는 투자형 상품에서 추가수익을 냈으면 좋겠습니다.

40대 직장인, 1억으로 어디에 어떻게 투자할까

진행자 　네. 10분 후 청중께 몇 가지 질의응답을 받을 예정입니다. 그전에 사례 하나만 더 보겠습니다. 솔직히 5억 원이나 10억 원은 부자들의 얘기잖아요. 일반 중산층을 기준으로 내가 40대 직장인인데 현금 1억 원을 갖고 있다면 부동산에서 1억 원으로 투자할 만한 곳이 있을까요?

박합수　1억 원을 들고 부동산에 투자한다고 하면 일단 웃지요. 그런 게 있을까 하는 의문도 들고요. 그런데 확실히 있습니다. 현재 소형 아파트에 대한 관심이 굉장히 높아 가격이 많이 올라간다고 하지 않았습니까? 그런 소형 아파트 중 상대적으로 저평가된 지역이 아직 많이 있습니다.

제가 며칠 전에 김포 한강 신도시를 다녀왔는데, 이곳이 미분양 문제 등으로 많은 어려움을 겪고 있습니다. 한번 냉철하게 생각해봅시다. 2018년에 도시 철도가 개통되고 현재 25평짜리가 2억 2,000만 원입니다. 전세가는 1억 5,000만 원이고요. 그럼 전세금을 제외한 7,000만 원만 있으면 25평짜리 아파트를 소유할 수 있죠. 전에 만난 어떤 고객은 수원 영통에 20평대 아파트를 1억 7,000만 원에 샀는데, 그 아파트가 지금 전세가 2억 원이라고 합니다. 아직 이런 틈새시장이 남아 있습니다.

그다음은 소형 상가 투자입니다. 경매를 통한 상가 접근은 충분히 가능합니다. 1억 원으로 역세권에 있는 소형 상가에 투자하는 것도 무리가 없을 겁니다. 2013년 말 현재 투자수익률이 가장 높은 수익형 부동산은 지식산업센터, 즉 아파트

1억 들고 투자 가능한 부동산 분명 존재해

●

저평가된 소형 아파트, 경매 통한 소형 상가 투자 추천

형 공장입니다. 이것도 경매를 통해 접근하면 1억 원대에 가능한 물건이 충분히 있습니다.

진행자 박 센터장님, 1억 원 안팎의 현금을 갖고 있다면 어떤 조언을 해주시겠어요?

박승안 다소 엉뚱할 수도 있지만 제가 40대고 1억 원을 갖고 있다면 그중 20퍼센트는 자기계발에 쓰겠습니다. 투자를 잘해서 돈을 버는 것도 재테크지만 몸값을 올리는 것도 재테크거든요. 몸값 올리기에 가장 중요한 시기가 40대인 것 같습니다. 40대에 20퍼센트 정도, 즉 2,000만 원쯤은 과감하게 투자해 대학원에 가든 다른 공부를 하든 투자하고 싶습니다.

**20퍼센트는 자기계발할 것.
투자도 재테크지만 몸값 올리는
것도 재테크**

●

30퍼센트는 예금이나 보험, 나머지 50퍼센트로 공격적 투자

30퍼센트는 예금이나 보험 쪽을 생각해보겠습니다. 보험은 어릴 때 가입할수록 보험료가 낮아지거든요. 연금보험이나 건강보험처럼 기본적으로 가입해야 할 보험이 있습니다. 보험에 대해 기본적인 세팅을 해놓는 것이 좋습니다.

40대는 실패가 자산이 될 수 있지요. 그런 의미에서 나머지 50퍼센트는 공격적인 투자를 해보는 것도 좋을 듯합니다. 25~30퍼센트는 하나의 펀드보다 다양한 펀드에 가입해 공부하고, 그 나머지는 주식에 투자해 시장을 적극 배우기를 추천합니다.

백혜진 그 1억 원이 누구의 1억 원이냐가 중요합니다. 만약 50대에 1억 원을 갖고 있다면 굉장히 오랜 시간 꾸준히 모은 돈일 확률이 높습니다. 또 50대에도 1억 원이 한순간에 몽땅 필요한 경우가 있습니다. 그 1억 원을 여러 상품, 즉 다섯 개, 여섯 개로 쪼개서 관리하면 돈을 사용하고자 할 때 곤란할 수 있으므로 한 상품으로 배분된 자산배분 펀드를 활용하는 게 좋을 것 같습니다. 시중에 나와 있는 자산배분 펀드는 주식이나 채권의 비중을

주식, 채권 비중 조절할 수 있는 자산배분 펀드 추천

그 안에서 스스로 조절할 수 있습니다. 가령 연세가 많다면 주식이 30퍼센트만 들어간 것을 선택할 수 있지요. 좀 더 젊은 사람은 주식이 60퍼센트까지 포함된 상품을 고를 수 있습니다. 이 상품은 3개월이 지나면 언제든 현금화가 가능해서 대체투자를 할 때 유용하게 활용할 수 있습니다.

3,000만 원으로 대박 나는 방법 없을까

진행자 이쯤에서 돌발 질문을 하나 하겠습니다. '아, 나는 1억 원도 없다' 하는 경우, 그러니까 '나는 3,000만 원밖에 없다' 하는 경우를 생각해봅시다. 솔직히 대한민국 국민에게는 대박 심리가 있지 않습니까? '3,000만 원으로 높은 수익을 올릴 방법이 혹시 없을까?' 하고 궁금해 하는 사람을 위해 대출을 끼고라도 살 만한 부동산이

있는지 혹은 빚을 내서라도 추천할 만한 투자 상품이 있는지 말씀해주세요. 또 3,000만 원으로 좀 더 수익률 높은 곳, 어찌 보면 '몰빵'이라고 할 수도 있는데 확실히 수익을 얻을 수 있는 상품을 추천해주신다면요?

박합수　3,000만 원짜리 투자처를 알려달라고 하니까 갑자기 말문이 막히네요. 3,000만 원과 부동산을 어떻게 연결해야 할지 순간 당황했습니다. 물론 3,000만 원이든 1억 원이든 우리는 레버리지 효과를 기대해볼 수 있습니다. 그 정도 액수면 대출을 활용하는 방법이 더 의미가 있을 것 같습니다.

일단 지금은 금리가 굉장히 낮습니다. 대출을 활용하는 것은 신중해야 하지만 대출이자가 거의 4퍼센트 전후라 잘만 조절하면 효과적일 수 있습니다. 이런 전제 아래 경매 투자에 나서면 가능할 수 있지요. 가령 재개발 시장에서 연립다세대를 노려볼 수 있어요. 만약 2억 원짜리가 유찰돼 64퍼센트까지 떨어지면 1억 2,000만 원이 됩니다. 이 상태에서 대출을 받으면 3,000만 원으로 충분히 살 수 있습니다. 또 전세를 낄 수도 있고요.

저금리 대출 활용해 재개발 시장에서 연립다세대 노려볼 수도

경매로 연립다세대에 3,000만 원을 세 번 반복 투자해서 한 채당 1,000만 원씩 남긴다면, 연간 투자수익률은 100퍼센트가 됩니다. 충분히 가능한 얘기입니다.

진행자　박 센터장님, 돈을 그냥 지키라는 것 외에 3,000만 원을 어디에 투자하는 게 좋을지 구체적으로 말씀해주시기 바랍니다.

박승안   아까 '몰빵'이라고 했나요? 그거 하다가는 곧바로 쪽박입니다. 나이에 따라 제안하는 게 다르겠지만 만약 제게 3,000만 원이 있다면 저는 그걸로 공부하는 셈 치겠습니다. 금융기관에서 추천하는 상품을 내 것으로 갖고 있느냐, 그냥 막연하게 알고만 있느냐는 차원이 다릅니다. 여러분이 어떤 상품에 가입하면 그 상품에 대해 하나라도 더 보게 되고 시장에 대한 관심도 높아집니다. 신경 쓰지 않던 경제신문도 들여다보게 되지요. 저 같으면 금융기관에서 좋다고 하는 상품에 조금씩 가입하면서 공부를 하겠습니다. 큰 수익은 나지 않아도 원금을 지키고 은행금리보다 좀 더 높은 상품을 찾을 수도 있습니다. 만에 하나 원금 손실을 보더라도 여러분의 입장에서는 그게 왜 손실이 났는지, 내가 어떤 부분에서 잘못 판단했는지 배울 수 있기 때문에 몰빵이 아니라 다양한 금융 상품에 골고루 분산투자를 해보는 것이 낫습니다.

금융기관에서 추천하는 상품에 골고루 분산투자

진행자   제가 기대하는 대박 투자 상품은 나오지 않네요. 백 팀장님이 좀 말씀해주시죠

백혜진   사전 미팅할 때 저에게 '혹시 3,000만 원을 까먹어도 된다면 어디에 투자해야 대박이 나겠느냐'고 물었었지요? 그때 제가 뭐라고 대답했는지 기억나나요?

진행자   아, 기억나지 않습니다.

백혜진　그렇군요. 투자와 투기는 분명 구분해야 합니다. 3,000만 원을 몇 배로 늘릴 종목을 찍어 달라고 하면 그건 제 영역을 벗어납니다. 저는 증권사에서 일하지만 대출을 해서 주식에 투자한다면 말립니다. 감내할 수 없는 투자이기 때문이죠. 대출을 받으면 이자도 내야 하니 처음부터 지는 게임에 들어가는 겁니다. 내가 이길 수 있는 게임에 들어가려면 여유가 있어야 합니다. 일단 대출을 받아서 하는 것은 바람직하지 않고요. 또 3,000만 원을 까먹어도 된다고 했지만 그건 위험한 생각입니다. 어느 누구의 돈도 소중하지 않은 돈은 없습니다. 3,000만 원이 6,000만 원이 되면 기분이 좋지만, 3,000만 원이 제로가 되면 굉장히 낙담하게 되지 않나요? 사람이란 얻은 행복보다 잃은 불행에 더 큰 영향을 받지요.

투기적 거래로 뺑튀기를 하는 차원은 아니지만 분명 돈을 2배, 3배 불릴 투자 방법도 있습니다. 그것은 시간의 힘을 빌리는 것입니다. 한곳에 투자해 오랫동안 갖고 있는 거지요. 하지만 개인이 투자자산을 따라가기는 쉽지 않습니다. 주식 시장에 투자하더라도 한 종목에 투자할 경우, 아까 예를 들었듯 신세계가 1만 원에서 77만 원이 되기도 하지만, 어떤 것은 2만 원에 산 것이 아직도 1만 원인 경우도 있습니다. 그래서 전문가에게 맡겨 투자하는 것을 권하는데요, 혹시 펀드

투기가 아닌 투자로 2배, 3배 불리는 법은 시간의 힘을 빌리는 것
●
개인이 하기 힘들 때는 전문가에게 맡겨야

이름을 얘기해도 되나요?

진행자　네, 말씀해주세요.

백혜진　국내 주식형 펀드 중 '10년 투자'라는 이름이 붙은 펀드가 있습니다. 펀드는 보통 3개월만 지나면 언제든 현금화할 수 있는데, 이 펀드는 3년이 지나야 현금화할 수 있습니다. 따라서 3년 이상 묻어둘 자금이 들어오고 3년이 지난 시점에서 수익률이 좋으면 나가지 않습니다. 덕분에 자산이 꼬박꼬박 증가하면서 안정적인 수익을 낼 수 있습니다. 펀드매니저가 가장 두려워하는 것은 한창 자금을 운용하고 있는데 갑자기 돈을 찾아가는 바람에 아무거나 막 팔면서 펀드 수익률이 떨어지는 상황입니다. 이 상품은 그걸 우려할 필요가 없습니다. 대표적인 상품으로 한국 밸류

> **국내 주식형 펀드 중 '10년 투자'라는 이름이 붙은 펀드를 사라**

의 10년 투자 펀드를 권합니다. 한국 밸류의 10년 투자는 전 은행과 금융기관에서 매수할 수 있습니다.

진행자　어차피 투자는 각자의 책임 아래 하는 거지만 저는 가끔 이런 생각을 합니다. 삼성전자가 비싸긴 해도 그것을 단타매매해서 수익을 얻는 것은 어떨까 하는 겁니다. 너무 위험한가요?

박승안　알고 있다시피 개별종목에 대한 리스크가 있습니다. 이게 오히려 시장보다 더 올라갈 수 있고 더 떨어질 수도 있습니다. 그래서 많은 사람이 ETF(주식종목을 매수 및 매도하듯 상장된 ETF종목을 사고파는 것) 상품에 관심을 보입니다. 어쩌면 이미 투자한 사람도 있을

겁니다. 시장 변동성이 클 때, 즉 시장이 위아래로 심하게 출렁일 때는 스스로 원칙을 세워야 합니다. 예를 들어 '나는 1,900만 가면 무조건 산다' 또는 '2,000만 넘으면 무조건 판다' 같은 어떤 원칙이 있다면 개별종목에 투자하기보다 ETF가 좋습니다.

또 펀드에 투자하면 그에 따른 수수료가 발생합니다. 조기 환매 수수료도 있으므로 펀드와 개별종목과의 중간 단계인 ETF에 관심을 기울일 필요가 있습니다. 문제는 ETF 상품이 굉장히 다양하고 좋은 상품이 많은데도 매매가 특정 ETF에 집중돼 있다는 점입니다. 어쨌든 ETF 상품은 개별 주식과 똑같이 투자되므로 관심 상품에 ETF 상품을 넣고 주가와 어떻게 같이 움직이는지 지켜보십시오. 이 경우 매매 수수료와 운용 수수료를 아낄 수 있습니다.

2014년 재테크하기 전에 반드시 알아야 할 질문과 답변

사실 저는 피해자입니다. 모 금융회사의 해외펀드에 투자했다가 원금이 박살 난 정도가 아니라 아주 깡통이 되었지요. 리먼 브러더스 사태 때의 환율 탓입니다. 2,000만 원을 투자했는데 찾을 때는 0이더군요. 나중에 백만 원을 받았지만 제가 중간에 환율 수수료로 낸 것을 빼면 마이너스입니다. 그렇다면 그 회사는 손해를 봤을까요? 전혀 그렇지 않습니다.

증권을 하면 매매할 때마다 수수료가 나갑니다. 고스톱을 칠 때 보면 나중에 따는 놈은 잘 치는 놈과 고리를 뜯는 놈이지요. 금융회사도 마찬가지로 고리를 뜯고 있지요. 거기다 환율 수수료까지 떼어가기 때문에 개인투자자들은 항상 손해를 봅니다. 반면 금융 상품을 판매한 회사들은 손해를 안 봅니다. 그 사람들은 연봉 삭감조차 없습니다. 그만둔 사람도 없고요. 그런데 개인투자자들은 엄청난 손해를 보고 나서 지하철역의 노숙자가 되거나 목숨을 끊기도 합니다.

제가 하고 싶은 말은 아까 백 팀장님이 해외 펀드에 투자하라고 했는데, 사실 주식투자는 싸게 사서 비싸게 팔면 되는 거예요. 지금 미국 같은 곳은 거품입니다. 한국은 오르진 않지만 제가 볼 때는 오히려 국내 증시가 더 좋습니다. 그다음엔 개인투자자의 고통을 분담할 수 있는 상품을 만들라는 겁니다. 펀드가 내려가면 왜 개인투자자만 손해를 봅니까? 금융기관도 손해를 봐야 합니다. 고통을 분담할 수 있는 상품을 만들어달라는 얘기입니다. 여기까지만 하겠습니다.

진행자　질문이라기보다 금융회사에 대한 충고 같습니다. 투자 손실을 본 경험을 들려주셨습니다.

네, 저야 감내하고 있지만 앞으로 그런 피해를 더는 만들지 말자는 겁니다.

진행자　그럼 말씀을 조금 비틀어 여쭤볼게요. 만약 2,000만 원의 손실을 봤다면 그걸 만회하기 위해 할 수 있는 일이 뭔지 백 팀장님이 한번 말씀해주시기 바랍니다.

백혜진　대표적인 해외 펀드가 금융위기 이전에 올림픽을 준비하던 중국, 성장성 기대에 따른 브릭스 펀드가 있었지요. 그런데 중국 시장에 버블이 끼는 상황에서 뒤늦게 따라간 사람에게 손실이 났던 굉장히 아픈 경험이 있습니다. 지금 미국과 유럽이 좋을 것이라고 해도 빨리 손이 나가지 않는 이유는 과거의 그런 경험 때문일 겁니다.

　투자하는 방법을 조금 바꿔 환차손(환율 변동으로 발생하는 손실)이 일어나지 않도록 환헤지(환율 변동에 따른 위험을 없애기 위해 환율을 현재 수준의 환율로 고정하는 것)를 하는 방법도 있습니다. 이제 금융기관에 가서 거래할 때 '이 펀드에 투자했을 때 예상하는 수익이 얼마인지' 묻고, '얼마 정도일 때 연락을 해달라'고 하면 됩니다. 좋을 거라고 해서 들어가도 시장의 여러 변수 때문에 손실이 날 수도 있습니다. 이때 우물쭈물하다가 많이 떨어지면, 아까 말한 것처럼 30퍼센트가 떨어지면 원금을 회복하기 위해서는 50퍼센트가 올라야 합니다. 이를 방지하려면 손절매(하락이 예상되거나 단기간에 가격상승 희망이 없을 때 큰 손해를 방지하기 위해 일정액의 손해를 감수하고 파는 것)의 하한을 미리 담당자와 논의하는 것이 좋습니다. 주식형 펀드에 들어갈 때 10퍼센트 정도 예상한다면 '마이너스 10퍼센트가 되면 꼭 얘기해달라', '이 정도에서는 내가 더 이상 손실을 보지 않게 해달라'고 요청함으로써 그 문제는 일정 부분 극복할 수 있지 않을까 합니다.

저는 세 분께 각각 질문을 하겠습니다. 여러 이론적인 사례를 들어주셨는데 각자의 경험에 비춰 담당 분야에 대한 성공 사례와 실패 사례를 하나씩 들려주시면 투자에 도움이 되지 않을까 싶습니다.

진행자　아, 전문가 여러분께서는 지금 당장 갖고 있는 자료가 없을 테니 가능한 범위 내에서 말씀해주시면 될 것 같습니다. '이렇게 투자해 얼마만큼 벌었다' 같은 상담 사례 같은 게 있지 않나요?

박합수　제 경우 일단 성공 사례는 잠실 5단지입니다. 잠실 5단지가 2012년 말, 2013년 초에 34평이 8억 6,000만~8억 7,000만 혹은 9억까지 형성됐지요. 잠실 5단지는 대치 은마 아파트와 형제 아파트나 다름없습니다. 각각 78년산, 79년산으로 연식이 유사하고 평형 구성이 전부 30평대입니다. 또 단지 규모가 4,000세대 내외입니다. 하지만 두 단지를 비교했을 때, 사업성은 잠실 5단지가 월등히 좋습니다. 용적률 차이 때문입니다.

은마 아파트는 현재 용적률이 198퍼센트, 200퍼센트입니다. 잠실

5단지는 138퍼센트, 140퍼센트에 불과합니다. 만약 재건축할 경우 조합원 1:1 재건축으로 봤을 때, 잠실 5단지는 30퍼센트를 다 늘려도 사용할 수 있는 용적률이 180퍼센트에 불과합니다. 나머지 300퍼센트까지는 120퍼센트가 남죠. 10퍼센트가 임대 아파트라 해도 110퍼센트를 33평 이하로 일반 분양해 사업비를 조달합니다. 따라서 지금 34평짜리가 42평을 받을 때 추가 분담금을 거의 내지 않거나 내도 몇 천만 원에 불과합니다.

반면 은마 아파트는 200퍼센트이기 때문에 31평, 34평이 30퍼센트를 다 늘리면 사용할 용적률이 260퍼센트가 됩니다. 나머지 300퍼센트까지는 40퍼센트밖에 남지 않죠. 여기에 임대 아파트를 빼야죠. 33평 이하로 30퍼센트 남짓 일반 분양을 해봤자 조달할 수 있는 사업비용이 많지 않습니다. 그만큼 투자자의 추가 분담금이 많이 들어간다는 이야기입니다.

그래서 저는 2012년 말 잠실 5단지에 9억 원 이하로 투자했습니다. 4.11대책이 나온 뒤 그것이 3개월 만에 10억 5,000만 원으로 올랐지요. 그곳은 2013년 말에 조합이 설립됐어요. 일이 잘 추진돼 2014년 말까지 관리처분인가 신청만 받으면 개발비 재건축 부담금을 감면받지요. 어쨌든 저는 몇 달 만에 1억 5,000만 원 이상을 벌었습니다.

실패 사례는 2013년 말 현재 고가 중대형 아파트의 가격이 많이 하락해 2006년 말과 2007년 초 이런 재건축에 투자한 경우 30퍼센트 가까이 떨어졌다는 겁니다. 용산 재개발에 투자한 사람들은 절반 가까이 떨어졌지요. 그렇지만 내리막이 있으면 오르막도 나타나는 법입니다. 지금 당장은 실패한 것처럼 보이겠지만 시간을 두고 본다면 긍정적일 가능성이 큽니다.

진행자　시간관계상 박 센터장님께 짧게 얘기를 듣고 다시 청중께 질문을 받겠습니다.

박승안　다들 경험해봤겠지만 2006년~2007년에 대한민국에 열풍이 불었던 게 차이나 펀드입니다. 당시 저는 차이나 펀드를 잘 몰라서 추천하지 않았다가 고객에게 원성을 많이 들었습니다. 어떤 고객은 다른 데 가서 가입을 했지요. 하지만 저를 믿어준 사람들은 오히려 성공했습니다.

그다음에 주목을 받은 게 인사이트 펀드죠. 그건 저도 많이 추천했습니다. 그때 조건을 걸었는데 절대 전체 자산의 10퍼센트 이상은 하지 않게 했죠. 가령 10억 원이 있는 사람은 1억 원 이상 하지 못하게 했습니다. 어쨌든 제가 그 펀드 때문에 고객에게 손해를 끼친 건 사실입니다.

우선 삼성증권 백혜진 팀장님께 질문하겠습니다. 2014년도 예상 주가를 2,450으로 보셨는데 혹시 2013년도에 주가 예상을 삼성증권에서 얼마로 했는지 아십니까? 또 미 연방준비제도에서 어떻게 양적완화 축소를 진행하고, 그 영향으로 아시아 신흥국가들의 주가는 어떻게 될지 말씀해주십시오. 박합수 팀장

께서 부동산 부분을 많이 강조했는데, 참고로 농촌에 있는 빈집에 투자하는 것과 전원주택에 투자하는 것의 차이는 어떤지요? 그리고 박승안 센터장님, 주식 부분에서 외부 환경이 많이 바뀌고 있습니다. 지금 우리나라는 특히 북한 리스크 때문에 예측할 수 없는 상황에 있습니다. 뜬구름 잡는 질문일 수 있겠으나 만약 북한에서 도발을 한다면 주식이 폭락할까요, 폭등할까요?

박합수　　결론부터 말씀드리면 은퇴자 귀향 수요가 있긴 하지만 전원주택을 투자 대상으로 보면 절대 안 됩니다. 은퇴한 이후 남성 중에는 시골로 가고 싶어 하는 사람이 꽤 있지만, 여성은 다릅니다. 남편이 시골에 가자고 하면 아마 아내가 '혼자 가라'고 할 겁니다. 설령 같이 가더라도 1년 안에 돌아올 확률이 높습니다. 전원주택은 투자 대상이 아닙니다.

만약 전원주택을 매입한다면 금액을 최소화해야 합니다. 아무리 비싸도 5억 원 이내여야 합니다. 또 여차하면 펜션으로라도 활용할 수 있는 환경이어야 합니다. 전원주택은 로망일 뿐 현실이 아닙니다. 한겨울에 전원주택에 살면 매일 눈을 치워야 하고 추워서 살기 힘듭니다. 난방비는 어떻게 할 겁니까? 추울 때 전원주택에서 갑자기 밖에 나오면 자칫 잘못하다가 쓰러질 수도 있습니다.

그래도 꼭 사고 싶다면 서울에서 30~40분 안에 갈 수 있는 거리여야 합니다. 양평, 서종면, 문호리, 서종IC 등 잠실에서 20분 정도 거리는 괜찮습니다. 그러나 1시간, 2시간 걸리면 현실성이 떨어집니다. 주말주택으로 샀다가 월간주택이 되고 다시 연간주택이 됩니다.

이제 시골에 가면 70대, 80대가 주류입니다. 그들이 없으면 농촌은 거의 피폐해질 지경입니다. 시골에서는 60대가 마을의 청년회장을 할 정돕니다. 앞으로 10년, 20년이 지나면 어찌될까요? 농촌이 비어가고 있습니다. 그래서 농지나 빈집 투자는 굉장히 주의해야 합니다.

진행자　삼성증권에 대해 질문하셨는데, 사실 삼성증권 직원이 삼성증권 회사 자체의 전략을 말하는 것은 법적으로 불가능합니다. 따라서 삼성증권에 대한 얘기는 빼고요. 모든 분이 궁금해 하실 만한, 즉 북한에 돌발사태가 발생했을 때 그것이 주식 시장에 얼마만큼 영향을 미칠 것인가는 핵심적인 질문 같습니다. 박 센터장님, 말씀해주세요.

박승안　그걸 예단하는 것은 굉장히 어렵습니다. 사실 위기라고 하는 것은 소리 없이 와야 위기인데, 지금 그런 위기가 어느 정도 노출돼 있다는 것은 우리도 방어를 한다는 의미입니다. 단기적으로는 틀림없이 위기입니다. 하지만 중장기적으로 보면 남북관계에 오히려 기회가 될 수도 있다고 봅니다. 문제는 진짜 쇼크가 왔을 때 채무불이행에 빠지지 않고 버텨주는 힘입니다.

죄송한 말이지만 저도 재테크를 하다 보니 남의 불행이 곧 내 행복입니다. 어쩔 수 없지요. 옆집이 망하면 제가 경매로 싸게 받으면 됩니다. 옆옆집이 망하고 제가 버티면 제가 싸게 받으면 됩니다. 그런 위기가 온다고 이민을 갈 겁니까?

만약 지금의 재산 상태에 만에 하나 위기가 온다고 할 때, 가령 우리나라의 주가가 1,000포인트까지 빠졌을 때 내가 망하지 않는다면 버틸 힘이 있는 거거든요. 보이지 않는 위기가 왔을 때 내 재산에 문제가 있는지 없는지를 따져 대출받지 않고 버틸 수 있다면 오히려 기회입니다. 그럴 때는 위기를 기회로 삼는 게 답입니다.

진행자   백 팀장님도 짧게 마무리를 해주세요.

백혜진   주식 시장은 확정되지 않은 불안감 때문에 떨어집니다. 가령 선거가 있으면 당선자가 나올 때까지 떨어집니다. 미국의 경우 양적완화 축소를 한다고 얘기가 무성하게 나도는 동안 떨어졌고, 실제로 양적완화 축소를 하겠다고 발표하자마자 그날부터 올랐습니다.

그리고 증권사의 전망이나 주가 전망에 대해 진실과 오해를 말씀드리자면 증권사가 다음 해의 주가를 전망할 때는 글로벌 매크로, 즉 거시경제부터 화폐 규모와 기업의 이익 추진력을 비롯해 경기 사이클까지 분석합니다. 단, 전쟁, 지진 같은 천재지변은 여기에 들어가지 않습니다. 그처럼 예측하기 힘든 변수가 발생하는 것은 증권사가 감당할 수 있는 부분이 아닌 거죠. 지금의 경제 전망은 2014년 예측치에서 나온 것임을 인지하고 그걸 감안해 투자하면 다른 오해는 없을 것 같습니다.

신동일

KB국민은행 대치PB센터 부센터장이자 신동일꿈발전소장. 20년 이상 국민은행에서 퇴직연금과 PB를 담당했고, 우리나라에서 프라이빗뱅킹센터가 가장 많이 모여 있는 압구정에서 6년 이상 PB팀장으로 일했다. 2009년 금융권 최초로 삼성생명 비상장주식을 편입한 삼성그룹지배구조사모펀드를 만들어 7개월 만에 100퍼센트 수익을 달성했고, 연이어 전기차 2차전지 관련 유망기업투자 사모펀드로 50퍼센트 이상 고수익을 내며 업계에 이름을 알렸다. 특정금전신탁 1,773억 원 판매, 615억 원 규모의 토지보상자금 유치, KB 최초 주식형 사모펀드 및 방카슈랑스 223억 원 판매 등을 기록했으며, 자문형 신탁 부문에서 전국 판매 1위를 차지했다. 2011년에는 금융권 최초 삼성생명 베스트파트너상을, 2012년에는 교보생명 베스트파트너상을 수상했으며, KB국민은행 최초로 국은인상을 2회 수상하는 진기록을 세웠다. 2012년에는 서울경제신문 주관 대한민국 베스트뱅커 PB대상을 수상하기도 했다. 고려대학교 증권금융고위 MBA, 연세대학교 BM, 이화여자대학교 자산컨설팅 과정을 수료했다. 지은 책으로 《슈퍼리치의 습관》, 《한국의 슈퍼리치》, 《한국의 장사꾼들》 등이 있다.

6장

PB 고수가 만난
부자들의 돈 버는 습관

신동일, 국민은행 대치PB센터 부센터장

누구나 부자가 될 수 있다

자산을 얼마나 갖고 있어야 부자일까?

많은 사람이 100억 원은 있어야 부자라고 생각한다. 부동산을 포함해 100억 원의 자산을 갖고 있는 사람은 공식통계상 금융자산이 10억 원 이상이라고 한다. 그러니까 금융자산이 10억 원 이상인 사람은 보통 그것의 10배인 100억대의 부동산을 갖고 있다고 보면 된다. 한국에서 100억대 이상의 부자는 15만 명에서 16만 명 정도.

보통사람이 실제로 부자를 만나는 것은 매우 어렵다. 은행지점에서 거래를 많이 하는 사람이 갖고 있는 예금도 대개는 1억 원에서 많아야 3억 원이다. 반면 각 은행의 PB센터에서 거래하는 고객은 단위가 5억 원, 10억 원 혹은 그 이상인 경우가 많다. 나 역시 2007년부터 PB센터에서 근무한 이후 제대로 된 부자를 만나기 시작했다.

PB란 부자들의 자산을 관리해주는 사람을 뜻한다. 그런 의미에서 PB와 네트워크를 잘 맺어두면 자산 관리에 큰 도움을 받을 수 있다. 꼭 PB를 만나지 않더라도 각자가 거래하는 지점의 VIP 창구에 가면 좋은 조언을 들을 수 있다.

어떻게 하면 부자가 될 수 있을까? 부자들은 태어날 때부터 금수저를 입에 물고 나온 것일까? 결코 그렇지 않다. 부자들 중에는 빈손으로 시작해 부를 일군 사람이 상당히 많다. 여러분 역시 얼마든지 부자가 될 수 있으므로 자신감을 가져야 한다. 일단 이렇게 생각하라.

'아, 부자! 별것 아냐. 누구나 부자가 될 수 있어.'

지금까지 내가 만난 숱한 부자 중에는 미용실 아주머니나 카센터 정비공도 있다. 이들은 태어날 때부터 부자였던 게 아니다. 단지 자신만의 아이템을 찾아내 10년이고 15년이고 한 분야에 집중해서 부자가 된 것이다. 그런 의미에서 여러분도 10년, 빠르면 3년 안에 부자가 될 수 있다!

시간이 갈수록 유산 상속형 부자가 아니라 빈손으로 시작해 자수성가한 부자가 늘고 있다. 이 말은 자기만의 아이템이나 재능을 발견해 부자가 되는 사람이 점점 더 늘어나고 있다는 의미다. "부자가 3대를 못 간다"는 말은 맞는 얘기다. 왜 3대를 못 가느냐고? 그건 부자의 자녀들이 수준 높은 교육은 받을지언정 자산을 관리 및 유지할 만한 심적 수준은 갖추지 못하기 때문이다. 그래서 부(富)가 2대를 가지 못하는 경우가 많다. 대신 자수성가한 부자들이 늘고 있다.

부자의 세 가지 특징

부자에게는 세 가지 특징이 있다.

첫째, 부자에게는 '부자가 되고자 하는 강한 열망'이 있다. 이것은 그저 막연한 기대나 바람이 아니라 간절한 마음이다. 그 간절함은 여러분의 상상을 초월한다. 진짜 부자는 돈을 벌고자 하는 욕구가 어마어마하게 강하다. 사실 부자가 되고 싶어 하지 않는 사람은 절대 부자가 될 수 없다. 그러므로 부자가 되고 싶다면 다시 한 번 정신무장을 해야 한다.

'나는 반드시 행복한 부자가 될 것이다!'

'나는 반드시 성공할 것이다!'

이런 말이 우스운 것 같아도 스스로 마인드를 다잡는 사람과 그렇지 않은 사람은 그 결과 값이 엄청나게 다르다. 가령 장사나 창업을 할 때는 마음을 다부지게 먹어야 한다. 그런데 마음은 평소에 연습해두지 않으면 잘 다져지지 않는다.

마음을 다지는 것과 더불어 꼭 필요한 것이 표정 관리다. 설령 부부싸움을 했을지라도 다른 사람을 상대할 때는 웃는 얼굴이어야 한다. 표정이 밝아야 부자가 될 확률이 높다. 늘 인상을 쓰고 있으면 아무도 옆에 오려고 하지 않는다.

둘째, 스스로를 믿고 행동한다. 부자는 생각, 행동, 시간 사용에서 평범한 사람과 크게 차이가 난다. 부자가 되려면 우선 명확한 성공 목표를 세우고 자신의 가능성을 믿어야 한다. 물론 생각만으로는 아무것도 달라지는 것이 없다. 변화를 일으키려면 행동이 따라줘야 한다. 예를 들면 한 달에 10만 원씩 적금을 붓는 것부터 시작해야 100만 원이라도 종자돈을 만들 수 있다.

그렇다면 부자가 생각하는 종자돈은 과연 얼마일까? 1억 원이다. 그들은 1억 원을 생각하면서 100만 원부터 시작한다. 물론 그 100만 원은 10만 원부터 시작한다. 하루에 커피 세 잔 마시던 것 조금 줄이고 담배 역시 줄이거나 끊으면 한 달에 10만 원은 거뜬히 모을 수 있다. 대개는 이런 생각을 하면서도 실천하지 않지만 부자는 그것을 실행에 옮긴다.

셋째, 부자가 되는 행동 중 가장 중요한 것은 시간 사용이다. 생각해보면 세상에 시간만큼 공평한 것도 없다. 부자든 보통사람이든 누구나 하루에 24시간을 에누리 없이 받지 않는가. 수천억대 자산가에게도 하루는 24시간이고 평범한 사람에게도 하루는 24시간이다. 하지만 그 시간을 어떻게 관리하느냐에 따라 결과에는 엄청난 차이가 발생한다.

부자는 시간을 분 단위로 쪼개서 사용한다. 똑같은 한 시간도 아주 잘게 쪼개 사용한다는 얘기다. 반면 평범한 사람은 분 단위가 아니라 시간 단위로 쪼개서 살아간다. 그 탓에 자투리시간을 엄청나게 낭비하고는 늘 시간에 쫓긴다. 부자는 약속시간 15분 전에 도착하는 것을 굉장히 강조한다. 흔히 약속시간 10분 전을 얘기하지만, 그들은 10분이 아니라 15분 전에 도착해야 10분 전을 맞출 수 있다고 말한다. 그 정도 여유는 있어야 표정을 연습하고 옷매무새를 고쳐 시간을 알차게 쓸 수 있다는 의미다.

부자가 되는 습관

습관을 우습게 알면 안 된다. 심지어 이것이 부자와 평범한 사람을 가르기도 한다. 부자에게는 부자의 습관이 있고 평범한 사람에게는 평범함에 머물 수밖에 없는 습관이 있다.

일단 부자는 동전 한 푼도 허투루 쓰지 않는다. 세계적인 부자 워런 버핏이 어느 날 공항에서 갑자기 전화를 걸 일이 생겼단다. 공중전화 앞에서 주머니를 뒤져 동전을 찾아낸 그는 난감한 듯한 표정을 지었다. 전화요금에 딱 맞는 동전이 없었기 때문이다. 우리의 상황에 비유하면 50원이면 될 것을 100원짜리 동전밖에 없었던 거다.

그때 그는 어떻게 했을까? 아니, 여러분이 워런 버핏의 입장이라면 어떻게 하겠는가? 어마어마한 재산이 있으니 그냥 100원짜리 동전으로 전화를 걸고 50원은 전화기가 꿀꺽 삼키도록 하겠는가? 아마 대다수는 그렇게 할 것이다. 버핏은 달랐다. 주위를 둘러본 그는 멀리 떨어져 있는 가게로 가서 동전을 바꾼 다음 다시 돌아와 전화를 걸었다.

이것이 바로 부자와 평범한 사람의 차이다. 부자는 10원이 모여 100원이 되고, 100원이 모여 1,000원이 된다는 것을 마음 깊이 담아두고 동전까지도 귀하게 쓴다. 한국 경제계의 전설적인 인물, 고 정주영 회장도 1,000원을 쓰면서 신중했다고 하지 않던가. 반면 그 어른은 1,000억 원을 쓸 때는 아주 과감했다.

또한 부자는 메모를 잘한다. 부자에게는 공통적으로 메모하는 습관이 있다는 말이다. 머리는 휘발성이 강해 곧잘 날려먹는데다 자주 쉬어야 제대로 돌아간다. 해야 할 일을 잊지 않고 제때 해내려면 꼼꼼히 기록해두고 실천하는 것이 가장 좋다. 흔히 평범한 사람들은 일을 뒤로 미루기를 좋아하지만 부자는 기록해둔 대로 제때에 반드시 일을 처리한다.

기록을 해두면 할 일을 잊지 않는 것뿐 아니라 자잘한 것에 신경을 덜 써도 되는 이점을 누릴 수 있다. 머리가 세세한 것까지 기억하느라 정말로 중요한 사업 아이템을 구상하는 데 쓰이지 못한다면 얼마나 아까운 일인가. 메모하는 습관은 그래서 중요하다.

한편 부자는 아무리 바빠도 통장 만기일을 하루도 넘기지 않는다. 개중에는 힘들게 모은 1,000만 원이 만기가 다 되었어도 일주일, 심지어 한 달 후에야 찾아가는 사람도 있다. 만기를 넘으면 이자는 거의 없다. 부자들은 그걸 알기 때문에 통장 만기일에 민감하다. 나이 80이 넘은 할머니도 부자는 절대 만기일을 넘기지 않는다.

사소한 것 같지만 이처럼 작은 습관이 모여 부자가 되는 것이다. 물 한 방울이 똑똑 떨어져 거대한 바위에 구멍을 내듯, 우리가 매일 행하는 하나하나의 습관이 인생에 남다른 결과를 안겨줄 수 있다.

1년 정기예금 금리 +α 전략

자산을 관리할 때는 모든 것을 정기예금 1년짜리에 빗대 생각하면 간단하다. 복잡하게 생각할 것 없이 정기예금 1년 금리에 다소의 플러스알파 금리를 기준으로 노려라. 이걸 기준으로 해서 투자 상품을 선택하면 실수하지 않는다.

내가 상담을 하면서 알게 된 사실이지만 부자는 그 세계에서 또다시 등급이 나뉜다. 가령 나는 100억대 고객, 1,000억대 고객 크게는 조 단위의 고객도 만났다. 그런데 액수가 큰 고객일수록 정기예금 플러스알파 금리에 수렴한다. 다시 말해 이들은 큰 욕심을 내지 않는다. 반면 대부분의 일반 고객은 정기예금 플러스알파 금리가 아니라 정기예금 플러스 10퍼센트포인트를 생각한다. 즉, 그들은 15퍼센트, 20퍼센트를 생각해 무리하게 펀드를 하다가 마이너스 20퍼센트로 깎이는 경우도 있다.

가급적 1년 정기예금 플러스알파 수익률을 목표 수익률로 잡아라. 좀 더 안전을 지향할 경우, 예를 들어 1년 정기예금 금리가 2.7퍼센트라면 플러스 1퍼센트포인트만 더해 3.7퍼센트를 생각하라. 그 정도 선에서 특정금융신탁상품 같은 것을 선택하면 틀림이 없다. 모든 리스크는 금리에 녹아 있으니 말이다.

펀드 같은 경우에는 정기예금의 2~3배선에서 수익률 목표를 잡아라. 이젠 예전처럼 두 자릿수 수익률을 노리기가 어렵다. 평범한 사람이 애써 모은 종자돈을 잃는 이유는 두 자릿수 수익률에 집착하기 때문이다. 종자돈이 적은데다 대박 심리가 있다 보니 돈을 한꺼번에 왕창 튀기고 싶어 한다는 얘기다. 어렵게 모은 종자돈을 그처럼 쉽게 리스크에 노출시키면 안 된다. 부자는 돈이 뻥튀기처럼 일시에 확 늘어나지 않는다는 것을 잘 알고 있다.

평범한 사람들은 대개 금융 상품에 대한 투자 지식이 부족하다. 가령 내가 가입하는 상품이 정기예금인지, 펀드인지, ELS인지 또 그것이 어떤 구조로 되어 있는지 거의 생각하지 않고 가입하는 경우가 많다. 이런 자세는 버려야 한다. 돈이 걸려 있는 일이니 만큼 꼼꼼하게 확인하는 것이 바람직하다.

상품을 선택할 때는 자신이 감당할 수 있는 리스크의 범위를 고려해야 한다. 예를 들어 나이가 60대나 70대라면 좀 더 안정적으로 투자할 필요가 있다. 반면 20대나 30대라면 리스크를 조금 감수하고라도 공격적인 상품에 투자하는 것이 낫다. 왜냐하면 젊은이들은 시간을 투자할 수 있기 때문이다.

100억대, 1,000억대 자산가는 철저하게 3/3/4 전략을 취한다. 만약 내 종자돈이 1억 원이라면 4,000만 원은 안정형 자산에, 3,000만 원은 보험이나 절세 상품에, 나머지 3,000만 원은 펀드 혹은 주식 같은 투자형 상품에 투자하는 식이다.

물론 여기에 정답은 없다. 하지만 개인의 성향에 맞춰 구분하는 것은 매우 중요하다. 구분하지 않고 투자하면 내가 가진 돈이 2,000만 원일 때 그걸 몽땅 펀드에 몰아넣고 만다. 이건 투기적인 자산 관리에 속한다. 평범한 사람이 잘 벌 때는 20퍼센트의 수익을 올리지만 못 벌 때는 마이너스 30퍼센트가 나는 이유는 이처럼 자산을 투기적으로 관리하기 때문이다. 이런 일을 막으려면 내 자산을 성향에 맞춰 철저하게 구분해야 한다.

내가 아는 한 고객은 늘 "절대 올인하지 말라"고 신신당부한다. 종자돈을 한 군데에 다 넣지 말라는 조언이다. 2014년에 여러분이 어떤 투자를 하든 절대 한곳에 올인하면 안 된다. 천천히 가더라도 리스크를 잘 관리해야 한다. 한 방에 무너지면 재기하기가 무척 어려운 탓이다.

자산 관리에서 리스크 관리는 무엇보다 중요하다. 절대 올인하지 말고 50퍼센트 혹은 30퍼센트 정도의 안전한 여유자금을 갖고 있어야 한다. 이것은 성공한 사람이나 부자들이 하나같이 하는 말이다. 제아무리 똑똑한 사람도 성공 확률은 채 50퍼센트가 되지 않는다. 그러니 좀 천천히 가더라도 리스크 관리에 집중하는 것이 바람직하다.

보험 상품을 잘 활용하는 것도 훌륭한 자산 관리 요령이다. 난데없이 웬 보험이냐고? 2014년의 화두는 바로 저금리와 과세 강화다. 이 말은 돈 모으기가 점점 더 어려워진다는 뜻이다. 그러므로 가급적 절세형 상품을 찾아야 한다. 절세형 보험은 평범한 사람들이 종자돈을 모을 때 강력한 툴을 제공한다. 단, 절세형 보험은 10년 이상 투자해야 한다. 만약 중간에 해약하면 엄청난 손해를 볼 수 있다. 오히려 그렇기 때문에 약간은 강제적인 수단이 되어 종자돈 마련에 보탬이 되기도 한다. 어쨌든 자산의 일부는 반드시 장기보험에 넣는 게 좋다.

'수입-지출 > 1원' 공식을 지켜라

수입에서 지출을 뺀 돈이 반드시 1원이 넘어야 한다는 것은 곧 지출이 수입을 넘어서지 않아야 한다는 의미다. 당연한 일로 무슨 공식까지 들이대느냐고? 현실적으로 이 단순한 공식을 못 지키는 사람이 꽤 많다. 내가 아무리 10억 원, 20억 원을 벌더라도 쓰는 돈이 20억 원, 30억 원이면 절대로 부자가 될 수 없다. 설령 내 연봉이 3,000만 원일지라도 쓰는 돈이 2,000만 원이면 1년이면 1,000만 원을 모을 수 있다. 공식으로 보면 참 단순한데 이걸 지키는 것은 만만치 않다.

보통사람은 대개 돈 쓰는 것을 아주 좋아한다. 심지어 꽂히는 뭔가가 생기면 카드 할부로라도 사지 않고는 못 배기는 사람도 많다. 주위에서 보면 특히 맞벌이를 하는 사람들이 의외로 함정에 빠지는 경우가 있다. 다시 말해 둘이 벌면서도 오히려 혼자 버는 집보다 돈을 모으지 못한다. 왜 그럴까? 보통 2배 가까이 벌 텐데 말이다. 많이 벌면 뭐하는가? 둘이 번다는 생각에 외식을 하거나 돈을 펑펑 써버리는 것을. 옛 어른들의 말씀처럼 돈은 얼마를 버느냐보다 어떻게 쓰느냐가 더 중요하다. 즉, 수입에서 지출을 빼고 반드시 1원 이상이 남아야 한다.

수입보다 덜 쓰는 습관을 들이지 않으면 절대로 부자가 될 수 없다. 버는 돈이 적다면 그야말로 허리띠가 끊어지도록 조여야 한다. 대개는 그렇게 하지 못해 적자에 허덕이기 일쑤다. 그런데 샐러리맨이 월급 외에 어떻게 더 돈을 벌 수 있겠는가. 회사에서는 가급적 덜 주고 부려먹으려 하기 때문에 월급은 생각보다 오르지 않는다. 그러니 어쩔 수 없이 씀씀이를 줄여야 하지 않겠는가.

만약 결혼을 했다면 부부가 함께 점검을 해야 한다. 누가 돈을 더 잘 쓰는지, 누가 돈을 더 버는지 말이다. 서로의 재능을 파악해야 자산을 제대로 관리할 수 있다. 보통은 부부가 이런 얘기를 잘 하지 않지만 당장이라도 함께 지출 통제와 돈 관리 계획을 세워야 나중에 후회하지 않는다.

먼저 A4 용지를 준비해 반으로 접는다. 왼쪽에는 수입이라 적고 오른쪽에는 지출이라 적는다. 부자가 되는 길은 일단 내 현황을 파악하는 것에서 시작된다. 내게 수입과 지출이 얼마나 있는지 파악하라는 얘기다. 수입과 지출을 잘 알아야 내 현주소가 나온다.

수입은 대부분 한정돼 있으니 간단히 적을 수 있을 것이다. 문제는 지출이다. 지출 항목이 매우 다양할 텐데 가급적 구체적으로 적어야 한다. 자세히 적을수록 허리띠를 졸라맬 항목을 많이 발견할 수 있다.

사업을 할 때도 가장 중요한 것은 최대한 비용을 줄이는 일이다. 비용을 줄이지 않으면 퇴직금이나 쌈짓돈 혹은 대출을 받아 시작한 사업이 한 방에 갈 수도 있다.

나를 대신해서 돈을 버는 아바타를 만들어라

나를 대신해서 돈을 벌어주는 아바타가 있으면 돈을 많이 버는 것은 물론 유사시에 당황하지 않을 수 있다. 돈 버는 아바타는 내가 쉬고 놀고 취미생활을 즐기는 중에도 나를 대신해서 돈을 벌어준다. 돈 버는 아바타에는 어떤 것이 있을까? 대표적으로 돈을 투자해서 얻는 투자수익, 음반이나 저작물을 제작해서 받는 인세, 부동산에서 얻는 월세, 가족의 추가적인 수입 등이 있다.

2014년에 재테크를 하려면 반드시 돈 버는 아바타를 만들어야 한다. 돈 버는 아바타를 만들기 위해서는 먼저 자기계발을 해야 한다. 가령 커피를 마시는 데 너무 돈을 쓰지 말고 재테크 정보를 얻는 데 좀 더 투자해야 한다. 틈만 나면 스마트폰으로 게임을 하는 사람도 많은데, 잠깐 머리를 식히려고 하는 것은 상관없지만 지나친 시간 투자는 금물이다.

내가 잘 아는 어떤 사람은 절대 게임 같은 것으로 시간을 낭비하지 않는다. 그는 보통 아침 5~6시에 일어나 밑줄을 치면서 꼼꼼히 신문을 본다. 그것도 다섯 개에서 많게는 일곱 개나 되는 신문을 말이다. 그처럼 근면 성실한 사람을 평범한 사람이 무슨 수로 이기겠는가.

생산성 없는 일에 시간을 낭비하지 말고 그 시간을 자기 자신에게 투자해야 한다. 내가 부자를 만날 때마다 느끼는 것이지만 그들은 독서에 시간을 많이 투자한다. 여러분은 1년에 책을 얼마나 읽는가? 간혹 독서를 가볍게 생각하는 사람도 만나는데, 그들과 대화를 해보면 단박에 밑천이 다 보인다. 얄팍한 지식은 보자기에 싸인 송곳처럼 금세 드러나게 마련이다. 안타깝게도 많은 사람이 입으로는 지금이 지식정보화 사회라고 말하면서 독서는 가볍게 여긴다.

단언하건대 천재가 아니라면 신문을 열심히 보고 수시로 독서하는 사람을 따라잡을 수 없다. 이제라도 생각을 바꿔 정보와 지식을 습득하는 습관을 들여야 한다.

부자들은 돈 버는 아바타를 일곱 개에서 열 개쯤 갖고 있다. 덕분에 그들은 여유자적하며 삶을 즐기지만 그러는 중에도 아바타가 열심히 돈을 벌어준다. 평범한 사람들은 어떨까? 돈 버는 아바타가 거의 없다. 월급을 받지 않느냐고? 그건 아바타가 아니라 본인이 아침 일찍 출근하고 저녁 늦게까지 일해서 버는 돈이 아닌가. 구조조정을 당하면 그나마 그 월급도 그날로 끝이다.

돈 버는 아바타를 너무 거창하게 생각할 필요는 없다.

만약 남편이 직장에 다니고 아내가 베이비시터로 일한다면 부부가 서로에게 아바타라고 할 수 있다. 단돈 10만 원이라도 아내가 버는 상황과 남편의 월급으로만 사는 것은 차원이 다르다. 부부가 서로를 위해 아바타가 되면 가정의 살림살이가 한결 편안해진다.

처음부터 월세나 투자를 먼저 생각하지 말고 지금 당장 10만 원이라도 버는 것을 생각해보라. 그러면 부쩍 자신감이 생긴다. 대개는 아바타를 크게 생각해서 '내가 종자돈 5,000만 원을 모으면' 혹은 '1억 원을 모으면' 투자하겠다고 생각하지만 그게 아니다. 단돈 10만 원부터 시작하라. 이를 위해 부부가 함께 노력해야 한다.

요즘은 아무리 발버둥을 쳐도 직장에서 60세까지 버티는 것은 거의 불가능하다. 따라서 가급적 현직에 있을 때 내 아바타를 찾아야 한다. 직장에서 일할 때 그런 노력을 하지 않다가 불쑥 직장을 그만두면 아바타를 찾기가 굉장히 어렵다.

현직에 있을 때 잘해야 밖에서도 잘한다

부자가 되려면 우선 현직에 있을 때 엄청나게 열심히 해서 최고가 되어야 한다. 현직에서 최고가 되지 않으면 일단 부자 자격이 없는 셈이다. 직장에서 최고가 되지 못하면 밖에 나와서도 최고가 될 수 없다. 밖에 나가면 잘할 수 있다고? 천만에! 밖에 나오면 직장에 있을 때보다 10배는 더 힘들다. 결국 현직에 있을 때 잘해야 밖에서도 잘할 수 있다.

내가 만난 부자 중에는 샐러리맨 출신이 꽤 많다. 그들은 현직에 있을 때 자신만의 아이템을 찾기 위해 부단히 노력했다. 즉, 그들은 사회에 나와 아이템을 찾은 게 아니라 현직에 있을 때 관련 아이템을 찾아둔 것이다.

예를 들면 섬유업이 한창 호황일 때 섬유회사에 다니다 창업해 큰 회사로 키운 사람도 있고, 수입 명품업체에서 일하며 면세점에서 수년간 근무하다가 단돈 800만 원으로 창업해 300억대 부자가 된 사람도 있다.

차이는 사고방식에서 나온다. 다시 말해 결과는 어떤 생각을 갖고 접근하느냐에 따라 달라진다. 사업가들은 대개 촉이 다르다. 그들은 커피 한 잔을 마시더라도 원가를 따져보고 회전율이 얼마나 되는지 살핀다. 하다못해 국수 한 그릇을 먹기 위해 식당에 가도 장사가 잘되는 이유를 생각해본다. 이런 자세는 학벌과는 아무 관계가 없다.

평범함을 낳는 내 습관을 조금만 부자의 습관으로 바꿔도 돈은 저절로 붙는다. 처음부터 수익률에 얽매일 필요는 없다. 수익률은 나중에 관리하라. 돈은 '관리한다'는 개념으로 접근해야지 돈으로 돈을 벌겠다는 식으로 접근하면 안 된다.

천호식품의 김명식 회장이 성공한 이유가 무엇인지 아는가? 그는 탁월한 장사꾼으로 흥미롭게도 휴대전화 문자를 아주 잘하는 습관이 있다. 가령 그는 사소한 문자 하나를 보낼 때도 감동적으로 보낸다. 만약 여러분도 좋은 문자를 보낸다면 아마 큰돈 들이지 않고 네트워크나 인맥을 더 많이 개척할 수 있을 것이다.

그 정도는 얼마든지 할 수 있다고? 입으로는 다들 그렇게 말한다. 하지만 내가 알아본 바로는 실제로 행하는 사람이 별로 없다. 어쩌면 그래서 성공하는 게 굉장히 어려운 것인지도 모른다.

누구는 3년 만에 또 누구는 5년 만에 혹은 아무리 길어도 10년 만에 부자가 되는데, 왜 나는 부자가 되지 못할까? 실천하지 않아서다! 휴대전화 문자 하나 보내는 것에서도 부자와 평범한 사람은 실행력 차이를 보인다.

종자돈 1억 원을 목표로 천만 원부터 시작하라. 그리고 그것을 위해 백만 원부터 시작하라. 목표는 단계별로 세워야 한다.

승자의 그룹에 서는 법

승자의 그룹에 서고 싶은가, 아니면 패자의 그룹에 서고 싶은가? 물어보나마나 한 질문이라고? 그걸 잘 알면서 사실은 이런저런 이유로 좌절감에 빠져 있는 사람이 많다. 보통은 인생의 후반기를 목전에 두고 하던 일에서 실패하는 경우가 많다. 즉, 사회 초년병 시절에는 경험을 쌓기 위해 직장생활을 하지만 40대가 되어 자기 사업에 도전했다가 실패하는 사례가 꽤 있다.

인생 100세 시대에 40대는 그야말로 창창한 나이다. 인생이 절반 이상이나 남아 있지 않은가. 아직 후반전도 시작되지 않았는데 좌절하기는 아깝다. 내가 상담하고 관찰한 부자들은 처음부터 대단했던 게 아니다. 초기에는 달랑 3~5평짜리 가게에서 시작한 사람이 굉장히 많다.

여러분은 30년 혹은 40년이나 되는 인생 후반전을 어떻게 보낼 것인가? 통장을 쪼개라거나 어디어디에 투자하라는 조언은 이미 꽤 많이 들었을 것이다. 하지만 그게 다가 아니다. 그것은 어디까지나 2순위에 불과하다. 우선 정확한 방향을 설정하고 아이템을 잡아 작은 목표부터 달성해 나가야 한다.

어떤 부자는 국내 굴지의 회사에서 근무하다가 창업으로 방향을 틀었다. 장기적으로 생각해보니 자신은 회사에서 승자가 될 수 없을 거라는 판단이 섰기 때문이다. 여기서 중요한 것은 빠른 판단력이다. 이러한 능력을 기르려면 신문을 보든 독서를 하든 계속해서 지식을 업그레이드해야 한다. 지식과 정보를 쌓아가면서 습관을 바꾸고 뚜렷한 방향을 정해 인내심 있게 나아가면 반드시 부자가 될 수 있다.

내가 아는 사람 중 57세가 될 때까지 네 번이나 사업에 실패해서 온갖 어려움을 겪은 사례가 있다. 그래도 그는 희망의 끈을 놓지 않았고 지금은 아들과 함께 쌀국수집을 운영하고 있다. 살다 보면 50대든 60대든 어려움을 겪을 수 있다. 그러한 순간에도 결코 좌절하거나 포기하지 마라. 우리가 포기하지 않으면 기회는 반드시 다시 찾아온다. 우리에게는 시간과 건전한 생각 그리고 몸이 있다. 여기에 부자의 습관만 장착되면 나머지는 시간이 해결해준다.

그런 의미에서 우리는 부자를 모방해 부자의 습관을 들여야 한다. 절대로 무에서 유를 창조하는 부자는 없다. 다들 모방하는 과정을 거쳐 창조에 이른다. 이제부터라도 좋은 모방을 하라. 한 가지 팁을 알려주자면 부자는 강연 듣기, 독서, 컨설턴트와 대화하기 등을 통해 부단히 자기계발을 하면서 길을 찾는다. 즉, 자신에게 부족한 능력을 메우고자 엄청나게 노력한다. 그러한 자세를 모방하기 바란다.

노후설계04

강창희

미래와금융연구포럼 대표. 대한민국 최고의 노후설계 전문가로 미래에셋 부회장 겸 미래에셋투자교육연구소장을 역임했다. 서울대학교 농경제학과를 졸업하고, 일본 도시샤대학 상학연구과에서 석사학위를 받았으며, 서강대학교 최고경영자과정을 수료했다. 1973년 증권선물거래소에 입사해 대우증권 상무와 도쿄 사무소장, 현대투신운용과 굿모닝투신운용 사장을 거친 국내 금융투자업계의 '살아있는 전설'이다. 미래에셋투자교육연구소에서 약 10여 년간 100세 시대를 준비하는 노후설계에 관한 해답을 모색해왔다.

1년에 300회 이상의 강연을 펼치며 왕성한 활동을 펼치는 그는 '여의도의 소맹자'로 불릴 만큼 책을 가까이 하며 자신의 분야에 대한 연구와 공부를 게을리 하지 않는 것으로 유명하다.

2012년에는 투자교육과 노후준비 분야를 개척한 공을 인정받아 대한민국 증권대상 특별공로상을 수상했으며, 〈매일경제〉 주최 증권인상을 여러 차례 받기도 했다. 지은 책으로 《당신의 노후는 당신의 부모와 다르다》, 《정년 후의 8만 시간》, 《2030 세대를 위한 투자와 금융 이야기》, 《30대 이후의 인생 재테크, 펀드투자로 시작하라》 외 다수가 있다.

7장

100세 시대, 돈 걱정 없이 부자로 늙는 법

강창희, 미래와금융연구포럼 대표

노후설계의 발목을 잡는 세 가지 착각

최근 100세 시대라는 말이 귀에 익숙해지면서 노후자금이 얼마나 필요한지 궁금해 하는 사람들이 꽤 많이 늘었다. 대놓고 나에게 10억 원이 필요한지, 7억 원쯤 있어야 하는지 묻기도 한다. 그럼 우리의 현실부터 생각해보자. 사실 대한민국에 10억 원이나 7억 원을 갖고 있는 사람은 얼마 되지 않는다. 더구나 그만한 돈을 갖고 있어도 별로 의미가 없을 수도 있다.

2013년 가을 무렵 〈조선일보〉에서 상당히 흥미로운 특집기사를 내놓아 사람들의 마음을 뒤흔든 적이 있다. 몇 억 원을 갖고 있어도 노후설계를 하는 데 있어 발목을 잡는 세 가지 착각이 있는데, 거기에 빠지면 몇 억 원이 아무 의미가 없다는 내용이다. 반면 몇 억 원이 없어도 그런 착각을 하지 않고 잘 대응하면 행복하게 살 수 있다고 한다.

그 세 가지 착각이란 대체 무엇일까?

첫째, 많은 사람이 자신은 80세 이후까지 살 거라고 생각하지 않는다. 현실은 생각과 다르다. 살고 싶지 않아도 우리는 80세 이후까지 살 수밖에 없다. 요즘 항간에 유행하는 "재수 없으면 120세까지 산다"는 말에는 뼈가 담겨 있다. 그런 의미에서 우리는 80세 이후의 나이에 뭘 하면서 뭘 먹고살 것인지 심각하게 고민해봐야 한다.

둘째, '죽음'이 어느 날 갑자기 조용히 닥칠 줄 안다. 실제로는 생각보다 오래 살면서 짧게는 2~3년, 길게는 10년 정도 앓느라 돈 문제, 외로움 문제로 고생하는 경우가 많다. 언젠가 가긴 가되 죽음이 쉽게 닥치지는 않는다는 말이다.

셋째, 아직도 자식에게 기댈 수 있을 거라고 생각한다. 사실 나는 이것이 가장 중요하다고 보는데, 안타깝게도 있는 돈 자식에게 다 쏟아 붓고 노후에 어렵게 사는 사람이 아주 많다.

이 세 가지 착각에서 벗어나는 것이 몇 억 원을 갖고 있는 것보다 훨씬 더 중요하다.

연령대별 100세 쇼크 도달 가능성

출생연도	남	여	비 고
1937년생	18.5%	22.4%	100세 돌파
1945년생	23.4%	32.3%	100세 돌파
1958년생	43.6%	48.0%	97세 돌파
1971년생	47.3%	48.9%	남 94세, 여 96세 돌파

자료: 고려대 박유성 교수 · 김성용 연구원

   2년 전쯤 고려대학교 박유성 교수가 '연령대별 100세 쇼크 도달 가능성'이라는 연구결과를 발표했는데, 그 내용이 자못 흥미롭다.

   먼저 1945년 출생자들, 즉 광복둥이의 100세 도달 가능성을 보자. 이들 중 현재 살아 있는 사람은 남자는 4명 중 1명, 여자는 3명 중 1명이 100세를 돌파한다. 또 1958년생, 이른바 '58년 개띠'를 보자. 이들은 2013년 현재 만 55세로 민간 기업에서 정년퇴직하는 나이이다. 이들 중 남자는 44퍼센트, 여자는 48퍼센트가 97세를 돌파한다.

   이제 우리는 교통사고만 당하지 않으면 100세까지 살 가능성이 크다. 그렇다면 어떻게 100세 인생을 준비해야 할까? 100세까지 살자면 부부 중 1명이 먼저 세상을 떠나고 나머지 1명이 혼자 사는 기간이 길어진다. 이건 우리가 아주 조심해야 할 현상이다. 왜 그럴까? 왜 싱글의 시대를 조심해야 하는 걸까?

   가까운 일본의 사례를 살펴보자. 일본은 65세 이상 노인 중 혼자 사는 노인이 465만 명(16퍼센트)으로, 6명 중 1명이 혼자 살아간다. 그렇다면 한국은? 한국은 혼자 사는 노인이 112만 명(20퍼센트)으로 5명 중 1명이 혼자 산다. 이는 이미 한국도 싱글의 시대로 접어들고 있음을 의미한다.

현재 대한민국은 전체 인구 중 65세 이상 노인 비율이 12퍼센트고, 일본은 24퍼센트로 우리의 2배에 달한다. 우린 바로 여기에 주목해야 한다. 알고 있다시피 그동안 잘나가던 일본이 최근 몇 십 년간 맥을 추지 못했다. 여기에는 노인 비율이 높다는 점도 크게 한몫했다.

그런데 앞으로 몇 십 년만 지나면 우리도 지금의 일본처럼 초고령 사회에 돌입한다. 고령 사회와 초고령 사회의 차이는 무엇일까? 고령 사회에는 그나마 노인들이 제 스스로 움직이기라도 하지만, 초고령 사회가 되면 남의 도움을 받지 않고는 움직이기 힘든 노인이 확 늘어난다. 더구나 그런 사회로 넘어가면 대한민국에 혼자 사는 노인의 숫자가 상당히 많아질 전망이다. 그게 뭘 의미하는지 감이 오지 않는가.

세대를 초월한 '싱글 쇼크'

일반적인 경우 여성은 남편이 세상을 떠난 후 10년 정도 혼자 살 각오를 해야 한다. 지금은 부부 중 1명이 세상을 떠나도 자식과 함께 사는 경우는 드물지 않은가.

2012년, 서울시에서 65세 이상 부부를 상대로 설문조사를 실시했다.

"두 분 중 한 분이 돌아가시고 혼자 남으면 자녀들과 함께 살겠습니까?"

그 결과는? 함께 살겠다는 비율이 겨우 20퍼센트에 불과했다. 50퍼센트는 자식과 가까운 거리에서 살겠다고 했고 30퍼센트는 실버타운 같은 노인 전용 시설로 가겠다고 대답했다. 이는 노인의 80퍼센트가 자식이 함께 살아주지 않아서가 아니라 본인이 불편해서 혼자 살고자 한다는 의미다.

따라서 늦도록 혼자 살아야 하는 여성은 단단히 각오를 해야 한다. 확률적으로 여성은 10년 정도를 혼자 살아야 하니 말이다. 대한민국 여성의 평균수명은 84세로 세계 8위에 해당한다. 남성은 77세로 세계 28위를 차지한다. 여성이 남성보다 평균 7년이나 더 오래 산다는 얘기다. 여기에다 결혼하는 부부를 보면 대개 남성이 3년 정도 나이가 많으니 결국 '3+7'을 해서 10년을 잡아야 한다.

2012년, 결혼한 남녀 100쌍 중 초혼인 경우 16쌍이 연하의 남성과 결혼한 것으로 나타났다. 어찌 보면 이것은 젊은 여성의 선견지명이라고 할 수 있다. 대표적으로 세간의 주목을 받은 기성용, 한혜진 부부의 나이차는 8년이다. 하지만 그들이 주목을 받은 이유는 드문 사례이기 때문이며 대개는 아내보다 남편의 연령이 높은 편이다. 그러니 여성이 단단히 준비를 하는 수밖에 없다.

또 다른 문제는 돌아온 싱글, 즉 '돌싱'의 유행이다.

1980년만 해도 이혼한 사람은 12만 명에 불과했지만, 2010년에는 13배가 늘어나 161만 명이 이혼했다. 특히 과거에는 '아, 실수했구나' 싶은 차원으로 볼 수 있는 4년 이내의 이혼이 대부분이었지만, 2012년에는 20년 이상 된 부부의 이혼율이 26퍼센트로 가장 높게 나타났다.

왜 황혼이혼이 늘어난 것일까? 당사자에게 물어보면 대부분 "지긋지긋해서"라고 대답한다. 그동안 결혼생활이 얼마나 힘들었으면 지긋지긋하다는 말이 나오는 걸까?

다른 한편으로 요즘의 젊은이들은 유난히 결혼에 대해 비관적이다. 아예 결혼하지 않고 혼자 사는 사람도 꽤 많다. 50세까지 결혼을 한 번도 하지 않은 사람을 생애미혼, 평생미혼이라고 하는데 1980년의 생애미혼율은 0.4퍼센트였다. 당시에는 결혼하지 않는 사람이 거의 없었다는 얘기다. 그러던 것이 2010년이 되면서 그 비율이 12배 늘어나 5퍼센트가 되었다.

놀랍게도 일본은 남자의 20퍼센트, 여자의 11퍼센트가 50세까지 한 번도 결혼하지 않은 것으로 나타났다. 아마 그들은 평생 결혼하지 않을 것이다. 더 중요한 건 지금 대한민국도 그런 방향으로 가고 있다는 사실이다.

그렇다면 중년 세대들은 지금의 젊은이와 달리 왜 모두들 결혼했을까? 그때는 결혼을 하면 부모 밑에 있을 때보다 환경이 좋아질 확률이 높았다. 결혼이 곧 재테크인 시절이었다. 우선

형제들과 함께 한 방에서 우글우글 지내다가 결혼을 하면 셋방살이일지언정 단 둘이 살 수 있었다. 또 이불을 비롯해 살림살이를 새것으로 장만하는 재미도 있었다. 하지만 요즘의 젊은이들은 결혼을 해도 부모 밑에 있을 때보다 좋아질 확률이 거의 없다.

그러니 자녀를 결혼시키려면 부모가 마음을 단단히 먹어야한다. 극단적으로 성년이 되면 무조건 스스로 살아가도록 독립시켜야 한다. 혼자 지내는 것의 불편함을 흠뻑 맛보도록 말이다. 독립해서 나가지 않으면 생활비를 받거나 무슨 특단의 조치라도 취해야 한다. 그렇지 않으면 도저히 싱글의 시대를 막을 수 없다.

지금은 '가족'의 의미가 예전과는 많이 다르다. 아니, 가족이라는 기존의 틀이 오히려 해체되고 있다고 보는 것이 맞다. 한마디로 지금은 노인 동거 시대다.

이 말이 의아하다면 시골의 풍경을 한번 생각해보라. 젊은이가 다빠져나간 시골에서 노인들이 마을회관에 모여 사는 일은 이제 흔한풍경이다.

도시라고 해서 다를 건 없다. 가령 취미가 같은 사람이나 회사에서만난 사람이 가족보다 더 가까운 그런 새로운 '유연사회'가 형성되고 있지 않은가. 이건 좋고 나쁘고의 문제가 아니다. 어쨌든 세상이그렇게 바뀌고 있으므로 우리는 '어떻게 살 것인가'를 잘 생각해봐야 한다.

퇴직 후 20년은 현역으로 일하는 36년과 같다

5년 전 우연히 일본에서 출간한 책을 구입하게 되었는데, 그 제목이 재미있게도 '혼자 사는 노후'였다.

사실 나는 그때 그 책을 사면서 '별 희한한 책도 다 있네'라는 생각을 했다. 그런데 웬걸, 얼마 전에 서울의 대형서점에 갔더니 '화제의 책' 코너에 혼자 사는 법에 관한 책이 무려 20여 권이나 진열돼 있는 게 아닌가. 어찌나 놀랍던지, 뒤돌아섰다가 다시 가서 그 책의 제목을 모두 적어왔다. 우리의 세태를 적나라하게 보여주는 제목 같아서 말이다.

일본뿐 아니라 한국에서도 이런 종류의 책이 잘 팔리고 있다. 왜 그럴까? 실제로 혼자 사는 노후가 많아서다. 그 제목을 대충 소개하면 '혼자 사는 노후, 어떻게 대비할 것인가', '혼자 사는 노후, 두렵지 않다', '혼자 사는 노후, 즐겁게 사는 방법' 등이 있다.

나는 남자라서 그런지 특히 이 제목에 눈길이 꽂혔다.

'여자의 활로, 남자의 말로'

출판사는 왜 이런 제목을 뽑았을까? 간단하다. 중년에 이른 남자는 정말로 아내에게 잘해야 한다. 부부가 같이 살다가 나이가 들어 혹시라도 아내가 먼저 사망하면 남편이 갑자기 심약해진다고 한다. 그래서 3년 이내에 사망할 확률이 높단다. 아내가 사망했는데도 10년 이상 사는 남자는 아주 독한 남자라는 말도 있다. 반대로 여자는 함께 살다가 남편이 먼저 사망하면 의리상 한 달은 슬프단다. 하지만 그다음부터는 오히려 귀찮은 존재가 사라진 덕분에 15년 이상 잘 살아간다.

이런 내용의 책이 일본에서 70만 부, 100만 부나 팔려 나가고 한국에서도 유사한 책이 엄청 팔리고 있다. 이건 사람들의 수명이 대폭 늘어나면서 생긴 현상이다.

이제 '혼자 사는 노후'는 누구에게나 있을 수 있는 일이므로 준비를 잘해야 한다. 어떤 준비를 해야 하느냐고?

우선 외로움을 견디는 힘, 즉 '고독력'을 길러야 한다. 이것은 100세 시대의 삶에서 가장 중요한 경쟁력이다. 누구를 탓할 필요는 없다. 책을 읽든 취미생활을 하든 외롭더라도 품위 있게 고독을 견디면서 살아가는 힘을 길러야 한다.

그다음으로 중요한 것은 소일거리다. 100세까지 대체 뭘 하고 살 것인가?

몇 년 전 나는《정년 후의 8만 시간》이라는 책을 출간했다. 일본에서 똑같은 제목의 책을 보고 쇼크를 받아 쓴 것인데, 내용을 보면 정말 쇼크를 받을 만하다.

예를 들어 우리가 60세에 정년퇴직한다고 가정해보자. 물론 교사, 공무원을 빼면 직장에서 60세까지 버티는 사람이 별로 없지만 그냥 그렇다고 해두자. 그리고 딱 좋게 우리가 80세까지만 산다고 해보자. 왜 80세냐고? 2010년 기준으로 대한민국 남녀 합산 평균수명이

80.1세라서다.

현실을 무시하고 그럴싸하게 60세에 퇴직해서 80세까지 산다고 가정해도 무려 20년을 소득 없이 살아야 한다. 20년이란 대체 어느 정도의 시간일까?

하루는 누구에게나 공평하게 24시간이 주어진다. 현역 시절에는 그 시간이 어찌나 짧은지 똑딱 하는 순간에 사라지는 것 같다. 일해야지 술 먹어야지 연애해야지 아예 하루가 100시간이었으면 좋겠다는 생각도 든다.

그런데 정년퇴직을 하고 나면 이놈의 시간이 애벌레보다 더 굼뜨게 움직인다. 잠자는 시간, 밥 먹는 시간, 화장실 가는 시간을 다 빼도 하루에 무려 11시간 정도가 남아도니 그럴 수밖에. 11시간 곱하기 365일 (1년)을 하고 여기에 20년을 곱하면 바로 8만 300시간이 나온다.

그 시간이 언뜻 감이 오지 않는가? 현재 대한민국 직장인들이 1년에 회사에 나와서 근무하는 시간이 연평균 2,256시간이다. 8만 300시간을 2,256시간으로 나누면 약 36년이 나온다. 결국 느낌상으로는 퇴직한 뒤의 20년이 현역 시간의 36년에 해당한다는 얘기다. 여기에다 100세까지 산다고 하고 40년을 더하면 무려 72년이 된다. 그야말로 아찔하지 않은가.

인생 후반기의 그 긴긴 시간 동안 대체 뭘 하고 살아야 할 것인가. 우리가 흔히 하는 말 중에 이런 것이 있다.

"인생은 짧고 예술은 길다."

이젠 아니다. 앞으로는 인생도 무지하게 길고 예술은 더더욱 길다. 그러므로 우리는 노후의 삶에 반드시 대비해야 한다.

돈이 모자라는 사람, 시간이 남아도는 사람

노후의 모습은 크게 두 가지로 나뉜다. 노후생활비가 모자라는 사람과 돈 걱정은 없지만 남아도는 시간을 주체하지 못하는 사람.

먼저 젊은 시절에 열심히 살았음에도 노후생활비가 모자라는 사람은 어떻게 살아야 하는가? 대한민국에서 노후생활비가 모자라는 사람은 70~80퍼센트에 달한다. 왜 그럴까? 단적으로 말하면 갑자기 수명은 대폭 늘어났는데 금리는 벼락같이 떨어졌기 때문이다. 몇 억 원을 모으기도 어렵지만, 간신히 몇 억 원을 모아 은행에 맡겨봤자 세금 떼고 나면 금리가 몇 푼 되지 않는다. 그러니 대다수가 노후생활비가 모자라 허덕이는 건 당연하다.

그럼 어떻게 해야 할까?

허드렛일이라도 해서 몇 푼이라도 벌 방법을 궁리해야 한다. 실제로 초등학교 교장을 지낸 사람이 유원지에서 청소를 하는 경우도 있다. 전직 사장이 지하철 택배기사로 일하기도 한다. 그들은 노후에도 일을 해서 한 달에 60만~100만 원을 버는 것이다. 똑같이 노후자금 몇 억 원을 갖고 있더라도 퇴직하고 규칙적으로 일하는 사람과 놀면서 돈을 관리하는 사람은 전혀 다르다. 소일거리라도 일이 있는 사람은 흔들림이 없다. 반면 놀면서 돈을 관리하는 사람은 쓸데없이 욕심을 부리거나 괜히 좌불안석하다가 그나마 남은 자산에 나쁜 영향을 미치는 경우가 많다.

2013년 말 현재 1년 만기 정기예금 금리에서 세금을 떼고 나면 수익률이 2퍼센트가 조금 넘는다. 저금리 시대에는 어떤 일을 해서라도 한 달에 50만 원을 벌면 2억 원의 정기예금을 갖고 있는 효과를 낸다. 사실은 정기예금 2억 원을 갖는 것도 쉽지 않은 사람이 많지 않은가. 그런데 그것은 한 달 50만 원의 근로소득과 똑같다.

앞으로 우리는 100세까지 살아야 하므로 여차하면 부부가 체면을 버리고 허드렛일이라도 하겠다는 각오를 하는 것이 좋다. 내가 볼 때는 이것이 재테크보다 훨씬 더 중요한 일이다. 살다 보면 무슨 일이 생길지 어찌 알겠는가.

그러면 또 다른 경우를 생각해보자.

60세가 되어 먹고살 걱정이 없는 사람들 얘기다. 유감스럽게도 대한민국에서 여기에 속하는 사람은 겨우 20~30퍼센트에 불과하다. 그들은 먹고살 걱정이 없으니 이제부터 놀고먹어도 될까? 그렇지 않다. 대개는 대도시에 사는 사람일수록 먹고살 걱정이 없는데, 이들은 뭘 하면서 시간을 때울지 고민하는 경우가 많다. 예를 들어 서울 시내의 일류호텔 헬스클럽에 가면 왕년에 장관, 차관, 사장을 지낸 사람들을 꽤 많이 볼 수 있다. 그들이 거기에 모여 시간을 때우기 때문이다.

정부 고위직에서 일하다 퇴직한 내 친구가 얼마 전 술자리에서 푸념을 늘어놓았다.

"아침에 일어나면 침대에서 내려오기 전에 오늘은 뭘 할지 그 생각부터 해."

하루 이틀도 아니고 무려 30년, 40년을 그렇게 살아보라. 그야말로 환장할 일이다.

선진국의 경우는 어떨까? 선진국에서 퇴직하고 먹고살 걱정이 없는 사람들은 취미활동이나 봉사활동을 하면서 약간의 용돈벌이를 한다. 그중 대표적인 것이 비영리 민간단체(NPO) 활동이다. 가령 미국에는 약 200만 개의 NPO가 있고 최근 한국과 일본에서도 급속히 늘고 있다. 어떻게 용돈벌이가 되느냐고? 만약 현역 시절에 100만 원을 받았다면 자원봉사활동을 하면서 30~40만 원을 받는다. 나머지 60~70만 원은 고스란히 사회공헌 활동이 되는 셈이다. 한마디로 재능 기부를 하는 것이다.

미국 퇴직자의 약 70퍼센트는 형편에 따라 허드렛일을 해서 몇 푼 벌거나 봉사활동으로 점심값, 커피값, 교통비 정도를 받는 일을 한다. 우리도 지금 그런 세상으로 가고 있으므로 NPO 활동에 주목하는 것도 바람직하다. 어쩌면 그런 것을 준비하는 것이 재테크보다 훨씬 더 중요할지도 모른다.

고용 정년, 일의 정년, 인생 정년을 넘어 '평생 현역'으로

2012년 6월 어느 일간지에 특집으로 '60~70대 황혼의 전쟁'이라는 기사가 실렸다. 이것은 서울대 한경혜 교수가 연구 발표한 내용인데, 거기에 이런 말이 나온다.

"우리의 부모 세대는 지금보다 수명이 짧은 상황에서 애를 많이 낳아 손자, 손녀를 봐줘야 했다. 그래서 부부가 단둘이 사는 기간이 평균 1.4년이었다. 앞으로 100세 시대에는 19.4년이나 20년을 단둘이 살게 된다."

준비 없이 이 기간을 맞이했다가는 부부가 앙숙이 되기 십상이다. 애들이 있으면 서로 싸웠다가도 할 수 없이 애들 눈치가 보여 화해를 한다. 또 젊을 때는 싸웠다가도 하룻밤 같이 지내고 나면 화해를 한다. 그런데 60대, 70대가 되어 싸운다고 생각해보라. 무슨 빌미로 화해를 할 것인가. 그냥 이를 갈며 각방을 쓰다가 결국 황혼이혼에 이르고 만다.

그러니 대책을 세워야 한다. 이러니저러니 해도 중요한 것은 남자에게 소일거리가 있어야 한다는 점이다. 인생을 살아가다 보면 세번 정년을 맞이한다고 한다.

첫째, '고용정년'이다. 회사의 정년은 보통 55세로 이때는 아직 몸이 생생한 편이다.

둘째, 허드렛일이나 자원봉사활동처럼 스스로 선택해서 하는 '일의 정년'이다.

셋째, 세상을 떠나는 '인생정년'이다.

여러분은 고용정년, 일의 정년, 인생정년을 어떻게 맞이할 것인가. 이러한 준비를 하고 사는 것이 재테크보다 훨씬 더 중요하다.

가장 확실한 노후대비는 재테크가 아니라 '평생 현역'이다. 돈이 있으면 있는 대로 없으면 없는 대로! 어느 강연장에서 내가 이 말을 하자 어떤 남성이 벌떡 일어나더니 외쳤다.

"왜 남자들한테만 일을 하라고 난립니까? 시내 음식점에 가보세요. 아주머니들 맛있는 거 혼자 먹고 있어요. 헬스클럽에 가보세요. 운동하느라 땀 뻘뻘 흘리는 아주머니들이 얼마나 많은 줄 알아요? 대체 왜 우리한테만 그럽니까!"

어쩌면 그 남자의 아내가 남편이 일하는 동안 그렇게 살고 있는지도 모른다. 사실 남편이 평생 현역 생활을 하도록 하려면 아내가 미리미리 돕고 준비를 해야 한다. 남편이 혼자 알아서 하도록 내버려두면 안 된다.

그다음으로 중요한 것은 저금리 시대에 노후자금을 마련하는 문제다.

2013년 말 현재 1년 만기 정기예금 금리가 2퍼센트다. 몇 년 전만 해도 10퍼센트가 넘어 정기예금으로 1억 2,000만 원이 있으면 한 달에 100만 원의 금리수입을 벌 수 있었다. 그런데 지금 한 달에 100만 원의 금리수입을 얻으려면 6억 원이 있어야 한다. 현금 6억 원을 보유한 사람이 얼마나 되겠는가! 그렇다면 우리는 이 저금리 시대에 어떻게 대응해 노후자금을 마련해야 할까?

무엇보다 '절약'을 해야 한다. 이 말을 하고 나니 사방에서 찔러대는 소리가 들려오는 듯하다.

"이 친구야, 절약을 모르는 사람이 어딨어? 돈 버는 방법을 얘기하라고 했지 누가 댁더러 절약을 얘기하라고 했어?"

미안하지만 그게 그렇지가 않다. 우리는 지난 30~40년간 고도성장기를 살아온 까닭에 알게 모르게 저지르는 낭비 요인, 거품 요인이 굉장히 많다. 물론 개개인은 아낀다고 생각하지만 선진국 사람들의 시각으로 보면 실상은 다르다. 곰곰이 따져보라. 자동차 꼭 필요한가? 교육비를 그토록 펑펑 써도 좋은가? 결혼비용에 낭비 요소는 없는가? 경조사비를 필요 이상으로 내고 있지는 않은가?

지금부터라도 작심하고 그러한 요소를 아끼지 않으면 노후준비를 할 수 없다.

저성장 시대, 결핍을 연습하라

"결핍은 '있어야 할 것'이 없어지거나 '모자란 상황'을 말합니다. 고도성장시대에는 이 '있어야 할 것'의 기준이 높아도 괜찮았습니다. 성취할 기회가 많았으니까요. 하지만 성취의 기회가 적고 평준화하는 저성장시대에는 '있어야 할 것'의 기준이 높을수록 좌절하고 불행해질 확률이 높아집니다. 그래서 요즘 아이들에게 '결핍'에 적응하는 방식을 가르치는 부모들이 있다고 합니다."

〈조선일보〉 2013년 8월 31일자 기사 내용 중 일부다.

여러분은 결핍의 시대에 대비해 어떤 무기를 준비하고 있는가? 결핍에 적응한다는 것은 대체 무슨 의미일까? 가령 한 달에 10만 원을 쓰던 사람이 9만 원을 쓰면 10퍼센트 절약한 셈이다. 더구나 절약은 자기 의지대로 행할 수 있다. 주식을 사서 10퍼센트의 수익을 내겠다고 작정한다고 그게 마음대로 되는가.

10년 전 일본의 서점에 들렀다가 '절약'에 관한 책을 많이 보았던 기억이 난다. 그때는 왜 그런 책이 있는지 의아해했는데 생각해보니 그건 당연한 일이었다. 그리고 이제는 그게 남 얘기가 아니다. 실제로 한국의 대형서점에서도《여자의 습관》,《우아하게 가난해지는 법》,《월 120만 원으로 살아보기》같은 책이 베스트셀러가 되고 있다. 앞으로 시간이 지날수록 절약의 중요성은 더욱더 높아질 것이다.

결핍의 시대에는 일단 절약하는 습관을 들이고 그다음에는 부동산 신화에서 탈피해야 한다. 예전에는 부동산 하나 잘 잡으면 걱정할 게 없었지만, 이제는 부동산이 효자가 아니다. 오히려 부동산 때문에 속을 썩는 사람이 늘고 있는 추세다.

세 번째 무기는 연금이다. 예를 들어 국민연금은 아무리 금리가 떨어져도 약속한 금액을 내준다. 직장인이 정상적으로 국민연금에 가입하면 60세부터 세상을 떠날 때까지 매달 100만 원 정도 받을 수 있다. 100만 원을 90세까지 받다가 세상을 떠난다고 했을 때, 같은 금액을 정기예금으로 받으려면 예금이 얼마나 있어야 할까? 금리를 2.5퍼센트, 물가상승률을 3퍼센트로 가정하면 4억 원이 있어야 한다. 한 달에 국민연금 100만 원을 받는 것은 정기예금 4억 원이 있는 것과 같다는 얘기다.

따라서 젊은 가정주부도 국민연금 임의가입을 고려하는 것이 좋다. 30세부터 한 달에 8만 9,000원씩 국민연금 임의가입을 하면 60세부터 세상을 떠날 때까지 46만 원씩 받을 수 있다. 여기에다 남편 것까지 합치면 절대 굶을 염려는 없는 셈이다. 연금은 미리미리 들지 않으면 의미가 없는 수단이다.

네 번째 무기는 주식이나 채권, 펀드다. 설령 위험이 따르더라도 고수익을 위해 투자 상품을 사서 수익을 내면 저금리를 방어할 수 있다. 그런데 투자에는 위험이 따르므로 반드시 배워야 한다. 스스로 배우지 않고 남의 말만 믿고 투자하면 돈을 잃을 확률이 높다. 배우지 않을 생각이라면 차라리 투자하지 않는 것이 낫다. 둘 중 하나다. 머리 싸매고 배워서 알고 투자하거나 투자하지 않거나. 결국 투자 상품을 구입하는 것은 모든 사람에게 해당되는 것이 아니다.

그러면 이도저도 할 수 없는 사람은 무얼 해야 할까?

일하는 수밖에 없다! 저금리시대에는 근로소득, 즉 몸값의 가치가 매우 높다. 그러므로 허드렛일일지언정 일을 해서 단 몇 십만 원이라도 근로소득을 올리는 것이 재테크보다 훨씬 더 중요하다.

뭐니 뭐니 해도 내가 가장 강조하고 싶은 무기는 바로 '건강'이다. 건강의 중요성은 누구나 알고 있겠지만, 미국과 일본에서 퇴직한 사람들을 상대로 설문조사한 내용을 보면 더욱더 실감이 날 것이다.

"퇴직을 하면 흔히 생활비가 줄 거라고 생각합니다. 실제로 줄었습니까?"

흥미롭게도 줄지 않았다는 대답이 무려 30~40퍼센트에 달한다! 왜 줄지 않았을까? 병원비와 간병비 때문이다. 여기에 더해 일본의 내각부는 주요국의 60세 이상을 대상으로 앙케트 조사를 실시했다. 그 질문 중 하나는 이것이다.

"당신은 지금 건강합니까?"

어떤 결과가 나왔을까? 미국이나 일본 같은 선진국 사람들은 건강하다는 비율이 60~70퍼센트인데 비해 한국은 그 비율이 40퍼센트밖에 되지 않는다. 어쩌면 한국인이 훨씬 더 험한 인생을 살았기 때문인지도 모른다. 만약 한국에서 이런 설문조사를 한다면 생활비가 줄지 않았다는 비율이 미국이나 일본보다 훨씬 높을 것이다.

언제 아플지, 치료비가 얼마나 들지는 아무도 모른다. 그러므로 보험으로 건강 리스크에 대비하는 것이 현명하다. 그런데 보험은 나이가 들면 가입하기 어렵고 보험료도 비싸지므로 한 살이라도 젊을 때 시작하는 것이 좋다. 건강 리스크는 보험으로 대응해야 한다!

자식, 귀중한 보물인가 지독한 기생충인가

건강한 노후대비를 가로막는 걸림돌 중 하나가 '자식'이라는 사실을 알고 있는가. 사실 자녀 리스크는 보통 문제가 아니다. 아니, 어떻게 귀여운 자식이 큰 문제냐고? 문제도 아주 지독한 문제다.

예를 하나 들어보자. 어느 지방 도시에 각각 76세와 75세가 된 노부부가 살았다. 얼마 전까지만 해도 그들은 노후대비를 철저히 해놓았다고 소문이 자자했다. 건설업을 하다가 은퇴했는데 보유한 부동산 덕분에 월세만 해도 한 달에 600만 원의 수입을 올렸다.

그들에게는 1남 5녀의 자식이 있었는데, 1남 4녀는 결혼해서 잘 살고 있었다. 문제는 막내딸이었다. 그 딸은 서울의 일류대학에 1등으로 들어갈 정도로 공부를 잘했고 성격도 싹싹했다. 부모의 입장에서 공부도 잘하고 싹싹한 막내딸이 얼마나 귀엽고 예쁘겠는가.

그런데 그 딸이 30대 초반까지 여성운동을 한다고 돈도 벌지 않더니, 어느 날 갑자기 건축 공부를 하겠다며 영국 런던에 있는 6년 코스의 건축 학교에 들어갔다. 그 딸의 수업료와 체재비를 감당하기 어려워지자 두 부부는 다시 건설업에 손을 대기 시작했다. 하지만 몇 년 쉬느라 감이 떨어진 상태에서 입찰을 잘못하는 바람에 사업이 무너지고 말았다.

월세를 받던 부동산을 다 팔고도 돈이 모자라 공무원으로 일하던 아들이 융자를 받아 아버지에게 돈을 꿔줘야 하는 상황이 되어버린 것이다. 결국 아들이 이자를 부담하게 되면서 부부 사이가 전만 못해졌고, 노부부는 딸들이 모아주는 얼마 안 되는 돈으로 생활하게 되었다. 사연은 다를지라도 이것은 누구에게나 있을 수 있는 얘기다. 이것이 바로 자녀 리스크다.

이웃나라 일본도 자녀 리스크에서는 별반 차이가 없다. 그 부자나라에서 굶어죽은 노인이 있다면 믿겠는가. 어떻게 일본 같은 나라에서 노인이 굶어죽느냐고? 이건 실제 사례다.

거동이 불편한 어느 70세 넘은 노인이 돈이 떨어지자 구청에 가서 도와달라고 했다. 그때 서류를 거들떠본 구청 직원이 말했다.

"어, 당신에게는 아들이 있네요? 아들한테 가세요."

하지만 그 아들은 어디로 갔는지 연락이 끊긴 지 오래였다. 결국 그 노인은 굶주림 끝에 사망했는데 유서 내용이 기막혔다.

"오니기리! 내가 이 주먹밥을 한 번 배터지게 먹고 죽었으면 소원이 없겠다."

일본 사람들이 아주 좋아하는 음식이 주먹밥이다. 그 노인이 주먹밥이 얼마나 먹고 싶었으면 그 말을 유서로 써놓고 죽었을까. 이게 결코 남의 일이 아니다.

앞으로 자식은 노후에 정말로 걸림돌이 될 수 있다. 몇 억 원은 있어야 노후대비가 된다고? 몇 억 원이 있은들 자식이 사업하다가 실패해서 손을 내밀면 어쩔 것인가? 신용불량자가 되어 손을 내밀면 외면할 수 있겠는가?

이걸 두고 흔히 '성인 자녀 리스크'라고 하는데 사실은 이게 더 무섭다. 한국에서는 다 큰 자식이 부모에게 얹혀살면 '캥거루'라고 한다. 일본에서는 캥거루족을 패러사이트 싱글(Parasite Single: 기생충[parasite]과 독신[single]의 합성어로 20대 후반 이후에도 부모 집에 얹혀사는 젊은이를 의미한다)이라고 부른다. 좀 어려운 단어인데 이는 기생충적 독신이라는 뜻이다. 영국에서는 뭐라고 할까? 키퍼스(Kippers: 성인으로서 독립적인 생활을 해야 함에도 경제적, 정신적으로 부모에게 의존하는 젊은이를 뜻한다), 즉 부모의 노후자금을 갉아먹는 자녀라고 한다. 몇 억 원을 모아두어도 여기에 걸려버리면 아무런 의미가 없다.

자식이 그 모양인데, 대한민국 부모들은 그야말로 죽어라고 자식에게 돈을 퍼붓는다. 전 세계적으로 우리나라처럼 자식에게 올인하는 나라는 찾아보기 힘들다.

그럼 사회적으로 가장 문제가 되고 있는 대학등록금을 생각해보자.

여전히 이슈화되고 있는 것처럼 대학등록금이 비싸다는 건 누구나 알고 있다. 그렇지만 따지고 보면 미국의 등록금이 훨씬 더 비싸다. 문제는 사고방식의 차이에 있다. 한국이나 일본의 부모는 대학등록금이 부모의 책임이라고 여긴다. 반면 미국의 부모들은 다르다. 본인이 융자를 받아 다니고 취직해서 갚으라는 식이다. 미성년자가 아닌 이상 부모가 더는 돌봐줄 이유가 없다는 얘기다.

어디 교육비만 문제인가. 산 너머 산이라고 결혼비용이 더 큰 문제다. 이건 한국과 일본 간에도 차이가 있다. 일본의 젊은이들은 결혼비용을 부모에게 신세져야 할 경우, 이리저리 눈치를 보다가 조금만 도와달라고 부탁한다. 자기가 모아둔 돈이 좀 부족하니 도와달라는 거다. 그런데 한국의 젊은이들은 어떤가. 제 스스로 한 푼도 모아놓지 않고 마치 당연하다는 듯이 손을 벌린다.

그 액수가 어디 장난인가. 다음의 표를 보라. 이건 어디까지나 전국 평균이므로 주거비용이 비싼 서울은 훨씬 더 들어갈 것이다.

한미일의 교육비와 결혼비용에 대한 인식 차이

	한국	미국	일본
대학등록금은 부모의 책임이다	○	×	○
결혼비용은 부모의 책임이다	○	×	×

자녀 1인당 결혼비용

	아들	딸
저소득층	6,000만 원	2,600만 원
중간층	8,300만 원	3,500만 원
고소득층	1억 3,500만 원	5,800만 원

자료: 미래에셋 은퇴연구소

그러니 결혼하면 저 살기 바쁜 자녀들의 결혼비용 때문에 부모들의 허리가 휘는 것도 무리는 아니다. 딱 중간층 아들을 보면 8,300만 원이다. 그러니 아들이 둘이면 정말 골치 아플 수밖에 없다. 자녀들을 위해 이처럼 결혼비용을 들이고 나면 어떤 문제가 발생할까?

현재 한국의 50~60대는 648만 가구를 차지한다. 자녀가 결혼적령기에 이르는 동안 그들은 이미 교육비를 왕창 썼고 조기퇴직까지 했다. 금리는 2퍼센트이고 100세까지 살아야 한다! 결국 결혼비용이 아니더라도 이미 42퍼센트가 은퇴 빈곤층으로 전락할 위험이 있다.

은퇴 빈곤층이란 부부가 월 생활비 94만 원 이하로 생활하는 것을 말한다. 거기다가 지금처럼 결혼비용까지 써야 한다면 42퍼센트에 17퍼센트가 추가돼 약 60퍼센트가 은퇴 빈곤층이 되고 만다. 그러니 이 두 가지 문제를 해결하지 않는다면 노후대비란 한낱 몽상일 수밖에 없다. 그걸 제쳐놓고 방법을 찾으면 절대 방법이 나오지 않는다.

은퇴 빈곤을 부르는 자녀 리스크

어쨌든 눈에 넣어도 아프지 않은 내 자식이니 있는 것 없는 것 들이붓고 키워냈다고 해보자. 과연 자식이 그걸 고마워할까? 이게 참 난감한 문제다.

2013년 여름 무렵 KBS 제1TV의 〈스카우트〉라는 프로그램에서 전국의 특성화 고등학교 2학년생이 우리은행 입사에 도전하는 내용을 다뤘다. 전국에서 200여 명이 도전했는데, 그중에서 일차적으로 12명을 뽑고 다시 4명 그리고 1명으로 압축하는 과정을 TV로 보여준 것이다.

그때 심사위원을 맡은 나는 깜짝 놀랐다. 고등학교 2학년생이 유머를 섞어가며 설명을 하는데 나와 함께 일하는 대졸 출신 연구원보다 백 번 잘했기 때문이다. 학생들은 대부분 집안이 어려웠고 스스로 아르바이트를 해서 동생의 용돈을 챙겨주거나 생활비에 보태는 경우도 많았다. 무엇보다 인상적이었던 것은 어려운 환경에서도 부모를 끔찍이 생각하는 모습이었다.

그럼 있는 돈 없는 돈 쏟아 부어 기른 아이들은 어떨까? 과연 부모님을 그만큼 생각할까? 천만에! 그 사실은 한국여성정책연구원이 '결혼비용에 대한 신혼부부의 생각'을 조사한 결과가 잘 보여준다.

부모가 내 결혼비용 때문에 힘들어했을 거라고 생각하지 않

결혼비용에 대한 신혼부부의 생각은?

	예	아니요
부모가 내 결혼비용 때문에 힘들어하셨다.	35%	65%
나는 남들에 비해 결혼비용을 적게 쓴 편이다.	65%	35%
남들은 나보다 더 지원받는 경우가 많다.	52%	48%

자료: 한국여성정책연구원

는 자녀가 무려 65퍼센트에 달한다. 자신은 남들보다 결혼비용을 적게 썼다고 생각하는 자녀 역시 65퍼센트다. 이건 요즘 흔히 말하는 '개념'의 문제다. 한마디로 개념이 없는 거다. 그깟 개념쯤 없어도 상관없다고? 자식들만 잘 산다면 개의치 않겠다고? 근데 그게 아니다.

우리의 부모 세대는 논 팔고 집을 팔아 뒷바라지를 해도 자식이 시험을 잘 봐서 괜찮은 대학, 괜찮은 회사에 들어가면 본전을 뽑았다. 그럭저럭 60세까지 회사에 다니면서 부모를 봉양했으니 말이다. 그 정도면 본전을 뽑았다고 봐도 무방하다.

그런데 지금은? 일류대학을 나와 일류기업에 들어가도 40대 중반이면 언제 쫓겨날지 몰라 좌불안석이다. 신문에서 봤을지도 모르지만, 남자가 주직장에서 45세까지 근무할 확률이 50년 이전 출생자는 70~80퍼센트, 58년 개띠는 40퍼센트, 60년생은 20퍼센트라고 한다.

이건 무얼 의미할까? 간단하다. 한 직장에 3년쯤 다니다가 퇴직당하고, 6개월 놀다가 재취업해서 또 퇴직당하는 일을 몇 번 겪으며 60세까지 가는 세상이 왔다는 얘기다. 선진국 사람들은 이미 이런 일에 익숙해져 있다. 그들은 평생 서너 개의 직업을 갖는 걸 당연시한다.

일생 동안 몇 번의 취직과 퇴직을 겪어내려면 씩씩하고 의연해야 한다. 공부를 잘한다고 이러한 흐름에서 제외될 수 있는 것은 아니다. 시험을 잘 보는 것도 마찬가지다. 아니, 나는 오히려 공부를 잘하는 사람들이 훨씬 더 걱정스럽다. 왜냐고? 쉽게 설명하기 위해 이쯤에서 실제로 있었던 일 하나를 소개할까 한다.

어느 회사에서 국제 비즈니스 부서를 신설했다. 그 회사는 세계로 뻗어가겠다는 일념으로 일류대학을 나와 미국 유학까지 다녀온 인재들을 고액연봉에 스카우트했다. 그들은 유창한 영어 솜씨를 발휘하며 비즈니스를 펼쳤지만 4년이 지나도록 별다른 실적을 올리지 못했다. 안됐지만 냉정한 비즈니스 세계에서는 실적이 곧 생명줄이다. 이를 보여주듯 회사는 그 부서를 해체하고 말았다.

그럼 그들은 어디로 가야 할까? 마땅히 갈 데가 없다. 그 정도 능력이면 어디든 갈 수 있을 것 아니냐고? 천만의 말씀이다. 4년간 받은 고액연봉이 그들의 발등을 찍고 말았다. 일시적으로 받는 고액연봉은 득보다 실이 많다. 받을 때는 영원히 그렇게 받을 줄 알지만 세상사가 어디 그렇던가. 일시적으로 소득이 높으면 저축은 없고 소비수준과 생활수준만 대책 없이 높아진다. 고액연봉을 받는 동안 호텔 헬스 회원권 사고 골프 치며 살았는데 그걸 어떻게 하루아침에 그만둘 수 있겠는가. 결국 부모의 등골을 빼먹을 수밖에.

'중산층 공무원' 권하는 사회

부부가 40세가 넘어가면 가장 먼저 신경 써야 하는 것은 재테크가 아니라 '자녀 리스크'다. 자녀의 교육과 결혼 문제에 대해 제대로 된

인식을 갖춰야 자녀도 살고 부모도 살 수 있다. 다행히 이미 그 문제를 심각하게 고민하는 사람이 꽤 있다.

내가 잘 아는 어떤 사람의 예를 살펴보자. 그에게는 아들이 4명 있다. 그런데 둘째아들이 고등학교 1학년이 되었을 때, 초등학교를 함께 다니다가 런던으로 유학 간 친구가 아들을 여름캠프에 초대했단다. 아들이 어떻게 생활했는지 모르지만 한 달 후 영국 학교 교장에게 전화가 왔다. 장학금을 줄 테니 아들을 1년간 교환학생으로 보내달라는 거였다.

결국 아들은 런던에서 1년을 공부했는데 약속한 시간이 흐른 뒤 또다시 전화가 왔다. 아들을 3학년까지 그곳에서 배우게 하면 장학금도 계속 받고 옥스퍼드 대학도 들어갈 수 있을 거라는 얘기였다. 이 경우 대한민국 부모의 대다수는 아마 수백 번이라도 절을 하며 아들을 보낼 것이다. 하지만 그는 정중히 사양하고 아들을 데려왔다.

"대단히 감사합니다. 하지만 저는 미성년자인 제 아들이 고등학교를 졸업할 때까지는 부모형제와 부대끼면서 살아야 가족애도 생기고 봉사정신과 희생정신도 배울 수 있을 거라고 생각합니다."

얘기로 들을 때는 간단해 보여도 이런 결단을 내리는 게 결코 쉬운 일은 아니다. 사실 대한민국에는 시험을 잘 치는 기계들이 수두룩하다. 생각하는 행동을 구글이나 네이버에게 빼앗기고도 아무렇지도 않게 여기는 젊은이가 얼마나 많은가.

결국 그의 둘째아들은 시험 기계들에 치여서 지방대학에 진학했다. 영국에 그냥 놔뒀으면 옥스퍼드에 갈 인재가 말이다. 재미있는 건 그다음이다. 대학 1학년 1학기 때 만주연변과학기술대학 총장이 한국에 왔다가 그 아들을 보더니 자기네 학교로 오라고 제안했단다. 그 아들은 선진국도 아닌 만주로 가는 것임에도 불구하고 망설이지 않고 그곳으로 떠났다. 교환학생으로 3년 반 동안 신장성 우르무치 대학에 교환학생으로 다녀온 것이다.

그 아들은 그곳에서 중국의 조선족, 러시아에서 유학 온 고려인, 북한 유학생, 신장성 위구르족 그리고 한족을 사귀었다. 덕분에 중국 어와 영어에 능통해서 그 아이의 앞날이 오히려 창창해졌다는 소식 이다.

나와 함께 일하는 한 연구원의 아내가 초등학교 4학년을 가르치고 있는데, 어느 날 아이들을 대상으로 장래희망을 조사했단다. 그 결과 가 어땠을까? 무려 60퍼센트가 공무원이라고 대답했다! 대한민국은 앞으로 5,000만 인구가 공무원을 하게 생기지 않았는가. 대체 초등 학교 4학년이 뭘 안다고 공무원이 되겠다고 했을까? 당연히 부모의 입김이 작용했을 터다.

세상이 불안정하다 보니 부모가 자기 관점에서 가장 안전해 보이는 공무원을 하라고 아이에게 말했을 테지만, 변화가 급격 할수록 안전한 곳에 숨어 있는 사람이 가장 먼저 나가떨어지게 마련이다. 오늘날 한국인은 전 세계 180여 개국에 가서 일하고 있는 데, 이는 가장 넓게 퍼져 있다고 알려진 유대인보다 더 넓은 분포다.

우리가 그나마 이만큼 살고 있는 건 그래서다. 그런데 한창 꿈을 키워야 할 어린아이에게 안전하니까 공무원을 하라고 말하다니!

여기서 하나만 더 생각해보자.

지금 많은 사람이 최소한 중산층이라도 되어보겠다고 애를 쓰는데 도대체 중산층이란 뭘까? 미래에셋 은퇴연구소가 직장인들을 대상으로 설문조사한 결과가 우리네 현주소를 잘 보여준다.

직장인이 대답한 한국의 중산층 조건 1번은 아파트 30평 이상이다! 세상에, 한국은 아파트 평수가 곧 신분의 상징이다. 혹시 요즘 미국과 일본에서 스몰 하우스 운동이 벌어지고 있다는 사실을 알고 있는가. 자동차? 무려 2000cc 이상이다. 그렇다면 선진국은 어떨까? 선진국에서 갑자기 큰 자동차를 타면 둘 중 하나다. 깡패 아니면 졸

중산층에 대한 한국과 미국의 의식 비교

한국의 중산층	미국의 중산층
1. 30평대 이상 아파트	1. 떳떳하게 자기주장을 한다.
2. 월급여 500만 원 이상	2. 페어플레이를 한다.
3. 2000cc 이상 자가용	3. 사회적 약자를 돕는다.
4. 1억 원 이상 예금잔고	4. 부정과 불법에 저항하는 용기를 낸다.
5. 연 1회 이상 해외여행	5. 정기적으로 비평지를 받아본다.
직장인 대상 설문조사	공립학교에서 가르치는 기준

자료: 미래에셋 은퇴연구소

부! 미국의 공립학교에서 정의하는 중산층의 내용을 한번 읽어보라. 정말 부끄럽지 않은가.

요즘 어른들은 아이들에게 무얼 가르치는가? 거의 없다. 학교에서조차 영어와 수학에 거의 올인을 하는 지경이다. 그러나 현실적으로 영어와 수학은 못해도 먹고살 수 있지만, 돈 관리와 경제적 자립을 모르면 평생 고생한다. 부럽게도 미국의 고등학교 교과서는 무려 43쪽이나 할애해 돈 관리와 경제적 자립을 가르치고 있다. 그렇다면 우리는? 고작 1~2쪽밖에 안 된다. 그마저도 선택을 하지 않으면 아예 맛조차 볼 수 없다. 그러니 대학을 졸업하고도 저축과 투자가 어떻게 다른지 모르는 사람이 있는 게 당연하지 않은가.

노인이 노인을 부양해야 하는 시대, 최저생활비를 준비하라

힘들겠지만 학교가 손을 놓는다면 부모라도 나서서 돈 관리를 가르쳐야 한다. 젊을 때 벌어들인 돈을 잘 관리하지 않고 자녀에게 올인하면 애를 망치는 동시에 자신의 노후도 망칠 수 있다. 그럼 그 돈으로 재테크를 하라는 말이냐고? 그보다 먼저 해야 할 것이 있다.

우선 선진국의 상황을 살펴보자. 그들은 노후의 주수입원이 무엇

세계 각국의 노후 주수입원

(단위: %)

연도 \ 나라	한국 1980	한국 2010	미국(2010)	일본(2010)	독일(2010)
자녀의 도움	72.4	30.1	0.7	1.9	0.4
공적 · 사적 연금	0.8	13.2	67.0	67.5	84.3
기타	26.8	56.7	32.3	30.6	15.3

자료: 일본 내각부 〈고령사회백서 2011년판〉

일까? 흔히 선진국 노인들은 몇 억씩 갖고 있을 거라고 생각하지만 사실 그들은 세상을 떠날 때까지 최저생활비 정도를 연금으로 받는다. 연금 대상이 전체 인구의 70~80퍼센트에 달한다. 한국의 경우에는 그 대상이 교사나 공무원밖에 없어 고작해야 13퍼센트에 불과한 실정이다.

그러면 그동안 한국인의 노후 주수입원은 뭐였을까? 사실 30년 전에는 자식들이 도와줬다. 표에서 보듯이 72퍼센트가 자식의 도움이 노후의 주수입원이었다. 그런데 그것이 지금은 30퍼센트로 팍 줄어버렸다.

앞으로 10년 후에 똑같은 조사를 하면 자식의 도움을 받는다는 비율이 미국의 0.7퍼센트나 일본의 1.9퍼센트, 독일의 0.4퍼센트처럼 될 것이다. 선진국의 어느 나라를 가 봐도 자식이 부모의 생활비를 돕는 경우는 없다.

더 큰 문제는 따로 있다. 1960년대까지만 해도 수명이 짧아 노부모를 부양하는 기간이 평균 5년이었다. 하지만 앞으로 100세 시대에는 무려 20년에서 25년에 달한다! 한마디로 우리의 미래는 노인이 노인을 부양해야 하는 시대다. 자식도 노인인데 어떻게 부모를 도와줄 수 있겠는가.

그러니 지금은 이런저런 재테크에 눈길을 돌리기보다 국민연금을 부부가 같이 드는 게 현명하다. 물론 직장인은 퇴직연금! 이것만으로는 모자라니까 여기에다 한 달에 10만 원이나 20만 원 정도 개인연금을 들어두는 것이 좋다. 지금 같은 100세 시대에는 이 세 가지 연금으로 150만 원이든 200만 원이든 최저생활비를 확보해두는 것이 가장 중요하다.

그런 대비를 하지 못하고 이미 퇴직했는데 이제 어찌해야 하느냐고? 만약 이런 고민을 한다면 살고 있는 집이나 고향의 땅을 과감하게 은행에 내놓고 생활비를 받아쓰다가 정산하는 것이 바람직하다. 그것이 바로 주택연금과 농지연금이다. 더러 어떤 사람은 이렇게 말한다.

"그래도 자식에게 집 한 채는 주고 가야 하는 것 아닌가."

생각해보라. 100세에 세상을 떠나면서 자식에게 집을 줘봐야 그 자식이 70세인데 그걸로 뭘 하겠는가. 차라리 그 집을 활용해 자식에게 신세지지 않고 살다가 가는 것이 낫다.

많은 사람이 몇 억 원은 있어야 노후대비가 된다고 생각하지만, 사

주택연금 원 예상 수령액

(단위: 만 원)

	1억 원	3억 원	5억 원	7억 원	9억 원
60세	23	69	115	161	207
65세	27	82	138	193	248
70세	33	100	167	234	300

실 몇 억 원을 들고 있으면 신세 망치기 십상이다. 머릿속으로 상상
해보라. 몇 억 원이 있으면 어떤 일이 벌어질까?

첫째, 사기꾼이 노린다.

둘째, 아들이나 사위가 노린다.

그렇다고 자식들이 찾아와 위협을 한다는 얘기는 아니다. 그저 아
들이나 사위가 사업을 하다가 실패하면 노인들이 도와주지 않고는
못 배길 뿐이다. 실제로 손을 내미는 자식들에게 재산을 털어주고
쪽방에서 사는 노인이 얼마나 많은가. 100세 시대에 장수 리스크, 자
녀 리스크에 대비하려면 세 가지 연금을 들거나 주택 혹은 농지 연
금으로 최저생활비를 확보해야 한다. 우리가 100세에 세상을 떠날지
아니면 110세에 떠날지 누가 아는가.

초고령 사회, 대형 아파트가 재앙인 이유

한국인의 자산 관리에서 가장 커다란 문제는 '부동산'에 올인한다는 점이다. 자산의 무려 78퍼센트가 부동산에 집중돼 있다. 그것도 60세 이상의 가정을 보면 자산의 85퍼센트가 부동산이다.

나이가 50을 넘어가면 자녀들이 결혼을 하면서 부부만 남게 된다. 그럼 부부는 어떤 집에서 살 것인가? 그걸 미리미리 생각해두지 않으면 엉겁결에 큰 집으로 이사 간 뒤 후회하게 된다. 재미있게도 많은 중년 여성이 딸이 시집갈 때가 되면 큰 집으로 이사를 가려고 한다. 재테크도 되고 사돈네 보기에 폼도 나니까!

멀리 갈 것도 없이 내 아내도 그랬다. 딸이 2002년에 결혼하기로 약속했는데 아내가 2001년에 큰 집으로 이사 가자고 했다. 왜 큰 집을 원하느냐고 묻자 아내는 그래야 아들이나 사위가 와서 자고 간다고 대답했다. 이 얼마나 큰 착각인가? 요즘 젊은이들이 노부부가 사는 집에 와서 자고 가는 것을 봤는가.

지금까지 대형 아파트의 가격이 많이 오른 이유는 희소가치 때문이었다. 앞으로는 얘기가 다르다. 자칫 잘못하면 오히려 대형 아파트가 애물단지가 될 수도 있다. 아니, 이미 애물단지로 전락하고 있는 실정이다.

대한민국 인구가 5,000만 명인데 가구 수는 1,750만이다. 그중 혼자 사는 가구, 둘이 사는 가구의 비율이 30년 전에는 15퍼센트에 불과했다. 당시 가족 구성원을 보면 3~4명은 기본이고 7~8명까지도 꽤 있었다. 하지만 이미 그 지도는 조선시대 지도처럼 희미해져버렸다. 2010년만 해도 혼자 혹은 둘이 사는 가구가 무려 48퍼센트에 달했다. 전망치이긴 하지만 2035년이 되면 이것이 68퍼센트에 달한다고 한다.

말도 안 된다고? 그럼 우리보다 먼저 고령화 사회를 주도하고 있는 일본의 사례를 보자. 일본은 이미 2005년에 56퍼센트를 달렸다! 지금은 60퍼센트를 훌쩍 넘겼을 거라는 게 전문가들의 추정치다. 한국 역시 대다수가 혼자 아니면 둘이 사는 시대를 향해 달려가고 있다. 그럼에도 여전히 대형 평수를 고집하는 사람들이 있는데, 이건 정말 조심해야 할 일이다.

또한 젊을 때는 상관없지만 나이가 들면 고층 아파트도 주의해야 한다. 한국인은 흔히 돈이 많으면 하늘로 가고 돈이 없으면 땅으로 가지만, 고층을 너무 좋아하는 것도 문제다.

4년 전, 일본 열도를 발칵 뒤집어놓은 사건이 발생했다. 일본의 국민 여배우 오하라 레이코가 사망했는데 그녀가 죽은 지 4일 만에 발견되었던 것이다. 한마디로 고독사였다.

어느 대형 평수 아파트 단지를 조사했더니 과거 3년 동안 고독사한 사람이 25명에 달했다고 한다! 그들은 죽어서 발견될 때까지 평균 21.3일이 걸렸다. 이 얼마나 비극적인 일인가.

대체 왜 이런 일이 생기는 걸까? 사람이 사는 집에 사람이 들락날

락하지 않아서 그런 것이다. 자식과 함께 살지 않는 것이 보편적인 추세다 보니 남는 건 이웃집밖에 없다. 실제로 이웃집만 한 복지 시설도 없다. 요즘 단독주택이 다시 뜨는 이유가 바로 여기에 있다.

성냥갑 같은 30~40평대 아파트에 혼자 아니면 둘이 사는 모습을 상상해보라. 꽉 막혀 있는 그 공간에 과연 누가 찾아올까? 2012년, 하루는 일본의 전문가와 함께 강남의 고층 아파트 곁을 지나가다가 내가 이런 말을 했다.

"저것이 한국에서 가장 비싼 아파트입니다!"

그때 일본인 전문가는 뭐라고 했을까? 우린 분명 그의 질문을 새겨들어야 한다.

"한국도 몇 십 년 지나면 초고령 사회가 될 텐데, 그때 저 아파트는 어떻게 될까요?"

이미 초고령 사회에 들어선 일본에서 요즘 유행하는 것이 하나 있다. 바로 둘만 남았거나 혼자가 된 노인이 도시의 병원이 가까운 곳에 18평에서 20평짜리 집을 구하는 일이다. 나이가 들면 병원과 문화 시설이 가까워야 좋다. 노인이 되면 자주 아프고 또 재미가 있어야 살맛이 나니까. 여기에다 시장이 가까우면 금상첨화다. 이건 결코 남의 얘기가 아니라 머지않아 우리에게 닥칠 현실이다.

나이 들수록 금융자산 비중을 높여라

장기적으로 봤을 때 한국의 주택 수요와 공급은 어떻게 변할까?

나라마다 집을 지을 수 있는 능력, 즉 주택 공급 능력이 확 늘어나는 때가 있다. 미국과 일본은 각각 70년대와 80년대에 그랬고 한국은 최근 몇 년 전부터 그런 시기를 보냈다. 그 능력은 각국의 발전 단계에 따라 다르게 나타난다.

그러면 그 '때'란 그 나라에서 어느 때를 말하는 걸까? 그건 사회간접자본 투자가 대충 끝나갈 때를 의미한다. 사회간접자본 투자라는 것은 도로, 철도, 항만, 지하철, 운동장 등을 건설하는 것을 말한다. 그런 시설은 대체 누가 만드는 걸까? 바로 건설업자다.

한마디로 공공시설을 많이 지을 때는 그만큼 집을 지을 여력이 부족하다. 그러면 이쯤에서 대한민국의 현주소를 살펴보자. 일단 전국에 고속도로가 쫙 깔렸다. 지하철, KTX도 지방까지 쭉쭉 뻗어 있다. 만약 대한민국에 더 이상 건설할 일이 없다면 그 많은 건설장비와 인력은 뭘 해야 할까?

지금 대한민국의 건설 기술은 세계가 알아줄 정도다. 그러니 집을 짓는 것은 마음만 있으면 일도 아니다. 문제는 집을 지었을 때 누군가가 그 집에 들어가 살아줘야 한다는 데 있다. 수요가 있어야 한다는 얘기다. 그 수요를 예측하는 대표적인 지표가 바로 출산율이다.

일본의 경우 1947년에서 1949년에 태어난 세대가 베이비붐 세대인데 그때 여성들은 평균 4.4명을 낳았다. 알다시피 그들이 집을 살 나이가 되었을 때 일본의 집값이 폭등했다. 그런데 최근 5년간 일본의 출산율 평균은 1.3명이다. 둘이 만나 1.3명을 낳으니 그들이 결혼할 즈음에는 세 쌍 중 두 쌍이 무남독녀, 무녀독남인 셈이다. 이들은 잘하면 양가에서 집을 두 채나 물려받을 수 있다.

그래서 그런지 일본의 젊은이들은 집에 별다른 관심이 없다. 이러한 현실을 반영하듯 일본에서는 무려 756만 채가 빈집이란다. 그러니 일본의 주택정책 1호가 빈집 처리인 것도 무리는 아니다.

그건 일본의 얘기일 뿐이라고? 우린 다르다고? 그렇지 않다.

한국의 베이비붐 세대는 1955년에서 1963년에 태어난 세대다. 당시 한국의 전국 전기보급률이 채 20퍼센트가 되지 않아서 그랬는지 모르지만 참 많이도 낳았다. 여성들이 평균 6.3명의 아이를 낳았으니 말이다! 바로 이들이 집을 살 나이가 되었을 때 핵가족화가 겹치면서 한국의 집값이 폭등했다. 이제 시간을 훌쩍 건너뛰어 2005년을 보자. 출산율 1.08명! 세상에 이처럼 변화무쌍한 나라가 지구상에 또 있을까?

그 중간에 좀 늘어나는가 싶더니 2013년에 다시 1.1명으로 떨어졌다. 이게 얼마나 심각한 문제인지 아는가. 출산율 1.08명 시대에 태어난 아이들이 결혼할 때쯤이면 계산상 무남독녀, 무녀독남일 수밖에 없다. 이는 신랑과 신부가 집을 한 채씩 물려받을 가능성이 크다는 얘기다.

한국의 합계출산율 변화 추이

(단위: 명)

연도	1955~60	2005	2006	2010
합계출산율	6.3	1.08	1.13	1.22

한국의 주택보급률과 자가가구 비율

	주택보급률 (2009년)	실 주택보급률 (2009년)	자가가구 비율 (2008년)
전국	111%	101%	56%
서울	95%	93%	45%

자료: 통계청

위의 표에서 한국의 주택보급률을 보라. 한국은 이미 2009년에 주택보급률이 100퍼센트를 넘어섰다. 세부적으로 볼 때 서울이 93퍼센트에 달하는데 여기에는 원룸이나 오피스텔이 포함되지 않았다. 만약 원룸과 오피스텔을 포함하면 서울도 주택보급률이 100퍼센트를 넘는다.

그런데 왜 집이 없어서 난리냐고? 자가가구 비율이 절반밖에 되지 않아서 그렇다. 그럼 선진국은 자가가구 비율이 높으냐고? 결코 그렇지 않다. 단, 선진국과 한국은 의식적인 면에서 큰 차이가 있다. 선진국 사람들은 집이 없으면 빌려서 살면 된다고 생각한다. 집이 있으면 세금을 내야 하고 수리도 해야 하며 보험료가 늘어나니 아예 집을 사지 않고 새집만 골라가며 사는 사람도 있다.

그런데 왜 한국인은 집을 소유하는 것에 그토록 집착하는 걸까? 여기에는 두 가지 이유가 있다.

첫째, 집값이 너무 빨리 올라 늦기 전에 사야 한다는 의식이 있었기 때문이다. 요즘 집값이 오를 것 같지 않자 집을 소유하는 것에 대해 시큰둥한 사람이 얼마나 많은가.

둘째, 집주인의 간섭 때문이다. 지금의 중년 세대가 젊은 시절에 집을 얻을 때만 해도 집주인이 식구가 몇 명인지, 애는 몇 살인지 꼬치꼬치 따져가며 세를 내줬다. 심지어 감춰둔 식구는 없느냐고 물으니 열이 받아서 집을 살 수밖에.

1980년대에 일본 동경에서 근무한 나는 어느 영감님의 집을 빌려 살면서 재미있는 경험을 했다. 영감님은 한 달에 한 번 집세를 받으러 왔는데, 올 때마다 초콜릿을 한 봉지 들고 와서 거의 무릎을 꿇다시피 하며 집세를 받아갔다. 그걸 보면서 나는 '와, 집주인이 저렇게 하면 굳이 집을 사려고 안달할 필요가 없겠구나' 하는 생각을 했다.

그건 그저 남의 나라 얘기일 뿐이라고? 몇 년 만 더 기다려보라. 지금은 그저 혼란기 내지 과도기일 뿐이다. OECD 가입국 중 집을 빌려서 사는 사람의 권리가 가장 약한 나라가 한국이라는 것을 아는가. 앞으로 그건 뒤집힐 것이다. 실제로 일본에서는 세도 마음대로 올리지 못한다. 아마 한국의 집주인들도 머지않아 초콜릿을 들고 다니며 집세를 받아야 할 것이다.

그럼 내 집 마련에 대한 한국인의 의식은 어떻게 바뀌고 있을까?

2010년만 해도 '내 집 마련은 꼭 해야 하는가?'라는 질문에 응답자 중 83퍼센트가 '그렇다'고 대답했다. 그런데 불과 2년 후인 2012년에는 그 수치가 72퍼센트로 줄어들었다. 단 2년 만에 11퍼센트에 해당하는 사람의 의식이 바뀌어버린 셈이다.

그렇다고 집을 팔아서 주식을 사라는 얘기는 아니다. 투자에는 위험이 따르게 마련이므로 자산을 한곳에 집중하면 안 된다. 만약 갖고 있는 자산의 100퍼센트가 부동산에 묶여 있다면 우선 10~20퍼센트라도 금융자산을 보유하는 것이 좋다. 그리고 나이가 들면서 점점 금융자산의 비중을 높여야 한다. 환갑쯤 되면 부동산과 금융자산이 반반이 되어야 한다.

나이가 들수록 부동산의 비중은 낮추고 금융자산의 비중은 높이는 게 자산 관리의 원칙이다. 이 말은 이제 부동산은 재테크 수단이 아니라 주거 수단이라는 것을 의미한다. 이런 자세로 자산을 관리해야 마음 편히 여생을 살아갈 수 있다.

글로벌 전망 05

짐 로저스

로저스홀딩스 회장. 1969년 조지 소로스와 글로벌 투자사 '퀀텀펀드'를 공동설립한 후 10년 간 4,200%의 경이적인 수익률을 올린 그를 두고 세계 언론은 '월가의 투자 귀재'이자 '살아있는 경제 구루'로 수식한다. 37세에 공식적으로 은퇴를 선언한 뒤 콜롬비아 경영대학원에서 재무학을 가르쳤고, WCBS와 FNN 등에서 금융관련 방송을 진행했다.

이후 버킷리스트였던 오토바이 세계일주 여행에 나서 52개국에 걸쳐 약 16만 킬로미터를 주파하며 기네스북에 오르기도 했다. 그의 다음 기네스 기록인 '밀레니엄 어드벤처' 동안에는 아내와 함께 116개 나라와 전 세계 30개의 내전 지역 중 절반을 지나며 약 24만 5,000킬로미터를 달렸다. 미국 이후 세계 경제의 주도권이 아시아로 넘어올 것이라고 전망하는 그는 2007년에 싱가포르로 이주해 정착해 살고 있다. 지은 책으로 《세계경제의 메가트렌드에 주목하라(Street Smarts)》, 《상품시장에 투자하라(Hot Commodities)》, 《월가의 전설, 세계를 가다(Investment Biker)》, 《어드벤처 캐피털리스트(Adventure Capitalist)》, 《백만장자 아빠가 딸에게 보내는 편지(A Gift to My Children)》, 《불 인 차이나(A Bull in China)》 등이 있다.

8장

2014년
세계 경제와 투자 금맥

짐 로저스, 로저스홀딩스 회장

21세기, 통일 한국과 중국의 시대

한국은 내가 자주 찾고 싶어 하는 나라 중 하나인데, 방문할 때마다 늘 좋은 시간을 보내고 있다. 나는 앞으로 몇 년 안에 남북한이 통일될 거라 생각하며 통일된 한국은 전 세계에서 가장 흥미로운 나라가 될 거라고 본다.

일본은 한반도의 재통일을 원치 않는다. 재통일된 한국은 인구 7,500만으로 중국과 국경을 접하는 이점을 누린다. 또 북한에는 풍부한 천연자원과 더불어 근면하고 성실한 노동력이 있고, 남한은 자본력과 경영 능력을 보유하고 있다. 결국 통일된 한국은 21세기에 가장 유망한 국가 중 하나로 부상할 것이다.

물론 21세기에는 중국도 중요한 나라로 자리 잡겠지만 그 외에 별로 눈에 띄는 국가가 없는 상황에서 한국이 부상할 가능성이 크다. 아쉽게도 서구의 많은 나라는 이미 쇠락기에 접어들었다.

세계의 여러 변화 중 우리가 가장 먼저 이해해야 하는 것은 중국의 부상이다. 좋든 싫든 중국은 21세기에 가장 중요한 나라로 자리매김할 것이다. 사실 서구에는 중국의 부상을 싫어하는 사람이 꽤 많다. 그렇지만 역사의 흐름은 거스를 수 없는 법이고 19세기의 영국이나 20세기의 미국과 마찬가지로 21세기는 중국이 주름잡을 전망이다.

중국은 스스로를 공산주의 국가라고 하지만 사실은 전 세계 최고의 자본주의 국가 중 하나다. 중국인을 두고 세계 최고의 자본주의자라고 칭하는 사람도 있다.

역사를 살펴보면 중국은 실제로 위대했던 시기가 여러 번 있던 나라다. 한때 영국이나 로마제국, 이집트도 위대했지만 중국은 그처럼 위대했던 시기가 서너 번 있었고 큰 혼란기도 그만큼 있었다. 그러나 그들은 매번 다시 일어섰다.

1978년 덩샤오핑은 체제가 잘 돌아가지 않는다며 새로운 것의 필요성을 강조하면서 기업가 정신과 자본주의를 부활시켰다. 알다시피 지난 30여 년간 승승장구한 중국은 단순히 반짝 스타에 머무는 것이 아니라 지속적으로 세계를 변화시키는 원동력이 될 것이다. 한국만 봐도 그 사실을 알 수 있다. 20년 전만 해도 한국은 중국과 별로 관계가 없었지만 이제 중국은 한국의 최대 교역대상국 내지 가장 큰 교역국으로 부상했다. 이건 불과 지난 20년 동안 일어난 일이다.

앞으로는 더 많은 변화가 일어날 것이다. 한반도의 통일이 세계에 큰 영향을 주는 것은 물론, 중국의 부상으로 빚어지는 문제도 만만치 않을 전망이다. 어떤 나라, 가족, 사람, 회사든 성장하면서 문제를 겪게 마련이다. 직선으로 곧장 성장하는 경우는 존재하지 않는다. 그런 의미에서 중국에도 문제가 있을 것이므로 문제가 보이면 꼭 그 기회를 이용하기 바란다.

중국 투자, 어디에 어떻게 할까

세계 여러 나라를 여행할 때마다 나는 반드시 자녀나 손자들에게 중국어를 가르치라고 조언한다. 실제로 나는 내 두 딸에게 중국어를 가르쳤고 목소리만 들으면 중국의 아이들로 착각할 만큼 딸아이들은 중국어를 유창하게 구사한다. 나는 부모로서 아이들이 21세기를 준비하도록 해주는 가장 좋은 방법은 중국어를 익히고 아시아를 알게 하는 것이라고 확신한다.

사실 나는 수년 전 뉴욕에 있는 집을 팔고 아시아로 이사했다. 내 딸들이 준비된 사람으로서 21세기를 살아가도록 하기 위해서다. 즉, 나는 말로만 아시아를 강조하는 게 아니라 실제로 그렇게 살고 있다. 물론 중국에 돈도 투자했다. 나는 보통 중국의 주식이 바닥을 치면 매입한다. 가장 최근에 중국 증시가 붕괴된 것은 2008년 10월과 11월이었다. 그때가 중국 주식을 대량으로 매입한 마지막 시기였다.

2013년 11월 중국에서 중요한 회의가 열렸는데, 나는 그것이 지난 35년 동안 열린 회의 중 가장 중요한 3대 회의 중 하나라고 생각한다. 1978년 회의에서는 덩샤오핑이 중국을 바꿨고 1993년 베이징에서 열린 3중전회(중국공산당 중앙위원회 3차 전체회의)가 또 세상을 바꿨는데, 2013년 11월에 열린 3중전회도 이전의 두 회의만큼 중요한 것이었다. 그러므로 이 회의에서 발표된 중국 정부의 선언을 꼭 알아두기 바란다.

그 이유는 간단하다.

중국의 주식 시장을 보면 전반적으로 하락세인 가운데 이상하리만치 엄청나게 활황세를 보이는 부분이 눈에 띈다. 그건 중국 정부가 그 분야를 성장시키기로 결정했기 때문이다. 예를 들어 중국은 수년간 꽁꽁 닫아걸었던 금융 시장의 문을 열어젖히기로 결정했다. 나는 개인적으로 세계 여러 나라의 금융 시장을 낙관적으로 전망하지 않지만 중국은 다르다. 그래서 최근 중국의 금융주를 매입하기 시작했다.

또한 중국 정부는 지난 30년간 도시와 달리 농촌은 중국의 많은 변화에서 혜택을 입지 못했다고 판단해 농업을 지원하고 농민을 돕겠다고 선언했다. 나도 그 운동에 동참해 중국의 농업과 농민들을 돕고 있다.

중국의 철도 건설 확대도 눈여겨봐야 한다. 중국은 국토 면적이 미국과 비슷하지만 킬로미터 기준으로 미국이 중국보다 250퍼센트나 더 많은 철도를 보유하고 있다. 앞으로 중국은 철도에 많이 투자할 계획이다.

한편 국방과 의료 보건 분야도 주요 투자 대상이다. 중국은 의료 수요가 크고 정부도 이를 인식하고 있기 때문에 의료 시장의 개방화를 추진할 것이다. 만약 의료보건 분야에 관심이 있다면 중국의 의료보건 분야가 향후 10년, 20년, 30년 동안 매우 흥미롭게 흘러가는 것을 볼 수 있을 터다.

이처럼 중국 정부의 정책을 예의주시하면 많은 기회를 발견할 수 있다. 특히 중국은 2013년 11월의 3중전회에서 미래에 문제가 발생하면 그 해결책을 시장의 판단에 맡길 거라고 밝혔다. 이건 굉장히 고무적인 결정이다. 왜냐하면 서구에서는 국가가 결정하는 것이 최선이라고 생각하는 나라가 늘어나고 있기 때문이다.

물론 국가가 항상 최선의 결정을 하는 것은 아니다. 실제로 정부 관료보다는 시장의 판단이 항상 더 잘 맞았다. 중국은 이제 어떻게 해야 할지 모호한 경우엔 시장이 알아서 판단하도록 할 거라고 밝힌 셈이다. 정말 대단하지 않은가. 스스로를 공산국가라고 하는 중국에서 말이다.

나는 중국에서 아주 좋은 변화들을 감지하고 있다. 더불어 문제도 더 늘어날 것이다. 중국의 주식 시장도 더 많은 어려움을 겪을 가능성이 크다. 가령 금리를 올리면 피해를 보는 사람이 생기고 부동산 개발업자가 타격을 받게 된다. 나라면 중국 부동산에는 투자하지 않을 테다. 어쨌든 앞으로 중국에서 더 많은 문제가 발생할 것이므로 중국 투자를 고려할 때는 내가 투자하기 시작한 분야를 생각해보기 바란다.

남들이 꺼리는 곳에 기회가 있다

2013년 말 현재 미국은 세계 최대 부채국으로 그 부채 규모는 갈수록 커지고 있다. 하지만 주식 시장은 전 세계적으로 상승세를 보이고 있다. 그 이유는 각국이 돈을 많이 찍어내고 있기 때문이다. 대표적으로 미국, 일본, 유럽, 영국이 자국 통화의 평가절하를 위해 돈을 찍어내고 있다. 심지어 일본은 무제한 화폐 발행을 선언했다.

미국도 그러겠다고 했고 유럽과 영국은 필요한 모든 조치를 취하겠다고 했다. 세계 기록 역사상 처음으로 모든 국가가 동시에 엄청난 돈과 시간을 투자해 자신들의 화폐를 계속 찍어내고 있는 것이다. 이전에 이런 일은 없었다. 그 결과 지금 세계는 인위적으로 만들어진 유동성을 경험하고 있다. 개중에는 이처럼 인위적인 유동성으로 만들어진 돈으로 재미를 보는 사람도 많다. 가령 일본의 주식중개업자들은 상당히 즐거워하고 있다.

하지만 경고하건대 정말 조심해야 한다. 이러한 상황이 계속되면 돈을 갖는 사람은 행복하겠지만 그것은 언젠가 끝난다. 언제인지는 나도 모르겠다. 현재로서는 이것이 끝나는 걸 원하는 정치인이 없다. 어쨌든 중앙은행들 중 어느 곳이 긴축 기조로 돌아서면 시장이 겁을 내면서 중앙은행도 덩달아 걱정하게 될 것이다. 알고 있다시피 중앙은행에는 관료와 학자들이 우글거린다.

그들은 세상을 잘 모르기 때문에 시장이 하향세로 접어들면 놀라서 화폐를 더 발행할 가능성이 크다. 따라서 이러한 기조가 곧 끝날 것 같지는 않지만 언젠가는 시장이 더는 참지 못하고 이렇게 외칠 것이다.

"이런 쓰레기를 그냥 둘 수는 없다. 이건 가짜고 거짓이며 인위적으로 만들어진 거다!"

이 상황이 수년간 지속될 수도 있다. 지금 정부 부채만 제외하면 거품이 거의 없고 주식 시장에도 거품이 별로 없기 때문이다. 그러나 그 상황이 얼마 동안 지속되는 중에도 계속 문제가 불거질 확률이 높다.

나는 항상 새로운 투자처를 찾는데 최근 러시아에 투자하기 시작했다. 내가 러시아에 처음 간 때는 1966년으로 그 시절에는 러시아의 미래에 대해 회의적이었다. 아니, 2012년까지만 해도 회의적이었다. 그러니까 장장 46년간 별로 미래가 밝지 않다고 본 거다.

물론 지금도 러시아는 인기 없는 주식 시장이고 누구도 러시아에 투자하지 않으려 한다. 러시아보다 더 인기 없는 곳은 아르헨티나가 고작이다. 하지만 나는 사람들이 투자하길 꺼려하는 곳을 찾으려 한다. 그곳이 긍정적인 변화의 조짐을 보이는 곳이라면 더욱더 말이다. 러시아에 바로 그런 긍정적인 변화가 보여 나는 러시아에 투자하기 시작했다.

KGB 출신인 푸틴 대통령은 이제 제대로 된 경제가 필요하다는 것을 인식했는지 변화를 시도했고, 나는 46년 만에 러시아에 투자하고 있다. 러시아는 외환보유고도 많고 통화 분야에서 자유 시장 체제를 유지하고 있다. 인도, 중국, 브라질 같은 국가는 외환 시장을 규제하지만 러시아 화폐는 교환이 자유롭다.

내가 이제까지 말한 나라 중 현재 하락세인 미국을 제외하고 나머지 국가는 모두 아시아에 있다. 지금은 역사적인 대변혁의 시대다. 1920년대 그리고 1930년대에 금융위기와 정치가들의 실수로 인해 세계의 중심이 영국에서 미국으로 이동했다. 지금 또 다른 이동이 일어나고 있는데 이번에는 미국에서 아시아로의 이동이다.

현재 세계 최대 신용공여국(신용공여란 금융거래에서 신용융자나 담보대출을 해줘 일시적으로 사용하게 하는 일을 말한다)은 중국, 한국, 일본, 대만, 홍콩, 싱가포르다. 이처럼 자산이 아시아에 몰려 있고 야심과 추진력, 힘도 아시아에 있다. 반면 미국은 역사상 최대 부채국이고 그 부채는 계속 늘어나고 있다. 이미 말했듯 나는 한반도가 통일되면 한국이 세계에서 가장 매력적인 나라가 될 거라고 확신한다.

농업은 낙관적, 금융은 비관적

미국은 현재 최대 부채국이고 미 달러는 세계 통화보유고로서의 지위를 잃고 있지만, 나는 지금 미 달러도 보유하고 있다. 그건 내가 미 달러의 미래를 낙관해서가 아니다. 사실은 비관적이다. 그렇지만 앞서 말했듯 통화 부분은 인위적인 유동성이 고갈될 미래에 많은 혼란을 겪을 것이다. 그게 2014년이 될지, 2015년이 될지는 나도 모르겠다. 어쨌든 그때가 오면 많은 사람이 미 달러를 피난처로 택할 것이다. 어떻게 해야 할지 몰라서다.

나는 미국이나 미 달러가 안전한 피난처는 아니라고 생각하지만, 인위적인 유동성이 사라진 혼란기가 오면 많은 사람이 그렇다고 믿을 확률이 높다. 그들은 미 달러를 선택할 것이고 내 예측대로 된다면 나는 마지막이 될 미 달러 랠리에 내가 보유한 달러를 팔고 그 돈을 다른 데 투자할 계획이다. 어디에 투자할지는 나도 모른다. 그때의 세계 상황에 따라 결정하는 게 당연하지 않은가.

나는 일본에도 투자하고 있다. 물론 일본 엔화에 투자하는 것은 아니다. 일본은 특히 세계 통화 시장에 혼란을 불러올 나라 중 하나다. 아베 총리는 엔화의 무제한 발행을 선언했지만 이건 일본에게 악재다. 20년 후 우리는 과거를 돌아보면서 그때가 바로 일본이 심각한 쇠락을 시작한 시점이라고 평가할 것이다. 물론 그 사이에 엔화 팽창의 혜택을 보는 사람들은 돈을 벌겠지만 말이다.

그런 의미에서 나는 일본 주식을 보유하고 있고 최근에는 더 샀다. 예를 들어 일본 증권회사주를 매입했는데, 그 이유는 이들 회사가 돈을 많이 벌 것임을 알기 때문이다. 또 다국적기업주도 매입했다. 그들이 통화 팽창의 혜택을 볼 테니 말이다. 이것은 일본을 위해 좋은 일은 아니다. 또 장기적으로 볼 때 세계를 위해서도 좋지 않다.

주식투자에서 내가 늘 느끼고 경험하는 것이지만 모든 사람이 투자하는 대로 따라가면 성공할 수 없다. 다른 사람이 투자하지 않는 곳에 투자해야 성공할 수 있다. 일본의 주식 시장은 22년 동안 늘 그럭저럭 버텨왔고 러시아의 상황은 1917년부터 계속 좋지 않았다. 그렇지만 나는 남들이 투자하지 않는 곳, 지금은 상황이 좋지 않지만 뭔가 긍정적인 변화가 느껴지는 곳에 들어가야 한다고 생각한다.

세계 경제 중 내가 정말로 미래를 낙관하는 분야가 농업이다. 현재 세계와 세계 경제를 보면 가장 흥미로운 분야가 농업이다.

물론 지금 농업에 관심을 보이는 사람은 별로 없다. 실제로 농업은 지난 30년간 전 세계적으로 끔찍했다. 과거 10년간 농업 생산량은 늘었지만 세계 인구가 생산량보다 더 많이 소비하는 바람에 농업 분야의 재고가 거의 최저 상태다. 더 나쁜 것은 농업이 지난 30년간 상황이 좋지 않아 세계 농업 인구가 많이 감소했다는 사실이다.

현재 미국 농민의 평균연령은 58세다. 일본은 66세고 한국도 고령이라고 들었다. 캐나다의 평균연령도 역사상 최고고 호주는 58세다. 영국의 경제 분야에서 자살률이 제일 높은 분야가 농업이라고 한다. 농업이 너무 좋지 않은 산업 분야이기 때문이다. 그렇게 좋지 않은 분야에 왜 관심을 갖느냐고? 사실은 그래서 관심을 두는 것이다. 그토록 상황이 나쁘다면 곧 변화하지 않겠는가.

미국에는 PR 전공자가 농업 전공자보다 더 많다. 고령 농업 인구는 사망하거나 은퇴할 테지만 대체할 젊은 인력은 없다. 따라서 농업 생산물 가격이 더 좋아질 가능성이 크고 심하면 돈이 있어도 식량을 구입하지 못할 수도 있다. 그런 의미에서 농업은 미래가 상당히 낙관적이다.

반면 나는 금융 쪽은 비관적으로 본다. 내 생각에 세계의 주식중개업자는 대부분 몇 년 안에 택시기사가 될 확률이 높다. 그 변화를 알아챈 똑똑한 사람들은 미리 경운기 운전법을 배우고 농장에서 일자리를 찾을 것이다. 향후 10년, 20년 내에 농부들이 엄청난 성공을 거둘 것이기 때문이다. 농부가 람보르기니를 몰고 주식중개업자는 택시를 몰거나 농부들을 위해 경운기를 몰 거라는 얘기다.

농업에는 여러 방법으로 투자할 수 있는데 여러분이 직접 농부가 될 수도 있다. 혹시 세계 경제에서 가장 흥미로운 지역 중 하나가 휴전선 근처라는 것을 알고 있는가. 휴전선 부근의 땅값은 현재 아주 싸다. 아무도 거기에 투자하려 하지 않으니까. 전쟁이 터지면 북한군이 휴전선을 통해 남쪽으로 올 것이므로 누구도 거기에 땅을 소유하지 않으려 하는 거다.

하지만 전쟁은 절대 일어나지 않는다. 휴전선은 몇 년 안에 없어질 것이고 그 땅의 가치는 엄청나게 뛸 것이다. 그러므로 한국의 북부 지역에 투자하거나 농부가 되는 것을 고려해보라. 아니면 종묘회사, 농산물회사, 트랙터업체, 그밖에 농산물 관련 투자 상품을 구매하는 것도 괜찮다. 나는 현재 농산물 상품 쪽을 많이 소유하고 있다. 가령 밀, 옥수수, 면, 설탕 등을 샀는데 나는 특히 설탕의 미래를 낙관적으로 본다.

금값의 미래

한동안 세상을 시끌시끌하게 한 것이 바로 '금'이다.

나도 지금 금을 보유하고 있는데 아직 한 번도 팔지 않았다. 금의 포지션을 헤지하긴 했지만. 그렇다고 금을 매입하는 것은 아니다. 나중에 금을 매입할 기회가 있을 거라고 생각하긴 해도 말이다. 그게 2014년일지 2015년일지 알 수 없지만 어쨌든 나는 몇 년째 금을 보유하고 있다.

지난 12년간 금값은 계속 올랐다. 이처럼 12년 동안 하락 없이 계속 오르는 것은 투자 시장에서 아주 특이한 일이다. 금의 상승은 이례적인 것이므로 이를 조정하려는 것은 특별한 일이 아니라고 생각한다. 그 조정 시도가 지금 2년째 계속되고 있는데 나는 그것이 좀 더 이어질 것이라고 본다. 그래서 나중에 금을 매입할 시기가 또 올 거라고 말한 것이다.

금에 대해 걱정스러운 것은 지난 수십 년간 세계 최대 금 매입국이던 인도의 정치가들이 자국 문제가 금 때문이라고 생각한다는 점이다. 실제로 인도인이 금을 많이 구입하는 바람에 인도 정부는 금의 매입을 줄이기 위해 많이 노력해왔다. 가령 세금을 부과하거나 법을 제정해 규제하기도 했다. 아무튼 인도 정부는 모든 수단을 동원해 금의 매입을 감소시키려 노력하고 있는데, 이것이 금값 하락의 이유 중 하나다.

내가 보기에 그보다 더 우려스러운 점은 인도 정치가들이 국민에게 금 매각을 종용한다는 점이다. 특히 인도 사원에 압력을 넣고 있다. 알고 있겠지만 인도의 사원들은 지난 수백 년 동안 엄청난 규모의 금을 축적해왔다. 그 규모가 어느 정도인지 아무도 모를 정도다.

그런데 지금 인도 정부는 사원들에 압력을 넣어 금을 매각하도록 유도하고 있다. 만약 그들의 금이 시장에 쏟아져 나온다면 어떻게 될까? 당연히 금값은 하락할 것이다. 그런 상황이 오면 나는 금을 더 매입할 계획이다. 향후 10년간 금값은 더 상승할 것이기 때문이다.

현재로서는 금을 추가로 매입하지 않고 있고 금 포지션의 일부만 헤지했다. 내가 추가 매입을 하지 않는 이유는 인도의 상황처럼 금 시장에 우려스러운 징조가 보여서다.

2014년 투자 금맥을 찾기 위한 질문과 답변

양적완화 축소에 따라 투자 방법을 어떻게 바꿔야 하는가?

나는 투자자가 투자 방법을 바꿀 필요는 전혀 없다고 생각한다. 투자할 때는 자신이 정말로 잘 아는 것에만 투자해야 하기 때문이다. 모두가 좋은 정보를 원하지만 그것으로 성공적인 투자자가 되는 것은 아니다. 성공적인 투자자가 되려면 내가 잘 알고 있는 분야를 찾아야 한다. 여러분 모두 잘 아는 분야가 있을 것이다. 스포츠든 패션이든 자동차든 뭐든. 잘 아는 분야에서 어떤 변화가 일어나면 여러분은 나나 주식중개인보다 그걸 빨리 포착할 수 있다. 여러분이 관심을 두고 있는 분야여서다. 관심이 있는 분야에 어떤 변화가 일어났을 때 투자하면 되고 그렇게 돈을 버는 거다. TV 뉴스, 인터넷, 그밖에 나 같은 사람의 말을 듣는 게 아니라 여러분이 어떤 분야를 잘 알게 될 때까지 기다려야 한다.

내가 볼 때 양적완화 축소는 당분간 본격적으로 진행되지 않을 것 같다. 어쨌든 양적완화 축소가 시행되면 시장은 약세로 갈 것이고 거기에 대해 준비는 해야 한다. 양적완화 축소 시 중앙은행은 통화팽창 정책을 쓸 것이고 그럼 시장은 얼마 동안 다시 반등할 것이다. 이것은 인위적인 것으로 그 끝이 아주 나쁠 수밖에 없다. 그게 끝나면 나쁠 거라는 걸 알고 준비해야 한다.

신경 쓰고 조심하고 준비하되 투자 방법을 바꿀 필요는 없다. 단

여러분이 잘 아는 것에만 투자해야 한다. 그래야 시장이 하락세로 돌아섰을 때 잘 아는 분야의 주식을 더 매입할 수 있다. 한 가지 강조하고 싶은 것은 다음에 세계 경제가 또 어려움을 겪으면 문제가 아주 심각할 거라는 점이다.

미국은 200년 전, 즉 건국 때부터 경기둔화를 4년에서 6년마다 겪고 있다. 예를 들면 2002년에 문제가 있다가 좋아졌고 2008년에 또 급락했다. 2008년에는 부채가 많아 문제가 더 심각했다. 2014년이든 2015년이든 미국이 또다시 문제를 겪으면 상황은 더욱더 나빠질 가능성이 크다. 부채가 최고치이기 때문이다. 미국의 중앙은행, 연방준비제도의 부채 비율만 해도 지난 몇 년간 500퍼센트 이상 증가했다. 그러므로 조심해야 한다. 다시 한 번 말하지만 인위적인 유동성이 끝나면 우리 모두 심각한 타격을 입을 확률이 높다. 어디에 투자하든 잘 알고 있는 분야여야 한다. 물론 그전까지는 모두 재미를 보겠지만 다음번 문제는 더 심각하니 절대로 모르는 분야에 투자하지 않아야 한다.

미 달러화의 미래를 어떻게 보는가?

앞서 말했듯 나도 미 달러를 보유하고 있다. 그 이유는 미국의 전망을 좋게 봐서라기보다 상황이 나빠지면 모두 달러를 피난처로 삼을 것이기 때문이다.

최근 이머징 마켓이 흔들리는 중에도 한국은 정말 선방했다. 이제 세계의 중심은 아시아로 바뀌고 있고 통일된 한국은 세계에서 가장 매력적인 나라가 될 것이다. 그런 의미에서 원화는 보유할 만한 가치 있는 통화 중 하나다. 그렇지만 또다시 위기가 오면 많은 사람이 자신이 잘 모르는 통화는 버리고 미 달러로 피난할 가능성이 크다.

나는 지금 전보다 더 많이 달러를 보유하고 있다. 달러를 신뢰해서가 아니라 세계 여러 통화가 앞으로 문제를 겪을 것 같아서다. 한국은 잘 대처했고 궁극적으로 원화도 좋아질 것이지만 현재 상황에서는 많이 낙관하지 않는다.

양적완화 축소가 신흥국에 미칠 영향을 어떻게 평가하는가?

앞에서 나는 여러 나라에 투자하고 있다고 말했는데, 양적완화 축소는 그들 모두에게 피해를 줄 것이다. 결국 시장이 중앙은행에 '이제 그만!'이라고 하면, 즉 자꾸 찍어내는 돈을 더는 못 받겠다고 하면 위기는 또 온다. 나는 러시아, 중국, 일본에 투자하고 있지만 위기는 분명 올 것으로 예측한다. 우리 모두 또 다른 경제위기가 있을 거라는 사실을 알아야 한다. 그게 2014년일지 아니면 2015년 혹은 2016년일지는 잘 모르겠다.

어쨌든 다음 위기는 지난 위기보다 더 심각할 것이 분명하다. 어느 나라가 가장 잘 극복할지는 모르겠지만 러시아, 한국, 중국에 기회가 있을 거라고 본다. 바닥을 잘 친다면 일본도 마찬가지다.

최고의 투자처는 신용공여국인데 현재 최대 신용공여국으로 자산을 많이 보유한 나라는 중국, 한국, 일본, 홍콩, 싱가포르, 대만이다. 반대로 서구의 부채 문제는 더 심각해지고 있다.

천연자원을 보유한 국가도 눈여겨봐야 하는데, 그 이유는 또 바닥을 치면 천연자원이나 농산물이 부족해지기 때문이다. 쉽게 말해 경기가 다시 바닥을 치면 농업 분야가 상당히 흥미로울 거다. 그런 국가와 분야를 추천한다. 반복해서 말하지만 한국은 위기를 잘 극복하는 나라 중 하나가 될 거라고 본다. 특히 통일을 일찍 하면 할수록 말이다. 물론 현재 시점에서 통일을 예측하는 한국인은 별로 없을지도 모르지만, 나는 평화적인 통일이 가까운 미래에 올 거라고 생각한다. 이는 한국과 세계 모두에 좋은 일이다.

앞으로도 원유가 미 달러로 거래될 거라고 생각하는가? 미래의 원유 수요와 중동 정세 그리고 유가의 미래가 어떻게 될 거라고 보는가?

아주 좋은 질문이다. 여기에 대해 제대로 대답하려면 책 한 권은 나오겠지만 어쨌든 답변을 해보겠다. 우선 미래 유가 문제인데, 다음 번 위기 때는 유가와 다른 모든 것의 가격이 붕괴할 것이다. 금세 급등할 가능성이 크지만 말이다. 그 이유는 세계의 알려진 원유 보유량이 계속 감소하고 있어서다. 1960년대 이후 세계는 큰 유전을 발견하지 못했고 대규모 유전의 생산량과 보유고는 감소세에 있다.

미국은 3, 4년 전부터 대량으로 유전 개발 및 원유 생산을 시작했다. 주로 셰일오일이다. 그래서 원유 보유고가 감소해도 유가가 많이 급등하지는 않을 전망이다. 현재로서는 이것이 좋은 일이지만 이러한 유정은 보유고가 빨리 감소한다는 문제를 안고 있다.

셰일오일의 경우 1년이 지나면 생산량이 40퍼센트에서 60퍼센트까지 감소한다. 지금은 모두가 그것을 시추하는 데 몰두하고 있지만 시간이 지나면 유전 생산량이 급감하면서 이것이 생각만큼 좋지 않다는 사실을 알게 될 것이다.

다른 곳에서도 상황은 그리 단순하지 않다. 셰일오일이 많은 폴란드의 경우 셸과 엑손 같은 업체가 셰일오일을 포기했다. 시추해도 수익성이 없어서다. 중국에도 셰일오일이 많지만 아직 그다지 개발하지 않고 있다. 앞으로 개발될 수 있으나 지질학적 조건이 달라 지금은 개발하지 않고 있다. 셰일오일을 개발하려면 많은 물이 필요한데, 중국의 물 문제는 이미 심각한 상태다. 이것은 다른 나라도 마찬가지다.

따라서 미국의 생산량 증가는 한시적일 뿐이고 가격 압력이 따를 것이다. 내 생각에 위기가 오기 전까지는 가격이 현 상태를 유지하고, 위기가 오면 모든 것이 급락하니 그때 원유주를 사라고 말하고 싶다. 농부가 되기 싫으면 원유주를 사기 바란다.

인도는 어떻게 전망하는가?

인도는 멋지고 훌륭한 나라다. 일생 중 한 나라밖에 방문할 수 없다면 인도를 추천한다. 인도만큼 깊고 다양한 문화를 보유한 나라가 없을 정도로 인간과 자연이 만든 유적들이 굉장하다. 인도 여성은 항상 미인대회에서 우승하고 남성은 똑똑한데다 잘생겼다. 인도에서 길을 걸으면 오감을 다 자극받고 종교, 음식, 언어의 다양성도 엄청나다. 정말로 꼭 방문해봐야 하는 나라다.

설령 그럴지라도 나는 인도에 투자하지 않을 것이다. 인도의 관료주의는 세계 최악이다. 나는 세계 일주를 두 번 하면서 끔찍한 관료주의를 많이 봤지만 그중 인도가 가장 심했다. 심지어 정부가 모든 것에 개입할 정도다. 인도에서는 정치가의 도움이 없으면 큰돈을 벌기가 정말 어렵다. 인도인도 그렇고 세계 여러 나라 사람들이 인도에서 사업을 하다가 관료주의와 부패에 지쳐 진저리를 치면서 떠나버렸다.

더 중요한 것은 인도의 GDP 대비 부채 비율이 2013년 현재 90퍼센트라는 사실이다. 연구결과에 따르면 부채가 90퍼센트 이상이면 국가가 빠른 속도로 성장하기 어렵다고 한다. 당연한 일이 아닌가. 현재의 부채로 과거의 부채를 상환해야 하니 말이다. 똑같은 이유로 지난 몇 년간 미국이 하락세를 걷는 것이다. 상대적으로 그렇다는 얘기다. 많은 부채가 계속해서 미국에 문제가 되고 있다.

그러므로 인도는 여행하기엔 멋진 곳이지만 투자는 하지 않을 생각이다. 인도는 여러 부분에서 부채가 많고 국제수지, 인플레이션 문제도 심각하다. 더구나 인도는 지금 그런 문제를 해결하는 게 아니라 더 심화시키고 있다. 아까 금 시장에서의 인도 정책을 얘기했는데 아마 인도의 정치가들은 상황을 더 나쁘게 만들 것이다.

당신이 저술한 책을 재미있게 읽었다. 아이들을 데리고 다시 한 번 여행을 갈 계획이 있는가? 또 여행을 남들에게 추천하고 싶은가?

내 책이 재미있었다니 정말 감사하다. 여행도 책을 쓰는 것도 모두 즐거웠다. 현재 구체적인 계획은 없고 어린 두 딸이 더 자라기를 기다리고 있다. 지금은 아이들이 너무 어려서 세계를 보여줘도 잘 모를 테니 말이다. 하지만 아이들이 더 나이 들면 함께 세계를 여행하고 싶다. 그건 모두에게 좋은 교육이다. 실제로 여행은 나에게 많은 도움을 주었다.

세계를 직접 보면서 경험하는 것은 귀중한 체험이다. 나는 1994년에 처음 중국에 갔는데 당시에는 정말 두려웠다. 평생 미국의 정치 선전을 믿었기 때문이다. 막상 중국에 가니 그동안의 선전은 모두 틀렸고 오히려 엄청난 기회가 있음을 알게 되었다. 나는 생각을 바꿔 중국에 투자하기 시작했다.

세계를 두 번 여행하면서 흥미로운 일이 일어나는 나라를 발견했고, 그래서 직접 가보지 않았다면 절대 투자하지 않았을 나라에도 투자하기 시작했다. 나는 여행을 통해, 아니 여행이 아니면 놓쳤을 새로운 기회를 많이 알게 되었다.

여행을 추천하고 싶으냐고? 물론이다. 세계를 더 많이 알게 되면 모두에게 좋다. 무엇보다 다른 사람을 덜 두려워하게 되어 좀 더 평화적일 수 있고 그들과 어울리면서 피부색, 언어, 음식, 습관이 다르다는 이유로 두려워하지는 않게 될 테니까. 더불어 투자 기회도 더 많이 볼 수 있다.

나에게는 여행이 정말 도움이 되었다. 나는 세계를 돌아다니면서 여러 가지 새로운 투자 기회를 알아낼 수 있었다. 세계에는 정말 많은 기회가 있다. 물론 나보다 더 똑똑한 사람들은 투자 기회를 찾아 굳이 여행할 필요가 없을지도 모르지만.

어쨌든 미국인이든 독일인이든 한국인이든 모두 자국 밖에 자산의 일부를 투자해야 한다. 최소한의 보험으로 말이다. 다시 강조하지만 세계에는 정말 많은 기회가 있다. 특히 한반도에. 북한이 개방되고 변화하면서 분명 기회가 올 것이다. 그런 기회를 발견하라. 여행을 통해서든 인터넷을 통해서든 자신만의 방법으로!

2014 대한민국 재테크 트렌드

첫판 1쇄 펴낸날 2014년 1월 28일
  2쇄 펴낸날 2014년 2월 17일

엮은이 조선일보 경제부
발행인 김혜경
편집인 김수진
책임편집 이은정 편집기획 김교석 이다희 백도라지 윤진아
디자인 김은영 김명선 정은화
고문 신상욱
경영지원국 안정숙
마케팅 김용환 문창운 김혜경 조한나 노현규
회계 임옥희 양여진 신미진

펴낸곳 (주)도서출판 푸른숲
출판등록 2002년 7월 5일 제 406-2003-032호
주소 경기도 파주시 회동길 57-9번지, 우편번호 413-120
전화 031)955-1400(마케팅부), 031)955-1410(편집부)
팩스 031)955-1406(마케팅부), 031)955-1424(편집부)
www.prunsoop.co.kr

이 도서의 국립중앙도서관 출판시도서목록(CIP)은 e-CIP 홈페이지(http://www.nl.go.kr/ecip)와
국가자료공동목록시스템(http://www.nl.go.kr/kolisnet)에서 이용하실 수 있습니다. (CIP2014001870)